普通高等学校学前教育专业系列教材

河南省软科学计划项目"学前教育专科人才培养模式的实践研究"成果

现代教育技术

总主编　卢新予
主　编　张　莉
副主编　赵　颖　谢美芳
参　编　朱广祯　胡　光　武　静　胡春春
　　　　孙培锋　李金旭　张　音

复旦大学出版社

内容提要

本书依据《教育信息化十年发展规划（2011~2020年）》《2006~2020年国家信息化发展战略》《中小学教师教育技术能力标准》《全国中小学教师教育技术能力建设计划》，在调研多所幼儿师范高等专科学校的基础上，结合幼儿园应用实际，以就业为导向，以能力为本位，为适应师范类大专学生知识结构的变化，总结了多年的教学实践编写而成。

本书在现代教育技术基本概念的基础上，结合大量操作实践进行讲解，涵盖了大量的知识点，从现代教育技术的基本概念开始，通过对现代教学设备的使用方法、信息化教学设计、多媒体素材的采集和处理、CAI课件以及网站的设计与制作等方面的介绍，为学生全面地、系统地掌握现代教育技术的知识和技能打下基础。在结构上依据科学的学习规律，合理编排章节，优化知识结构，不仅有各种功能和操作步骤的详细说明，还结合了大量的操作训练，使学生能够学练结合，更加容易吸收所学知识。

序

"育幼教英才,创特色名校"。挟时代东风之利,承历史发展之脉,此套具有地方性特色的学前教育专业课程系列丛书终于正式付梓出版。历时一年,终结硕果,实在令人欣喜。这套系列丛书以《教育部关于大力推进教师教育课程改革的意见》(教师[2011]6号)为指导思想,努力呈现了当前国家对于幼儿教师教育课程改革提出的新要求和新思路,汇集部分教学改革与研究成果,注入丰富的理论与实践内涵浓缩而成。

本套教材依托河南省软科学计划项目的研究平台,为"学前教育专科人才培养模式的实践研究"(课题编号:112400450345)课题的成果之一。为了加强幼儿教师教育课程和教材研究,课程开发小组与复旦大学出版社、郑州大学出版社等多家单位联合启动了学前教育专业课程与教材研究计划项目,由郑州幼儿师范高等专科学校学前教育专业具有丰富教育经验的教师团队、河南省各地市学前教育领域优秀教研员和一线园长、教师团队及出版社教材资深编辑组成课程开发小组,进行了为期一年的研究与编写。教材根据幼儿教师的职业特点和专业发展需求、新时期幼儿教师的素质构成,形成了时代特征鲜明、实践性突出的课程设置和教材编写的整体思路,并成立了教材编写委员会,聘请富有教学经验和一定学术水平的学科带头人分别担任各科教材主编。

当前国家教师教育课程改革与幼儿教师专业发展所倡导的以学校为主体而开发的校本课程理论恰与我们的特色教育理论"不谋而合"。正是带着这种高度的认同感,我们怀着极大的热情投入到学前教育专业课程研发中。着眼于学生主动发展的教育价值观和为学生发展服务的基本价值取向,本着"以人为本"的课程理念,关注人的成长和发展,努力实现课程主客体之间互动互需互馈的理想效果,成为我们进行课程设计、课程内容改革和课程评价的原则和目标。本套教材以教育部新颁布的《教师教育课程改革标准》为依据,结合新下发的《幼儿教师专业标准(试行)》,以幼儿教师的专业核心课程为基础,以幼儿教师职业必备的专业知识和技能为着眼点,关注课程改革与创新,从发现学生的兴趣、尊重学生的选择、培养学生的特长出发,通过拓展、延伸,优化课程资源,引领学生在享受学习的快乐中主动发展。教材努力贴近幼儿教师岗位实际,尽量反映幼儿教师职业特点的新知识和新要求,并着力构建以实践为导向的课程体系与评价标准,为全面提高幼儿教师培养质量、造就高素质的应用型专门人才贡献微薄之力。

课程开发是一个富有创造力的工程,每一步设想和实践都渗透着教育的独特和创造性要求。立足实践,传承经典,通过整合、优化及创造性课程资源的开发和推广,我们在构建校本文化资源的同时,也构建了学校自身的特色,丰富了同类系列校本课程的资源,做出了有积极意义的尝试。我们坚信,学校应该是播种幸福、引领学生和教师共同发展的乐园。特色课程使学生各得其所,教师人尽其才,学校特色彰显。作为一项系统的重大工程,我们所做的工作不过是开了一个头,筚路蓝缕,开启山林。我们深感肩上担子的沉重和自身知识水平的匮乏,教材在知识性与趣味性、理论性与实践性的衔接、融合中还存在一些不足,我们期待同行专家的批评、指正。

卢新予

2012 年 3 月

前　言

本书依据《教育信息化十年发展规划(2011～2020年)》、《2006～2020年国家信息化发展战略》、《中小学教师教育技术能力标准》、《全国中小学教师教育技术能力建设计划》，在调研多所幼儿师范高等专科学校的基础上，结合幼儿园应用实际，以就业为导向，以能力为本位，为适应师范类大专学生知识结构的变化，总结了多年的教学实践编写而成。本书适合作为高职高专院校现代教育技术课程的教材，也可作为在职教师的参考和培训教材。

本书在现代教育技术基本概念的基础上，结合大量操作实践进行讲解，涵盖了大量的知识点，从现代教育技术的基本概念开始，通过对现代教学设备的使用方法、信息化教学设计、多媒体素材的采集和处理、CAI课件以及网站的设计与制作等方面的介绍，为读者全面地、系统地掌握现代教育技术的知识和技能打下基础。在结构上依据科学的学习规律，合理编排章节，优化知识结构，不仅有各种功能和操作步骤的详细说明，还结合了大量的操作训练，使读者能够学练结合，更加容易吸收所学知识。

全书共包括10章，第一章现代教育技术概述，由胡春春编写；第二章数字化学习资源及其应用，由孙培锋编写；第三章现代教学媒体实践，由张莉编写；第四章教学设计，由谢美芳编写；第五章图形图像编辑，由武静编写；第六章数字音频处理，由张音编写；第七章数字视频处理，由朱广祯编写；第八章Flash教学动画，由胡光编写；第九章多媒体CAI课件制作，由赵颖编写；第十章网站设计与制作，由李金旭编写。

本书在编写、出版过程中，得到了复旦大学出版社给予的大力支持与帮助，在此表示衷心的感谢！

在编写过程中，参阅引用了大量文献和专著，对各位作者深表谢意！

目 录

第一章　现代教育技术概述 …………… 1
　　任务一　学习团队的建设 …………… 1
　　任务二　感受现代教育技术 ………… 3
　　任务三　认识现代教育技术 ………… 7

第二章　数字化学习资源及其应用 …… 20
　　任务一　数字化学习资源概述 ……… 20
　　任务二　数字化学习资源获取 ……… 24
　　任务三　网上交流与资源共享 ……… 32

第三章　现代教学媒体实践 …………… 37
　　任务一　光学投影教学媒体 ………… 37
　　任务二　电声教学媒体 ……………… 45
　　任务三　电视教学媒体 ……………… 47
　　任务四　现代教学媒体应用系统 …… 52

第四章　教学设计 ……………………… 60
　　任务一　初识教学设计 ……………… 60
　　任务二　探索教学设计的主要过程和
　　　　　　方法 ………………………… 63
　　任务三　幼儿园教学活动设计 ……… 72
　　任务四　信息技术与课程整合 ……… 75

第五章　图形图像编辑 ………………… 80
　　任务一　图像的合成 ………………… 80
　　任务二　使图像更清晰 ……………… 86
　　任务三　图像中设置文字 …………… 88

第六章　数字音频处理 ………………… 92
　　任务一　音频素材的采集 …………… 92
　　任务二　音频的格式转换 …………… 95
　　任务三　音频素材的处理 …………… 98

第七章　数字视频处理 ………………… 106
　　任务一　使用"影片向导"快速制作
　　　　　　影片 ………………………… 106
　　任务二　应用转场效果 ……………… 114
　　任务三　覆叠轨的使用 ……………… 115
　　任务四　为影片编辑标题 …………… 117
　　任务五　设置动画效果 ……………… 118

第八章　Flash 教学动画 ……………… 121
　　任务一　初识 Flash 动画 …………… 121
　　任务二　逐帧动画 …………………… 126
　　任务三　补间动画 …………………… 130

第九章　多媒体 CAI 课件制作 ………… 135
　　任务一　PowerPoint 课堂演示型多媒体课件
　　　　　　制作 ………………………… 135
　　任务二　AuthorWare 交互型多媒体课件
　　　　　　制作 ………………………… 143
　　任务三　几何画板专业型多媒体课件
　　　　　　制作 ………………………… 149

第十章　网站设计与制作 ……………… 156
　　任务一　站点的建立 ………………… 156
　　任务二　网站页面布局 ……………… 162
　　任务三　插入图像 …………………… 169
　　任务四　让网站动起来 ……………… 173

第一章
现代教育技术概述

项目　现代教育技术概述

情景描述　科学的学习方式对学习成功起着极其重要的作用！当前的学习方式正在变革,迫切需要掌握和学习信息时代各种必要的学习方法和能力。通过学习团队来完成本课程的学习,能起到事半功倍的效果。

随着现代教育技术理念的发展,现代教育技术已经渗透了幼儿园活动各个方面:幼儿园教育质量的提升,幼儿教师的专业发展,幼儿园课程的改进和完善,幼儿园管理品质的提高。了解现代教育技术的相关概念、作用和具体应用,能更好地理解现代教育技术在学前教育中的作用和对幼儿教师专业发展的影响。

任务一　学习团队的建设

 任务说明

随着信息技术的迅速发展,协作学习已成为重要的学习方式之一。通过学习团队,可以在学生之间建立和保持信任,相互支持、尊重、信赖与合作,学习效果更好。

具体任务　建设学习团队,确定目标,完成团队学习信息表以及汇报PPT。

 方法步骤

一、建设学习团队

(1) 学习者根据各自的兴趣、爱好及特长,参考信息技术水平等因素,进行优化组合,采用同质分组与异质分组相结合的策略,组成6~8人的团队。

(2) 创建团队之后,请各团队同学自我介绍,在相互了解和信任的基础上选出一位团队领袖,创建团队文化(包括团队口号、团队标志等)。

(3) 填写"团队学习信息表",见表1-1-1。

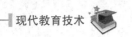

表 1-1-1　团队学习信息表

班级		团队领袖	
团队名称		团队标志	
标志说明			
团队口号			
团队成员	手机号码	QQ	E-mail

二、以PPT形式汇报团队精神

1. 内容要求

内容包括团队名称、团队领袖、团队口号、团队标志和标志说明等。

2. 技术要求

至少三张幻灯片,主题突出,播放流畅,动画色彩搭配协调。

3. 汇报形式

每个团队选出代表汇报,播放 PPT,其他队员做补充汇报,每组限时 3～5 分钟。

三、评价方法及交流讨论

每个团队选出三名代表,对其他团队投票,选出最具感召力的团队,并说明该团队的优点,进行团队之间的交流学习。

一、团队学习的概念和作用

1. 团队学习的概念

信息时代不仅改变着人们的生产方式和生活方式,而且改变着人们的思维方式和学习方式。当前不仅需要运用现代信息技术改善高校的办学条件和学习环境,更重要的是,必须更新广大师生的学习观念与学习模式。这是我国高等教育现代化进程中一项极其重要的基础建设。

信息时代的学习是轻松愉快地建立全新的学习环境,充分开展自主-协作学习,创建学习团队,对自己的学习发展负责,不断提高自己的学习能力。建设学习团队,是信息时代班级与小组学习的新模式,能够充分培养学生的协作学习能力。要加强自主学习与协作学习能力的培养,创建学习团队,在研究中学习,在创造中学习。

美国麻省理工学院教授彼得·圣吉在其著作《第五项修炼——学习型组织的艺术与实务》一书中,就提出了包含"团队学习"在内的建立学习型组织的 5 个方面:个人自我超越、改善心智模式、建立共同愿景、开展团队学习和学会系统思考,还特别强调团队是组织学习的基本单位。在这里,团队学习是指团队成员通过互动不断获取、整合与分享知识,并在此基础上改善行为,优化团队体系,提升组织适应性以达到组织目标的过程。

将班上的不同个体,结合成一个个有感情和凝聚力的团体。开展自主-协作学习活动,让学习者逐渐领会社交技巧,在协作中互相学习,培养"尊重个别差异"的能力,在协作中不断提高自己的学习能力。

2. 团队学习的作用

英国著名作家萧伯纳说:"倘若你有一个苹果,我也有一个苹果,而我们彼此交换这些苹果,那么,你和我仍然是各有一个苹果。但是,倘若你有一种思想,我也有一种思想,而我们彼此交流这些思想,那么,我们每个人将各有两种思想。"也许,交换想法后,不只是每人有两种想法,而且每人原先的想法也得到修正、补充和提高,甚至产生第三种新的想法。因此,学习团队的创建是信息时代班级授课制的一种新的教学组织形式,赋予了每位同学更多的责任,还给每位同学创造了一种获得信息和资源的新途径。在建立了学习团队之后,团队成员既要争取个人目标的实现,又要学会与同伴互帮互学,通过团队之间的相互促进和共享,形成良好的合作与良性的竞争关系。

学习团队使教学信息的传递表现出多向性,每一个团队成员既可能是信息的发布者,又可能是信息的甄别者。他们的有意识参与和自觉性思考,将会极大地丰富信息内涵,提高教学效率。因此,团队学习能帮助学生取得事半功倍的效果;能使学生开阔视野,从多角度理解知识和看待问题;能激发学生的智慧和灵感;能使学生从他人那里学到好的学习方法,提高自信心和学习兴趣;能使学生通过团队活动,增加从属感、接纳感和责任感。

二、团队任务的实施

本门课程的后继学习,应充分依托信息技术,发挥团队协作学习的优势。根据具体的学习任务,进行团队化学习。一般实施步骤如下:

第一步,确定学习任务,建立团队协作的学习情境,引发积极的学习状态。有共同的学习目标,是团队协作的前提。

第二步,制定计划,进行分工。团队成员应依据学习任务,制定计划和完成任务的时间表,并根据每个人的所长进行不同的分工。

第三步,执行计划,完成任务。任务分工明确后,团队成员各自从不同方面入手,有的负责收集文字和网上有关的资料和信息,有的负责做幻灯片,有的负责准备教案,有的负责专题研究……。团队成员定期在一起汇报、交流近期所做的工作和心得,并对有关问题进行讨论。再进一步把各自的工作深入下去。

第四步,及时交流碰撞,发挥集体智慧,激发个体与团体的创造力。

在团队学习中,每个团队应有一个共同追求的、有意义的目标。共同的目标能够为团队成员指引方向,提供推动力,让团队成员自觉为它贡献力量。有了明确的被团队成员所认同的共同目标,就可以把全体成员团结起来,互相学习,互相促进,从而促进团队的前进。

任务二 感受现代教育技术

任务说明

现代科学技术和现代教育理念的不断发展,赋予了现代教育技术这一概念充实的内涵和无限的生命力。信息技术的发展也逐步呈现出多元、智能和低成本化的趋势,幼儿园的小朋友成了"数字土著"族,信息技术也逐步融入幼儿的生活和学习之中。

具体任务 具体分析两个幼儿园活动案例,结合网络查阅相关资料,到幼儿园实地考察,体会现代教育技术在幼儿园活动中的作用,并以 Word 形式写出自己的感受。

方法步骤

一、幼儿园活动案例的具体分析

1. 分析幼儿园活动案例一:幼儿园中班科学活动"美丽的蝴蝶"

(1) 讨论中班科学活动"美丽的蝴蝶"的重难点。

(2) 讨论活动中通过哪些方式让幼儿了解蝴蝶的形状颜色特征和生长过程。

(3) 总结现代教育技术应用于幼儿园活动的优势。

2. 分析幼儿园活动案例二:幼儿园中班科学活动"分类"

(1) 讨论中班科学活动"分类"的设计过程包括哪几个方面。

(2) 讨论活动中选择了哪些分类对象、各对象有哪些不同分类层次、设计的依据是什么。
(3) 总结活动设计在幼儿园活动中的重要性。

二、以团队形式讨论现代教育技术在幼儿园活动中的作用

(1) 团队协作学习,讨论总结现代教育技术在幼儿园活动中的作用。
(2) 以 Word 形式上交作业"现代教育技术在幼儿园活动中的作用"。

一、幼儿园活动案例分析

随着信息技术的发展,现代教育技术对学前教育的影响也越来越广泛,幼儿园教育质量的提升,幼儿教师的专业发展,幼儿园课程的改进和完善,幼儿园管理品质的提高,越来越多地依托现代教育技术。尤其在幼儿园活动中,现代教育技术的应用更是得到了完美的体现。通过以下两个幼儿园活动的分析,感受现代教育技术在幼儿园活动中的作用。

1. 案例一

幼儿园中班科学活动"美丽的蝴蝶"

1. 活动目标
(1) 观察、认识蝴蝶的外形特征,了解蝴蝶的生活习性。
(2) 对动物的活动和生长变化过程有初步的兴趣和认识。
(3) 通过观察、欣赏蝴蝶,让幼儿感受其独特的美,体验蝴蝶带来的美的享受。

2. 活动重、难点
(1) 让幼儿了解蝴蝶的形状颜色特征。
(2) 让幼儿了解蝴蝶的生长过程。

3. 活动准备
(1) 蝴蝶的图片和标本。
(2) 利用 PPT 和蝴蝶生长变化的视频影像观察蝴蝶的生长过程。

4. 活动过程
(1) 猜谜,引出蝴蝶的话题。
师:猜猜这个谜语说的是谁? 有样东西真美丽,四片翅膀像花衣,春天飞到花园里,停在花上吸花蜜。(蝴蝶)
师:谜语里为什么说的是蝴蝶呢? 你是怎么猜出来?
(2) 引导幼儿观察蝴蝶的主要特征。
师:你见过的蝴蝶是什么样子的呢?
(幼儿凭借已有经验,自由讲述对蝴蝶的了解和认识。)
师:(出示蝴蝶图片和蝴蝶标本)这是什么? 蝴蝶到底是什么样子的,我们来仔细地看一看。
(引导幼儿观察蝴蝶的主要特征:对称的翅膀、细小的身体、一对触须等。)
师:蝴蝶什么地方最美丽? (引导幼儿观察翅膀上对称的花纹,欣赏蝴蝶身上花纹的色彩美、形状美和对称美。)
(3) 在交流中引导幼儿了解蝴蝶的生活习性。
师:蝴蝶最喜欢在什么地方飞来飞去? 为什么?
(4) 播放蝴蝶生长过程的 PPT 和视频影像,帮助幼儿动态的了解蝴蝶从"卵—小毛毛虫—大毛毛虫—蛹—蝴蝶"的蜕变过程。

(5) 引导幼儿用身体动作表现蝴蝶。
师：蝴蝶是怎么样飞的？它停在花上时是什么样子的？
我们一起来学做蝴蝶飞吧！（幼儿随着音乐《蝴蝶找花》用动作模仿蝴蝶飞。）
(6) 活动小结。

案例分析

（1）本案例从活动实际出发，根据活动目的和内容分析了活动重难点。

（2）针对重难点的突破，思考具有表现力和突破力的媒体表现形式（蝴蝶标本、PPT多媒体课件、视频影像）。使抽象的概念形象化，不易观察的现象清晰化。

（3）为了让幼儿了解蝴蝶的生长变化过程，以往的教学大多数仅采用图片，无法生动展现变化过程；现在的活动，可以采用多媒体课件、视频影像等生动的视听体验，动态演示蝴蝶从"卵—小毛毛虫—大毛毛虫—蛹—蝴蝶"的蜕变过程，突破活动的重难点。

2. 案例二

幼儿园中班科学活动"分类"

1. 活动目标
(1) 学习按事物不同特征进行分类，培养幼儿多维分类计数的能力和分类标准的描述。
(2) 训练幼儿观察能力及归类能力。

2. 活动重、难点
培养幼儿按事物不同特征进行分类，即多维分类计数的能力和分类标准的描述。

3. 活动准备
每人两个信封、圆点卡片、实物卡片、图形卡片各若干，"分类"活动的多媒体课件。

4. 活动过程
幼儿分小组坐好，每组有信封、圆点卡片、实物卡片、图形卡片若干。
(1) 分蝴蝶：
① 打开信封，取出蝴蝶，观察这些蝴蝶有什么不同？
② 讨论：有什么办法可以把蝴蝶分一分？（如按大小分，按颜色分等）
③ 多媒体课件动态演示将蝴蝶按照大小和颜色进行分类。
(2) 分点卡：
① 打开信封，取出点卡，观察这些点卡有什么不同？
② 讨论：有什么办法可以把点卡分一分？（如按点数分，按数字分等）
③ 多媒体课件动态演示将点卡按照点数和数字进行分类。
(3) 游戏"跳圈"。观看动画，可按帽子颜色的不同和帽子上点数的不同向中间跳。

案例分析

（1）本案例中，从活动实际出发，根据幼儿特点设计了活动目标。

该幼儿园中班科学活动"分类"的设计，幼儿处于前运算阶段，该阶段的幼儿存在一种"中心化"的思维特征，注意力集中于某个特征，而忽略其他所有特征。面对类似的可以根据两个或多个特性分类的物体集合，前运算阶段的幼儿很少能够坚持运用这些特性将物体归入适当类别，这也恰恰证明了幼儿在推理能力上的局限。

（2）根据活动内容设计了中班幼儿进行分类活动的难点：分类后说明分类标准。

幼儿还没有达到语言描述某一类事物的共同特征的水平，或者他们还不知道该如何表达出分类时头脑中显现的标准,因此设计时可以让幼儿分类后选择标记卡来表示分类标准,然后逐步过渡到用语言描述。

(3) 根据活动目标,设计了中班幼儿分类活动的具体过程:通过操作探索让幼儿积累有关物体共同特征的感性经验;通过分组讨论提高幼儿抽象分类标准的能力。

操作探索阶段,教师要为幼儿提供不同层次的分类材料,每一层次要提供多种材料,便于幼儿通过反复操作达到对各种材料共同特征的抽象。例如,分类的材料,其"不同层次",可体现在实物分类、图形分类、数量分类。也可以按物体的一种特征分类(大小),按物体的两种特征分类(大小、颜色),还可按物体的3种特征分类(大小、颜色、形状)。

分组讨论可按两种水平设计,能力中下的幼儿着重说出标准的讨论。能力中上者重点放在转换标准的讨论。

二、感受现代教育技术(现代教育技术在幼儿园活动中的作用)

1. 案例一

现代教育技术在幼儿园中的应用越来越普遍,越来越多的幼儿教师开始尝试采用新的媒体形式来延伸自己的课堂。案例一中,现代教育技术在幼儿园活动中的应用,不仅能激发幼儿的学习兴趣,扩展幼儿的视野,更重要的是能帮助突破活动重难点,起到增进学习效果,优化教育过程的作用。教师应该在一次次教学中反思,不断研究和领悟教学,在教学中不断成长。

2. 案例二

幼儿园中班科学活动"分类"的成功之处在于教师精心的教学设计。本案例中,教师首先分析了幼儿特征和活动特征,制定了切合实际的教学目标和教学重难点,结合教学目标对教学过程进行了巧妙的设计。教学设计是教育技术学中的一个重要的研究领域和研究方向,是解决教学问题,优化学习为目的的特殊设计活动。教师依据教育教学原理,应用系统科学的方法,研究探索教与学系统中各要素之间及要素与整体之间的本质联系,然后对教学内容、教学媒体、教学策略和教学评价等要素进行具体计划。显然,教学设计的目的是将教育教学原理与理论转化为解决实际问题的方案。

[自主阅读]

皮亚杰(Jean Piaget,1896~1980),瑞士人,是近代最著名的儿童心理学家。他的认知发展理论成为了这个学科的典范。儿童的认知发展阶段(Stage in Cognitive Development)是皮亚杰最著名的学说,他把儿童的认知发展分成以下四个阶段:

① 感知运动阶段(Sensorimotor Stage,0~2岁)。靠感觉与动作认识周围的世界,并逐步认知到自己与他人、自己与物体的不同。在1岁左右,发展出"客体永存性"(Object Permanence)的概念,即知道某人或某物虽然现在看不见但仍然是存在的。一般认为,在4~6个月以前,婴儿是"眼不见,心不想",只要问题从婴儿的视野中消失,婴儿就不再去追寻,好像物体已经不存在了。到6个月以后婴儿开始用视线随着物体的移动方向而移动。接近2岁时当物体消失或部分被掩藏时婴儿会表现出惊奇并知道去寻找。

② 前运算阶段(Pre-operational Stage,2~7岁)。这一阶段的显著发展特点是,儿童的语言得到了飞速发展。他们开始学习并渐渐能够熟练地运用符号表征事物,并用符号从事简单的思考活动。皮亚杰把这种通过符号进行学习的能力称为符号功能(Symbolic Function)。

在这一阶段,儿童思维发展的两个典型局限性特点是思维的片面性和我向思维。思维的片面性指儿童此时的思维有集中于事物的某一方面而忽视其他方面的倾向。皮亚杰著名的"守恒"(conservation)实验提示了儿童的这一思维特点。实验者当着儿童的面将两杯同样多的液体中的一杯倒进一个细而长的杯子中,要求儿童说出这时哪一个杯子中的液体多些。儿童不能意识到液体是"守恒"的,因此多倾向于回答高杯子中的液体多些。儿童只注意到高杯中的液体比较高,却没有注意到高杯比较细。除了液体守恒实验,心理学家还在体积、长度和数量方面测试了儿童的守恒概念的发展。

在前运算阶段，儿童还倾向于从自己的角度出发看待事物进行思考。皮亚杰将这一思维称为"我向思维"或"自我中心"(egocentrism)的思考，即儿童认为别人的思考和动作方式应该与自己的思考完全一致。这时儿童还没有意识到别人可以有与自己完全不同的思考方式。皮亚杰认为，当儿童意识到这一点时，他们就进入了具体运算阶段。

③ 具体运算阶段(Concrete Operations Stage，7～11岁)。儿童大约在5～7岁之间进入具体运算阶段，这一阶段发展最典型的标志就是儿童能够运用符号进行有逻辑的思考活动。前运算阶段的儿童虽然可以形成对事物的初步符号表征，但他们的认知活动还与身体经验密切相关。而具体运算的儿童则在分类、数字处理、时间和空间概念上有了很大的进步。此时儿童"自我中心"的程度下降，他们开始克服"片面性"而注意到事物的各个方面，发展了了解他人观点的能力，从而增进了自己与他人沟通的能力。

④ 形式运算阶段(Formal Operational Stage，从11岁开始一直发展)。形式运算阶段的典型特征是抽象思维的发展和完善。这时青少年不再将思维局限于具体的事物上，他们开始运用抽象的概念，提出合理可行的假设并进行验证，知道事物的发生有多种可能性，从而使他们的思维具有更大的弹性和复杂性。

任务三　认识现代教育技术

任务说明

通过对概念的解读，逐步认识现代教育技术在幼儿教育中的作用，并在现代教育技术的实际应用的过程中，形成对现代教育技术的深入理解。

具体任务　能够用自己的话描述现代教育技术在幼儿园活动中的作用和具体应用。

方法步骤

1. 现代教育技术的具体应用

(1) 分团队讨论学习理论、教学理论、媒体选择理论和系统科学理论的代表人物，及其理论观点分别对现代教育技术产生了哪些影响。

(2) 讨论在幼儿园活动中如何选择教学媒体和学习资源。

2. 分析现代教育技术在学前教育中的应用

以Word形式总结出"我所理解的现代教育技术"上交作业。

学习支持

一、现代教育技术的概念

1. 技术

技术是一个历史范畴，随着社会的发展其内涵也在不断地演变。一般而言，现代意义的技术是指人类在利用自然、改造自然以及促进社会发展中所采用的各种活动方式、手段和方法的总和。它包括实体形态的技术和智能形态的技术两大类。前者主要是指以生产工具为标志的物质性的技术要素，如工具、设备等，是物化技术，是有形的技术；后者主要是以技术知识、方法、技能技巧为特征的技术要素，是无形的技术，是观念形态的技术。智能形态的技术又可细分为知识形态的技术和经验形态的技术。知识形态的技术指的是解决某类问题的系统理论与方法，它可以脱离个体，以知识形态独立存在；经验形态的技术是解决某类问题的技能与技巧，它以经验形态存在于个体，不能脱离个体。对"技术"一词的这种定义就比较全面、深刻。教育技术史权威塞特勒说:"技术的重点在于工作技能的提高和工作的组织,而不是工具和机器"。

2. 教育技术

教育技术是技术的子范畴,因此教育技术就是人们在教育实践活动中所应用的一切物质工具、方法技能和实践经验的综合,包括物化技术和智能技术两部分。物化技术主要是指在教育教学活动中所运用的物质工具及其相关的技术,包括从黑板、粉笔等传统的教具到电子计算机、卫星通信等可用于教育的器材、设施、设备及相应的软件;智能技术指的是那些以抽象形式、观念形态表现出来,对教育实践产生影响的知识、方法、策略和经验以及其中所蕴含的教学思想、理论等。物化技术是教育技术的依托,智能技术是教育技术的灵魂。

由此可见,教育技术是教育中的技术,它既不是对全部教学问题进行研究,更不是对所有技术进行研究,它遵循教育规律,研究如何采用技术手段和方法解决教育教学中的有关问题。

3. 现代教育技术

现代教育技术是教育技术的组成部分,属于教育技术的子范畴。它与教育技术的区别也就体现在"现代"一词上。教育技术是一个外延很广的概念,从远古的口耳相传之术以及现代的粉笔、黑板,直到当代的多媒体、互联网,乃至虚拟现实,都属于教育技术,而现代教育技术通常是指上述教育技术中,相对于传统教育技术(粉笔、黑板等)而言的范畴,主要是指教育领域中运用的电子技术、信息技术等现代教育媒体(如幻灯、投影、录音、录像、计算机和互联网等)及其相应的应用方法、策略、技巧和经验等。

在我国,"教育技术"这一术语是上世纪80年代自美国引进的,而普遍得到使用则是在90年代以后。在此之前,它的名字叫"电化教育"。我国的电教界认为"电化教育"是中国的教育技术。电化教育是指:运用现代教育媒体并与传统教育媒体恰当结合,传递教育信息,以实现教育最优化。但随着教育的发展和对教育技术认识的深入,电化教育一词已不能正确概括与表述教育技术的内涵和外延,不能适应教育发展的需要。这是因为电化教育注重媒体论,媒体论的不足在于缺乏系统方法。因为教育是个大系统,它的要素很多,不但包括电化教育中研究的媒体,也包括教师、学生、教学内容等要素,单纯研究媒体的运用,不可能实现教育最优化。另外,电化教育中的媒体指第四次教育革命后产生的媒体,未提及第五次信息革命出现的多媒体计算机及网络技术、虚拟现实等数字信息技术,而且电化教育的名称也不便于国际间的交流。这几年,随着人们对教育技术的深入认识,已经逐步将"电教"一词变为"现代教育技术"或"教育技术"。

现代教育技术就是运用现代教育理论和现代信息技术,通过对教与学过程和教与学资源的设计、开发、应用、评价和管理,以实现教学优化的理论与实践。

可以从以下4个方面来理解该定义的基本思想:

(1) 现代教育技术应用必须以现代教育理论为指导。现代教育技术的应用,是教育思想的体现。应用现代教育技术,首先必须考虑能充分体现教师的指导作用,充分体现学生作为认知主体地位的新教育思想。

(2) 现代教育技术要充分运用各种现代信息技术。当前,应用于教育中的现代信息技术主要包括模拟与数字音像技术、卫星广播电视技术、计算机多媒体技术、人工智能技术、互联网络通信技术和虚拟现实仿真技术等。对现代信息技术的使用,应根据教学实际的需要加以选择,同时,不能一味地追求高档设备而抛弃常规的音像技术,要避免出现高级设备低级使用的现象。

(3) 现代教育技术是以优化教与学过程和资源为任务,这就要求不仅要研究教与学资源,还必须重视研究教与学的过程,即对教学模式的研究。

(4) 现代教育技术的应用包括设计(设计教学过程、教学软件、教学环境和教学模式)、开发(开发教学软件、硬件、课程和教学模式)、应用(应用于实际教学过程中)、评价和管理5个基本环节。而且,随着现代信息技术的发展,教育技术的应用方式也在不断地发展。

二、现代教育技术的作用

信息技术给教育带来了深刻而重大的变革,教育观念和教育活动出现了前所未有的变化。那么,以现代信息技术为基础的现代教育技术到底对教育改革起到哪些作用呢?对于这个问题,我们应当把现代教育技术放在整个教育科学群中去考察,放在广阔的社会环境中去考察,只有这样,才能对现代教育技术的功能和使命认识得更加全面、深刻。

1. 有效地促进学生信息素养的提高

"信息素养(Information literacy)"概念的酝酿始于美国图书检索技能的演变。1974 年,在美国全国图书馆与情报科学委员会的一次会议上,信息产业协会主席保罗·泽可斯基首次提出了信息素养这一全新概念:"利用大量的信息工具及主要信息源使问题得到解答的技术和技能。"并称"所有经过训练把信息资源运用于工作中的人,称为具有信息素养的人。"随着人们对信息、信息技术、信息素养研究的深入,20 世纪 90 年代初,对信息素养的内涵有了更加明确的认识。在当前,人们把信息素养界定为个体能够主动地选择、运用信息和信息设备并积极地创新信息的综合能力,并逐步加入从小学到大学的教育目标与评价体系之中,成为评价人才综合素质的一项重要指标。关于信息素养的构成要素,不同学者有不同意见,大致归纳为 3 个要素:信息意识、信息能力和信息伦理。信息意识是指个人对信息价值有敏感性,有寻求信息的兴趣,有需求信息的意念,有利用信息为个人和社会发展服务的愿望;信息能力是指能够有效地获取、加工和利用信息的能力,包括操纵信息工具的能力、检索获取信息的能力、加工提炼信息的能力、整合创建信息的能力、交流传播信息的能力等;信息伦理是指个人在信息活动中的道德情操,能够合情、合理、合法地利用信息解决个人和社会所关心的问题,使信息产生合理的价值。三者的关系是:信息意识是先导,信息能力是核心,信息伦理是准则。

信息素养包含了技术和人文两个层面的意义。从技术层面讲,信息素养反映的是人们搜索、鉴别、筛选、利用信息的能力,以及有效地在教学过程中使用信息技术的技能;从人文层面上看,信息素养则反映了人们对于信息的情感、态度和价值观,它建立在技术基础之上,涉及独立学习、协同工作、个人和社会责任等各个方面的内容。现代教育技术是为了促进优化教学,教师借以帮助学生实现有效学习的工具与方法,是教师将教育理论与实践相结合的桥梁。现代教育技术可以说包含了信息素养的成分,信息素养是现代教育技术的基础。在教育领域中,无论是对教师还是对学生来说,要在信息社会中立足,具备竞争力,都必须具备良好的信息素养,而良好的信息素养有赖于现代教育技术的开展和学习。因此,开展现代教育技术能有效地提高信息素养。

2. 有效地促进教师专业的发展

教师专业化是世界教师教育的发展趋势和潮流,教师职业是不是一个可以与医生、律师相提并论的专门职业?教师的专业化程度究竟如何?这是各国学者长期讨论的问题。随着人们对教师职业要求的提高,教师专业化运动也如雨后春笋般兴起。早在 1966 年,联合国教科文组织与国际劳工组织在《关于教师地位的建议》中提出:应把教师职业作为专门职业来看待。美国也在 1986 年,相继发表《国家为培养 21 世纪的教师作准备》和《明天的教师》两个重要报告,同时提出以教师的专业性作为教师教育改革和教师职业发展的目标。1994 年我国开始实施的《教师法》规定:"教师是履行教育教学职责的专业人员",第一次从法律角度确认了教师的专业地位。

现代教育技术在为教育提供新的现代化手段的同时,也对教育产生了巨大的影响,加快了教师专业的进程,对教师素质提出了新的挑战。努力提高教师专业化水平已经成为教师教育的必然选择。

为了提高我国中小学教师教育技术能力水平,促进教师专业能力发展,2004 年 12 月 25 日,国家教育部正式颁布了《中小学教师教育技术能力标准(试行)》。这是我国中小学教师的第一个专业能力标准,它的颁布与实施是我国教师教育领域一件里程碑性的大事,这标志着我国的教师教育信息化将走向一个新的阶段,将对我国教师教育的改革与发展产生深远影响。现代教育技术是促进教师发展专业技能和自我完善的重要途径。在信息化社会中,教师理所当然地应该成为"数字化生存"的带头人——应该能够应用信息技术开展有效的教学,进行研究、寻求解决教育过程所遇问题的方法;应该能够应用信息技术进行合作,塑造出开放、融洽、互动的协作风格;应该能够应用信息技术进行学习,成为信息化条件下的终身学习者,实现知识、技能、伦理的自我完善。这是信息化社会中教师专业发展的内在要求。这些问题的有效解决有赖于现代教育技术,通过它来促进教师专业的发展。

3. 有效地提高教育质量和效率

根据教育心理学的研究,学习者参与学习的感官越多,外界与大脑之间的神经联系就越多,感知、理解、记忆的效果就越好。关于学习比率的研究表明,在人们的学习中,通过视觉获得的知识占 83%,听觉占 11%,嗅觉占 3.5%,触觉占 1.5%,味觉占 1%。视觉和听觉的结合,获得知识将达到 94%,可见,视听在学习中所起的作用最大。为了获得最佳的学习效果,应尽可能发挥所有感官的全部作用。关于注意比率的研究表明,人们在学习时应用的媒体不同,注意力集中的程度也不同。单纯使用视觉媒体时,注意力集中的比率为 81.7%；单纯使用听觉媒体为 54.6%；视听并用，注意力集中的比率会大大提高。

关于记忆比率的研究表明，对于同样的教学内容采用不同的教学方式，学生获得知识所能保持记忆的比率是不同的。同样一份学习材料，采用口授方法，只让学生听（纯听觉），3 小时后能记住 60%，只让学生看（纯视觉），3 小时后记住 70%；视听并用，3 小时后能记住 90%。3 天后，3 种学习方法的记忆比率分别为 15%、40%、75%。可见视听并用的记忆率远大于纯听觉、纯视觉的记忆率。

4. 有效地扩大教育规模

利用广播、电视、卫星转播电视和计算机网络，向学校、家庭、社会传输教育课程，凡是有广播、电视和计算机网络的地方，都可以成为课堂。一个教师能同时教成千上万的学生，大大节约了师资和校舍，扩大了教育规模。蓬勃发展的现代远程教育可实现教育资源全球共享。广播电视大学已成为我国目前最大的大学；网络教育学院也正在高等教育领域中发挥着越来越重要的作用。自从 1999 年教育部批准清华大学、北京邮电大学、湖南大学、浙江大学等 4 所高校作为启动我国现代远程教育第一批试点高校以来，试点高校已发展为 67 所，在册学员 80 万人（加上中央广播电视大学，试点高校共 68 所，在册学员 230 万人），是我国实施现代远程教育的另一支主力军。

5. 有效地促进教育的改革

现代教育技术在各级各类教育中广泛应用，已经并正在改变教育的诸多方面，并将进一步推动教育、教学改革。在教育观念方面，现代教育技术真正树立了"以学生为主体，教师为主导"的现代教育思想、观念，使教师从单纯地讲授知识转变为主要设计教学过程，学生从单纯地接受知识转变为主要依靠自学。现代教育技术的发展淡化了学校的概念，网络教学、远程教育的发展，使学校成为虚拟、开放、社会化的学校；使受教育者逐步树立了终身教育的观念。在教学模式方面，现代教育技术的应用，对传统的教育模式提出了挑战，要求教师的角色（讲授者—指导者）、学生的地位（接受者—主体）、媒体的作用（演示工具—认识工具）以及教学过程（传统的逻辑分析讲授过程—通过发现问题、探究问题使学生获得知识、培养能力）变革，从而构建能适应现代教育的新型教学模式。在教育信息呈现方面，利用现代教育技术可以多种形式地呈现教学信息，特别是多媒体教学系统，为教和学增加新的维度和方向，形成整体化、多通道、全方位的教育信息加工、传输模式，为培养和发展学生的思维能力闯出新路子。另外现代教育技术对教学组织形式、教学原则、教材形式和教学评价方法等方面的改变也将促进教育教学的改革。

三、现代教育技术的具体应用

现代教育技术在幼儿园中的应用已经随处可见，但它不只是拍片子、放带子、修机子；不只是计算机、投影仪加上一块大屏幕，只重视视听效果；不只是简单地设计课件。现代教育技术离不开特定的工具和设备，但是它更是一种教育理念和教育方式的革新。现代教育技术的宗旨是优化教与学过程和资源，为学习服务。

1. 以学习理论为指导，探索促进学习质量的规律和途径

目前，现代教育技术正在以学习科学为中心，集各学科之所长，共同解决人类学习问题。在现代教育技术众多理论中，学习理论可以说是最为核心的理论基础。学习理论是心理学的一门分支学科，是对学习规律和学习条件的系统阐述，主要研究人类和动物的学习行为特征和认知心理过程。由于心理学家们观点、视野和研究方法各不相同，因而形成了各种学习理论流派。其中行为主义学习理论、认知主义学习理论和建构主义学习理论在现代教育技术的发展历程中起到了关键作用。幼儿教师应该了解这些学习理论的主要思想，树立科学的学习观，以此为依据，为幼儿学习创设最优化的条件和环境，才能真正发挥出现代教育技术促进学习的作用。值得注意的是，每种学习理论都有其适用的情景和合理性，应该博采众长，更加全面深刻地认识学习，服务于学习。

(1) 行为主义学习理论

行为主义学习理论对学习的解释强调可观察的行为，认为行为的多次愉快或痛苦的后果改变了个体的行为，学习就是形成刺激和反应的联结。可见有效的刺激和适时的强化，是影响学习的两个关键因素。

① 巴甫洛夫的经典条件反射理论的学习观。俄国生理学家伊万·巴甫洛夫（Ivan Pavlov）在研究消化现象时，观察了狗的唾液分泌，提出了经典条件反射理论。学习情景中相当一部分行为都可以用经典条件反射的观点来解释。例如，幼儿教师播放一首儿童喜欢的歌曲，幼儿就会认为课堂是个安全、好玩的地方，感受到教师亲切的态度和关爱。如果教室让幼儿联想到批评，他们就会对教室产生恐惧，因为批评已经成

为恐惧的条件刺激。

② 桑代克的联结主义的学习观。桑代克(E. L. Thorndike)是动物心理学研究的先驱,他以动物为实验研究的对象,系统地研究动物的学习行为,从而建构了学习心理学中最早也是最系统的学习理论。提出了3个学习定律:准备律、练习律和效果律。准备律指当学习者有准备而进行活动就感到满意,有准备而不活动则感到烦恼,学习者无准备而被强制活动也会感到烦恼。练习律指一个联结的应用会增强这个联结的力量,不练习则会导致这一联结的减弱或遗忘。效果律指凡是导致满意后果的行为会被加强,而带来烦恼的行为则会被削弱或淘汰。奖励是影响学习的主要因素。桑代克的学习理论对教学实践具有一定的指导意义。例如,效果律指导人们使用一些具体的奖励,练习律指导人们对所有学习进行大量的、重复的练习和操练。

③ 斯金纳的操作条件反射学习观。斯金纳(B. F. Skinner)是行为主义学派后期对学习心理学影响最大的心理学家。斯金纳行为主义学习理论在教育技术领域有巨大影响。斯金纳1954年发表了《学习的科学和教学的艺术》一文,推动了程序教学运动的发展,斯金纳也被誉为程序教学运动之父。斯金纳程序教学的基本方法是:向学习者呈现一个小单位的信息(称为框面)作为刺激,然后学习者通过填空或回答的方式做出反应,反馈系统对反应做出评价。如反应错误,告诉学习者错误的原因;如学习者正确回答,则反应得到强化,进入第二个框面的学习。如此刺激—反应—强化的过程不断反复,直至学习者完成一个程序的学习。

程序教学的原理是:

a. 积极反应原理:学习者对学习内容做出积极的反应。

b. 及时确认原理:对学习者的正确反应给予及时的确认。

c. 小步子原理:小步子前进。

d. 自定步速原理:根据自身的条件自定学习的速度。

e. 测验原理:学习的结果需通过测验来检验。

斯金纳的学习理论推动了程序教学运动的发展并使其达到高潮。在程序教学运动中出现的一些观点,如重视教学机器的作用、重视学习理论的基础与指导作用等,对教育技术的理论发展产生了重要影响,同时也在个别化教学、计算机辅助教学(CAI)等教学形式中发挥了重要作用。

例如,多媒体计算机辅助教学是一种程序教学。由教师和其他教学人员开发、编制的多媒体课件本质上就是包含教学信息的程序。教学内容的展开由程序来控制,学习者可按程序提供的交互方式来选择学习形式、时间、速度等。又如,在幼儿园课件制作中,以小步递进的形式设计安排由易到难的幼儿交互材料。如中班寻宝游戏(即找出菱形),第一层次是从几个零星的图形中寻找菱形;第二层次是从简单的图形组合中寻找菱形;第三层次是从复杂的图形组合中寻找菱形。随着层次的逐级提高,幼儿的观察能力、空间思维能力也在不断发展。

[自主阅读]

1. 通过网络查阅巴甫洛夫的经典条件反射实验和桑代克的饿猫打开迷箱的实验。
2. 桑代克的博士论文《动物的智慧》和斯金纳的《学习的科学和教学的艺术》。

(2) 认知主义学习理论

行为主义理论在斯金纳时期达到鼎盛,就在这一时期,认知主义学习理论与行为主义学习理论展开了激烈的论争,最终认知理论占上风。认知学习理论与行为主义学习理论的最大区别在于,认知理论学家们只关心人类的学习,认知学习理论强调学习者的内部心理过程。这与行为主义者只关注外显行为、无视心理过程的观念有显著区别。认知学习理论的代表人物有苛勒、布鲁纳、奥苏贝尔、加涅等。

① 格式塔学习观——完形说(顿悟说)。德国的格式塔学派诞生于1912年,是认知学习理论的先驱。所谓格式塔,在德语中的意思是完形。该学派的代表人物有魏特海默(M. Wetheimer)、苛勒(W. kohler)和考夫卡(K. Koffka)等。他们认为,学习不是行为的联结,而是组织一种完形。学习过程中问题的解决,都是由于对情境中的事物关系的理解而构成一种完形所实现的。同时,他们认为学习是由顿悟实现的,即

学习过程不是渐进的尝试错误的过程,而是突然领悟的,所以格式塔的学习理论又称顿悟说。

这种标举整体、弘扬接受主体性的意蕴对儿童文学图画书的阅读有较大的启示。图画书的阅读可以是一种整体性阅读。在图画书中,图画和文字有一致的方向,又有各自的语言和趣味。图的意义是大于所有图的总和,图和文字整体意义也是大于图加上文字的数。图画书中的格式塔,一定要看到图画中的故事,一定要读出文字和图画结合后所产生的故事。

② 布鲁纳的认知发现学习理论。布鲁纳(J. S. Bruner)是一位在西方心理学界和教育界都享有盛誉的学者。他认为学习的实质是学生主动地通过感知、领会和推理,促进类目及其编码系统的形成。类目指一组相关的对象或事件。他强调学习是指掌握知识结构,即学习事物间是相互关联的。他强调学习一般原理的重要性,同时还认为,应该培养学生具有探索新情境、提出假设、推测关系、应用自己的能力解决新问题、发现新事物的态度。由此,他提倡发现学习,主张教学应创造条件,让学生通过参与探究活动而发现基本原理或规则。

他提出的发现学习的一般步骤有:

第一,从儿童的好奇心出发,提出和明确使学生感兴趣的问题。学生在面临新问题、新情境时,在思维中产生了某种不确定性,于是就会出现试图探究的动机;

第二,围绕问题,向学生提供有助于问题解决的材料或事实;

第三,协助学生对有关材料与事实进行分析,让学生通过积极思维,提出各种解决问题的可能途径和假设;

第四,协助和引导学生审查假设。用分析思维去证实结论,使问题得以解决。

布鲁纳认为,发现式教学不仅有利于学生所学知识的保持,有利于培养学生发现的方法与技巧,而且有利于培养和激发学生内在的学习动机,有效提高学生的认知能力。

布鲁纳的这些思想对于指导和改进教学具有重要意义。发现学习的确具有接受学习不可比拟的优点,但是发现法的运用也受许多因素,如学生已有的知识经验等的限制,因此过于强调发现是有失偏颇的。

③ 奥苏贝尔的认知同化论。戴维·保罗·奥苏贝尔(David Pawl Ausubel)学习理论中的一个很重要的观点是有意义学习,这也是奥苏贝尔对教育心理学的重大贡献。

奥苏贝尔指出,有意义的学习是符号所代表的新知识与学习者认知结构中已有的适当观念建立非人为的、实质性的联系。有意义学习是通过新信息与学生认知结构中已有观念的相互作用才得以发生的,这种相互作用的结果导致了新旧知识的意义的同化。首先,有意义学习的外部条件是,材料本身必须具有逻辑意义,即材料本身能与个体认知机构中有关概念建立起非人为的、实质性的联系。所谓非人为的联系,是指新知识与认知结构中有关概念在某种合理或逻辑基础上的联系。例如,在引导幼儿认识等边三角形时,能与已有认知结构中的一般三角形概念建立起联系。所谓实质性联系指新的符号或符号代表的观念与学习者认知结构中已有的表象、有意义的符号、概念的联系。如引导幼儿认识"apple"时,能与现实中的"苹果"联系起来。其次,有意义学习的产生还必须满足三个内部条件。第一,学习者必须具有有意义学习的倾向。第二,学习者认知结构中必须具有适当的知识,以便与新知识联系。第三,学习者必须使这种具有潜在意义的新知识与他们认知结构中有关的旧知识发生相互作用。

奥苏贝尔在其有意义学习理论的基础上,提出了"渐进分化、综合贯通"的同化教学理论,即主张教学要遵循从一般到个别,再呈现具体材料,以重组学生认知结构要素的教学顺序,并提出先行组织者教学策略。奥苏贝尔主张在正式学习新知识前,向学生介绍一些他们比较熟悉,同时又高度概括性包含了正式学习材料中的关键内容。以此来充当新旧知识联系的桥梁,成为"组织者"。由于是在学习新知识之前引进这些内容,所以称为先行组织者。先行组织者在三个方面有助于促进知识的学习和保持。第一,如果设计得当,它们可以使学生注意到自己认知结构中已有的那些可起固定作用的概念,并把新知识建立其上;第二,它们把有关方面的知识包括进来,并说明统括各种知识的基本原理,为新知识的接受提供了一种"脚手架";第三,这种稳定、清晰的组织,使学生不必采用机械学习的方式。

概念图就是基于认知主义,尤其是奥苏贝尔的先行组织者理论关于学习的主张,是一种用节点代表概念、连线表示概念间关系的图示法。认为学习就是建立一个概念网络,不断地向网络添加新内容。为了使学习有意义,学习者个体必须把新知识和学过的概念联系起来。奥苏贝尔的先行组织者主张用一幅大的图画,首先呈现最笼统的概念,然后逐渐展现细节和具体的东西。制作概念图的常用工具软件有 XMind、MindMapper、Inspiration、MindManager、Kidspiration 等。图 1-3-1 所示就是用 MindMapper 软件绘制的"幼儿园一日活动计划"概念图。

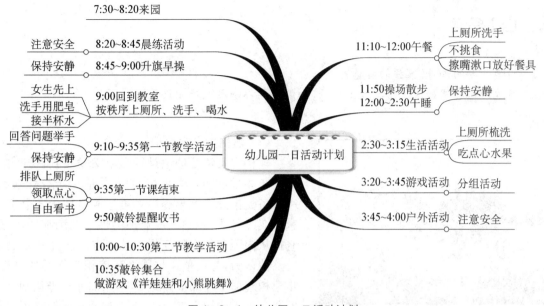

图 1-3-1 幼儿园一日活动计划

④ 加涅的信息加工理论。加涅是 20 世纪最有影响的教育心理学家之一。他认为,学习是一个有始有终的过程,这一过程可分成若干阶段,每一阶段需进行不同的信息加工。在各个信息加工阶段发生的事件,称为学习事件。学习事件是学生内部加工的过程,它形成了学习的信息加工理论的基本结构。与此相应,教学过程既要根据学生的内部加工过程,又要影响这一过程。因而,教学阶段与学习阶段是完全对应的。在每一教学阶段发生的事情,即教学事件,这是学习的外部条件。教学就是由教师安排和控制这些外部条件构成的,而教学的艺术就在于学习阶段与教学阶段的完全吻合。

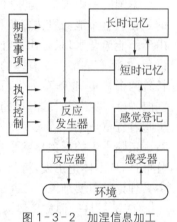

图 1-3-2 加涅信息加工学习模式

加涅认为,学习的模式是用来说明学习的结构与过程的,它对于理解教学和教学过程,以及如何安排教学事件具有极大的应用意义。他提出了影响深远的信息加工的学习模式,如图 1-3-2 所示。

从该模式中可以看出,学生从自己所处的环境中接受刺激,刺激推动感受器,并转变为神经信息,这个信息进入感觉登记。这是非常短暂的记忆储存,一般在百分之几秒内就可把来自各感受器的信息登记完毕。有些部分登记了,其余部分很快就消逝了,这涉及注意或选择性知觉的问题。

被视觉登记的信息很快进入短时记忆,信息在这里可以持续二三十秒。短时记忆的容量很有限,一般只能储存 7 个左右的信息项目。一旦超过了这个数目,新的信息进来,就会把部分原有信息赶走。想要保持信息,就得采取复述的策略。但复述只能有利于保持信息以便进行编码,并不能增加短时记忆的容量。

当信息从短时记忆进入长时记忆时,信息发生了关键性转变,即要经过编码过程。所谓编码,不是把有关信息收集在一起,而是用各种方式把信息组织起来。信息是经编码形式储存在长时记忆中的。一般认为,长时记忆是个永久性的信息储存库。

需要使用信息时,需经过检索提取信息。被提取出来的信息可以直接通向反应发生器,从而产生反应,也可以再回到短时记忆,对该信息的合适性作进一步的考虑,结果可能是进一步寻找信息,也可能是通过反应发生器作出反应。

在这个模式中,"执行控制"和"期望事项"是两个重要的结构,它们可以激发或改变信息流的加工。期望事项是指学生期望达到的目标,即学习的动机。正是因为学生对学习有某种期望,教师给予的反馈才会具有强化作用。换言之,反馈之所以有效,是因为反馈能肯定学生的期望。执行控制即加涅学习分类中的认知策略,执行控制过程决定哪些信息从感觉登记进入短时记忆、如何进行编码、采用何种提取策略等。

由此可见,期望事项与执行控制在信息加工过程中起着极为重要的作用。

[自主阅读]

1. 阅读苛勒的著作《猩猩的智慧》。
2. 通过网络查阅加涅的信息加工理论"加涅的学习阶段及教学设计"。

图 1-3-4　鱼牛的故事

（3）建构主义学习理论

建构主义学习理论是行为主义发展到认知主义以后的进一步发展,自 20 世纪 90 年代应用于教育领域以来,一直备受推崇。最早提出者可追溯至瑞士的著名心理学家皮亚杰(J. Piaget)。皮亚杰的理论充满唯物辩证法,他坚持从内因和外因相互作用的观点来研究儿童的认知发展。他认为,儿童是在与周围环境相互作用的过程中,逐步建构起关于外部世界的知识,从而使自身认知结构得到发展。关于建构主义,有一个有趣的童话故事可以帮助我们抓住其核心思想,如图 1-3-4 所示。

德国的一则关于"鱼牛"的童话故事,可以帮助我们很好地理解建构主义理论的主要观点。该故事说的是在一个小池塘里住着鱼和青蛙,它们是一对好朋友。它们听说外面的世界好精彩,都想出去看看。鱼由于不能离开水,只好让青蛙独自走了。这天,青蛙回来了,鱼迫不及待地向它询问外面的情况。青蛙告诉鱼,外面有许多新奇有趣的东西。"比如说牛吧",青蛙说,"这真是一种奇怪的动物,它的身体很大,头上长着两个犄角,吃青草为生,身上有着黑白相间的斑点,长着四只粗壮的腿,还有大大的乳房"。鱼惊叫道:"哇！好怪哟！"同时脑海里即刻勾画出它心目中的"牛"的形象:一个大大的鱼身子,头上长着两个犄角,嘴里吃着青草,……

鱼脑中牛的形象显然是错误的,但对于鱼来说却是合理的,因为它根据从青蛙那里得到的关于牛的部分信息,从本体论出发,将新信息与自己头脑中已有的知识相结合,构建出了"鱼牛"形象。这体现了建构主义理论的重要结论:

① 学习是一种意义建构的过程。人们对事物的理解与其自身的认知结构有关。知识不是通过教师传授得到,而是学生在与情境的交互作用过程中自行建构的。

② 学习是一种协商的过程。理解依赖于个人经验,即由于人们对世界的经验各不相同,人们对世界的看法也必然会各不相同。只有通过社会"协商"和时间的磨合才可能达成共识。

③ 学习是一种真实情境的体验。只有在真实世界的情境中才能使学习变得更为有效。学生在真实情境中如何运用自身的知识结构解决实际问题,是衡量学习是否成功的关键。

综上所述,建构主义的学习理论强调知识建构。认为理解依赖于个人经验,即由于人们对于世界的经验各不相同,人们对世界的看法也必然会各不相同。知识是个体与外部环境交互作用的结果,人们对事物的理解与个体的先前经验有关,因而对知识正误的判断只能是相对的;知识不是通过教师传授得到,而是学习者在与情境的交互作用过程中自行建构的,因而学生应该处于中心地位,教师是学习的帮助者。因此,情境、协作、会话和意义建构是学习环境中的四大要素。现代教育技术将建构主义的很多思想转变为现实,例如,利用多媒体创设情境,提供丰富的学习资源和各种便捷的学习工具,来支持幼儿对内容的自主建构等;在幼儿园课件制作中,建构主义学习理论强调以幼儿为中心,不仅要求将幼儿从外部刺激的被动接受者和知识的灌输对象,转变为信息加工的主体、知识意义的主动建构者,而且要求教师及其设计制作的课件由知识的传授者、灌输者转变为幼儿主动建构意义的帮助者、促进者。

2. 以教学理论为指导,探索解决教学问题的规律和途径

现代教育技术将教学理论作为自己的理论基础,是因为教学理论是研究教学客观规律的科学。教学理论是从教学实践中总结并上升为理论的科学体系,它来自教学实践又指导教学实践。对于现代教育技术而言,为了解决教学问题就必须遵循教学的客观规律,也就有必要与教学理论建立起一定的联系。

(1) 赞可夫的发展教学理论

赞可夫是苏联心理学家、教育科学博士。他把毕生精力献给了教学与发展问题的实验研究,先后发表了《教学论与生活》《和教师的谈话》等教育理论专著150余种。他通过教学实验完整地提出了"教学与发展问题"理论,构建了实验教学论体系。他对教学与发展的关系做出了科学的解释和确切的论证,并对如何创设最佳的教学体系,促进学生的一般发展,做出了精辟的论述。其基本观点是:

① 教学的目标是促进学生一般发展。要"以最好的教学效果,来促进学生的一般发展"。

② 教学目标应定在学生的最近发展区内。教学要有一定的难度,但也要适宜,应定为在一般发展区内,要让学生"跳一跳"才能摘到"桃子"。"只有教学走在发展的前面的时候,才是好的教学。"

赞可夫的教学理论在苏联20世纪70年代以来的教学改革中得到实施,并在实施中不断发展,对其他国家也产生了较大影响,也为我们今天教学活动设计中教学目标的制定奠定了坚实的理论基础。

(2) 巴班斯基的教学最优化理论

巴班斯基是苏联著名教育家。20世纪60年代初,巴班斯基创造了克服大面积留级现象的先进教学经验。在总结这一经验的基础上,他将系统论的基本原理引入教学论的研究,于1972年写成《教学过程最优化——预防学生成绩不良的观点》,提出了最优化教学的理论。该理论认为:

① 应该把教学看做一个系统,用系统观点、方法来考察教学;

② 教学效果取决于教学诸要素构成的合力,对教学应综合分析、整体设计、全面评价;

③ 教学最优化是在一定的条件下,用最少的教学时间取得最大的教学效果。

按照巴班斯基的观点,"最优的"一词具有特定的内涵,它不等于"理想的",也不同于"最好的"。"最优的"是指一所学校、一个班级在具体条件制约下所能取得的最大成果,也是指学生和教师在一定场合下所具有的全部可能性。巴班斯基对教学过程的环节亦做了新的划分,认为应按下列顺序安排课堂教学:提问→讲解→巩固→检查新知识的掌握情况→复习已学过的知识→概括这些知识并使之系统化。具体实施方法是:

① 综合考虑任务,注意全面发展;

② 深入了解学生,具体落实任务;

③ 依据教学大纲,分清内容重点;

④ 根据具体情况,选择合理方法;

⑤ 采取合理形式,实行区别教学;

⑥ 确定最优进度,节省师生时间。

由此可见,教学过程最优化不是具体的教学方法或教学手段,而是一种教学的方法论、教学策略。巴班斯基用系统方法研究教学,较全面、科学地剖析和阐述了教学过程,这有助于教师最优地制定教学方案和组织教学过程,以获得最佳的教学效果,该理论体现了系统方法和绩效技术的精神实质,对当前教育技术的发展具有重要意义。

教学理论的研究和发展为现代教育技术提供了丰富的科学依据。教学理论研究的范围涉及诸多方面,其研究成果极其丰富。现代教育技术从其指导思想到教学目标、教学内容的确定和学习者的分析,从教学方法、教学活动程序、教学组织形式等一系列具体教学策略的选择和制定,到教学评价,都从各种教学理论中吸取精华,综合运用,寻求科学依据。除了赞可夫的发展教学理论,巴班斯基的教学最优化理论,还有布鲁纳的结构发现教学理论,布鲁姆的目标分类理论、掌握学习理论和评价理论,加涅的指导教学模式,克拉夫基的范例教学等,都在现代教育技术的实践中被接纳和融合。

3. 充分运用各种教学媒体和学习资源

(1) 教学媒体的选择和应用

现代教育技术是由媒体技术、媒传技术和教学设计技术三者构成的统一体,因此媒体教学的选择和应用是现代教育技术必须考虑的问题。那么,关于媒体教学的基本理论就成为现代教育技术的重要理论基础之一。这里主要介绍对教学媒体运用进行了大量研究的艾德加·戴尔的经验之塔理论。

① "经验之塔"理论主要观点。20世纪20年代后,视听教育在美国兴起,新的教学媒体与教育方式得到了应用和发展。1946年,美国教育技术专家戴尔在他的《视听教学法》一书中,研究了录音、广播等视听教学手段如何运用于教学,会产生怎样的教学效果等一系列问题,总结了视听教学方法,提出了视听教学理论。戴尔把人类获取知识的各种途径和方法概括为一个"经验之塔"来描述,称为"经验之塔"理论。他

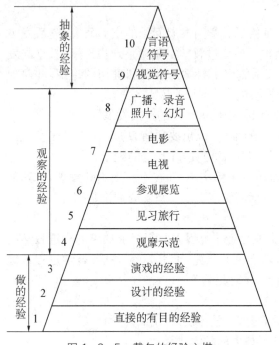

图 1-3-5 戴尔的经验之塔

将人们获得的经验分为 3 大类:做的经验(doing)、观察的经验(observing)和抽象的经验(symbolizing),并将获得这 3 类经验的方法分 10 种,如图 1-3-5 所示。

a. "做"的经验,包括 3 个层次:

第 1 层次:直接的有目的的经验。指直接与真实事物本身接触而获取的经验,是通过对真实事物的直接感知(即看、听、尝、嗅、触、做)取得的最丰富的具体经验。

第 2 层次:设计的经验。指通过模型、标本等间接材料学习获取的经验。模型、标本是通过人工设计、仿造的事物,多与真实事物的大小和复杂程度有所不同,它是"真实的改编",这种改编,可以使人们对真实事物更容易理解和领会。

第 3 层次:演戏的经验。对于我们无法通过直接实践取得的经验,如历史事件、意识形态、社会观念等。我们可以通过扮演某种角色,在接近真实的情况中获得经验。参与演戏与看戏是不同的,演戏可以使人们参与重复的经验,而看戏只能获得观察的经验。

以上 3 个方面的经验,都包含有亲自的活动,学习者都不仅仅是活动的旁观者,更是活动的参与者,故称为做的经验。

b. "观察"的经验,包括 5 个层次:

第 4 层次:观摩示范。通过看别人怎么做,使学生知道一件事是怎样做成的,以后他自己就可以动手模仿着去做。

第 5 层次:见习旅行。指通过野外的学习旅行,看到真实事物和各种景象,获得经验。

第 6 层次:参观展览。指通过参观展览,使学生通过观察来获得经验。

第 7 层次:电视和电影。指通过观看电影、电视获得经验,屏幕上的事物是实际事物的代表,而不是它本身。通过看电影和电视,得到的是替代的经验。

第 8 层次:广播、录音、照片、幻灯,指通过听觉或视觉的方式来获得经验,与电影和电视相比,抽象层次要高一些。

c. "抽象"的经验,包括两个层次:

第 9 层次:视觉符号,主要指图表、地图、示意图等一类抽象符号,它们与现实事物已没有多少类似之处。如在地图上,用圆圈表示城市、乡镇,用线条表示公路、铁路,用曲线表示河流等。

第 10 层次:言语符号。包括口头语言、书面语言等。语言符号处于"塔"的顶端,抽象程度最高,与它所代表的事物或观念毫无类似之处,在使用时,它们总是与"塔"中其他层一起发挥作用。也就是说,学生在自己的全部学习经验中,都在不同程度地进行抽象思维。语言符号的概括力最强,概念、定律、法则等都用语言符号表达。

② "经验之塔"理论要点:

a. 塔的最底层的经验最具体,学习时最容易理解,也便于记忆;越往上越抽象,越易获得概念,便于应用。各种教学活动可以依其经验的具体——抽象程度,排成一个序列。

b. 教学活动应从具体经验入手,逐步进入抽象经验。

c. 在学校教学中使用各种媒体,可以使教学活动更具体,也能为抽象概括创造条件。

d. 位于"塔"的中部层(5 个层次)的那些视听教材和视听经验,比顶部层的言语和视觉符号具体、形象,又能突破时间和空间的限制,弥补下层各种直接经验方式之不足。

"经验之塔"理论所阐述的是经验抽象程度的关系,符合人们认识事物由具体到抽象、由感性到理性、由个别到一般的认识规律;而位于塔的中部的广播、录音、照片、幻灯、电影电视等介于做的经验与抽象经验之间的视听媒体,既能为学生学习提供必要的感性材料,容易理解,容易记忆,又便于借助于解说或教师的提示、概括、总结,从具体的画面上升到抽象的概念、定理,形成规律,是有效的学习手段。因此,它不仅是视听教育理论的基础,也是现代教育技术的重要理论之一。

(2) 综合利用各种学习资源

学习资源的概念是由教育技术的媒体观演变而来的。在教育技术发展到视听传播阶段以前,主要研究如何通过媒体来提高教学内容呈现的效果。随着媒体本身的丰富和发展以及传播理论和系统理论对教学的影响,人们开始把媒体与教学过程的其他要素联系起来研究,并形成了一种新的教学思想,即依靠资源促进有效教学,由此提出了学习资源的概念。

学习资源是指在学习过程中可被学习者利用的一切要素,主要包括支持学习的人、财、物、信息等。这里的"人"包括专家、教师、学习同伴等所有促进学习的人;这里的"财"指的是学习所需的费用,"物"既包括学习所需的设备、场所等硬件,也包括课本、录音带、录像带、CAI课件等软件;"信息"指的是学习的对象——教学内容,主要包括概念、规则原理等。

不管是幼儿教师、幼儿家长还是幼儿本身,学习兴趣偏好、学习条件、认知风格等方面存在很大差异,为了满足多元化的学习需要,需要提供多样化的学习资源。种类多样化,呈现方式多样化,图、文、声、像结合;获取途径多样化,纸质材料、电子资源、网络资源相结合;为学习者营造一个可自主选择、方便检索与获取的资源环境。在这种环境中,学习者足不出户,就能听到其他省市甚至国外的优秀教师的讲课,就能和全国各地的学习者沟通交流,甚至开展合作学习。总之,学习资源是学习之源,也是现代教育技术服务于学习的最重要的途径。

4. 应用系统方法,设计、优化学习过程

系统科学主张把事物、对象看作一个系统进行整体研究,研究它的要素、结构和功能的相互联系,通过信息的传递和反馈实现系统之间的联系,有目的地控制系统的发展,获得最优化的效果。系统方法提供了看待事物的方式,就是把事物看作一个系统,从整体上考虑系统各组成部分之间的关系,并做出统筹安排,使系统发挥最大功能。应用现代教育技术促进学习,就要着眼于整个教学系统,用系统观、系统方法从整体上综合考虑各种影响因素,以学习者为中心,对影响学习的各个要素进行周密的安排,设计学习过程。

从系统的角度考察教学过程,教师、幼儿、教学内容和教学媒体是构成教学系统的4个关键因素。要得到最优化的教与学,不能只关注某一个因素,而应从整体出发,不仅完善各要素自身的功能,还应加强各要素之间的联系,使其协调互动,发挥系统的整体优势,以实现学习效果最优化。

系统方法对教育技术理论体系的形成和发展有着广泛而深远的影响,成为教育技术学科最重要的方法论基础。例如,在早期的视听教育实践中,人们多是注重于单一媒体的研究,往往强调某一种新媒体的作用。通过系统观点的影响,人们逐渐综合考虑各种媒体的特性,提倡使用多种媒体教学。又如,程序教学刚开始的时候,人们主要关心程序学习的进行方式、教材的逻辑顺序等。系统观点引入后,程序设计就越来越重视从教学的整体出发进行系统分析,综合考虑教学过程中的所有因素,包括目标的确立、最优的教授方式、最优的媒体选择和资源利用、适当的学习内容和学习方法,并通过评价来实现教学的反馈控制,最终使教学设计成为教育技术的核心领域。

四、现代教育技术与学前教育

就现代教育技术在幼儿教育中的应用而言,适宜的信息技术在幼儿园的应用对儿童适应社会环境、发展信息素养有重要的意义。现代教育技术在幼儿园中能发挥的作用如下。

1. 激发幼儿学习兴趣

幼儿心理发展的一大特点就是好奇,做事、学习往往凭兴趣而很少理性思考,并能自觉地记忆、想象和思考所观察的实物。将多媒体运用于幼儿教学当中,可以使图片、文字、声音、视频等多种元素整合在幼儿教学内容当中,提高幼儿教学内容的视听觉效果。多媒体辅助教学不仅仅可以提高幼儿学习兴趣,而且还可以充分发挥幼儿学习知识的积极性和主动性。例如,在引导幼儿学习三原色的过程中,老师可以自己制作关于学习三原色的动画,将各种颜色设计成各种会动的泡泡,然后让他们相互碰撞,在碰撞后相互结合进而改变颜色。老师在三原色动画教学过程中,还可以适当提问,问幼儿两者相撞后会产生何种颜色变化。这种教学方法不仅可以激发幼儿学习知识的积极性,还可以在一定程度上增强幼儿学习的动力。

2. 拓展幼儿的想象力

幼儿知识经验少,思维具有形象性、具体性等特点,但是想象力非常丰富。因此学习时以某种事物作牵引,就会产生事半功倍的效果。课件正是起到了把知识形象化的作用,架起了孩子思维与客观事物相结合的桥梁。比如在欣赏诗《风和云彩》中这样设计:对于"天上的云彩真有趣,天上的风儿有本事",画面上

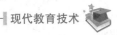

对应出现:蓝天草地的背景中,蓝蓝的天空上徐徐漂着几朵白云,人物化的风和云儿,在追来追去的嬉闹玩耍,很有情趣。针对儿歌中"吹呀吹,云彩变成小白船,竖起桅杆,扬起风帆,小白船呀漂呀漂,漂到远处看不见",画面上出现了风吹云彩,然后风儿慢慢后退,云彩变成了一只小白船,一朵云彩变成了桅杆竖在小白船上,一朵变成了风帆,挂在了桅杆上,然后飘荡着的小白船,渐渐消失在天空中,使孩子完全融入其中。云彩的有趣、风儿的本事和吹呀吹、漂呀漂等一系列的抽象动作,伴随老师带有感情的讲解,和着老师抑扬顿挫的朗诵声,使幼儿陶醉在这首优美的诗歌中,在轻松、愉快、和谐的气氛中插上了想象翅膀。

3. 有利于幼儿信息素养的形成

目前,人类正进入以高科技为导向的知识经济时代,世界发展的必然趋势就是信息化的相互较量,信息成为了经济社会发展的战略资源。信息素养正在逐步成为当代人所必须具备的素质,随着幼儿教育的不断改革和发展我们不能只看到眼前的需要和可能,更重要的是着眼于未来,使我们的教育面向现代化。那就需要采用计算机多媒体技术,通过多媒体教学使孩子在教师潜移默化的熏陶中信息素养得已潜滋暗长。这对正处于学龄前的幼儿有着深远的意义。

例如,在中班社会《小动物找家》中让幼儿用不同的方式寻找回家的路线。在课件制作中通过运用多媒体技术将小动物、各种障碍物图片进行编辑、组合,配以音响效果。在教学过程上运用了老师引导提问、幼儿思考回答、结合游戏等多种方式,从而启发幼儿的想象。整个教学过程是在灵活自如中轻松进行,全体幼儿都能主动、积极地参与到活动中去。画面上出现的各种小动物和障碍物,幼儿通过自己的分析判断,采用游戏方式帮小动物指出回家的路。最终将小动物送回家时,从幼儿的脸上可以看到兴奋的神情和喜悦,而且无意中培养了幼儿的信息素养。

4. 促进幼儿教师专业的成长

为了提高我国幼儿园教师教育技术能力水平,促进教师专业能力发展,《国家中长期教育改革和发展规划纲要(2010—2020年)》指出:要严格执行幼儿教师资格标准,切实加强幼儿教师培养培训,提高幼儿教师队伍整体素质。在2011年教育部公布的《幼儿园教师专业标准(试行)》中,要求幼儿园教师"具有一定的信息技术知识。"在2011年,教育部师范教育司和教育部考试中心公布的《中小学和幼儿园教师资格考试标准(试行)》中提出:"教师应具有信息处理的基本能力"。因此,越来越多的幼儿教师认识到,现代教育技术知识和技能是学前教育专业学生和幼儿教师达到职业标准必须学习和掌握的知识技能之一。现代教育技术是促进教师发展专业技能和自我完善的重要途径。幼儿教师现代教育技术能力的核心不仅仅在于学会信息技术操作、教学演示和课件制作,而且更应当强调教学活动内容、过程和信息技术的深度融合。

在幼儿教师专业发展方面,除了需要强调幼儿教师的现代教育技术能力培养外,还需要关注如何构建幼儿教师网络研究社区,实现教师之间网络互动与资源共享,建立基于网络的幼儿教师学习共同体,为幼儿教师专业发展提供支持。如利用思维导图软件XMind制定学年计划;利用博客、论坛交流工作和学习的经验;利用数字笔记本OneNote等有效地帮助教师管理教学中用到的各种资源,积极与其他教师共享资源,并能够快速的查找资源。

5. 提高教学效率

现代教育技术在课堂教学中表现手法多样,既能演示静态图像,又能模拟一些动态过程,特别是它的仿真模拟功能,可以使教学中一些难做或无法做的演示变得轻而易举,提高了信息传递效果,实现了教学过程的最优化。如在大班科学活动《白天和黑夜》教学中,为了让幼儿了解白天和黑夜形成的过程,教师利用多媒体软件制作地球公转、地球自转的仿真情景,使幼儿通过画面,直观地理解白天和黑夜的形成过程。

6. 提高幼儿园的管理品质

现代教育技术环境为我们构建了更为科学、现代的幼儿园管理环境,促进幼儿园构建信息化环境下的管理、沟通方式,使管理方式从传统走向现代,沟通模式从单项走向多维,提升幼儿园管理的品质。比如,在幼儿园的管理方面,可以建立门户网站宣传与展示幼儿园,可以向外界宣传、展示幼儿园的办学特色、教育经验等,扩大幼儿园的知名度;幼儿园管理的智能化,将信息技术应用于教育教学、人事档案、卫生保健等幼儿园的各项管理工作中,提高幼儿园科学管理的实效性和广泛性;还可以基于网络平台建立幼儿成长档案。在与家园互动方面,可以通过短信平台、即时互动QQ软件、电子邮箱、留言板、论坛和班级博客实现与家长的即时沟通,让家长第一时间了解孩子在幼儿园的生活和学习情况,相信孩子每一天的进步都会给家长带来喜悦。

本章小结

本章主要是现代教育技术概述,通过对学习团队的创建,让学生体会到信息时代的学习应该是充分的自主与协作,进而不断提高个人的学习能力。作为幼儿教师应该深刻认识到学习现代教育技术在教育教学中的重要作用。

随着信息技术的不断发展和对教育领域的不断渗透,利用现代教育技术来优化教学,完善教学方法,提高教学设计能力显得尤为重要。现代教育技术最终目的是为了促进我们的学习和提高教学绩效。

思考与练习

任务一:
1. 学习团队的作用是什么?
2. 如何创建学习团队?

任务二:
1. 幼儿园活动设计包括哪几个方面?
2. 现代教育技术在幼儿园活动中的作用有哪些?

任务三:
1. 现代教育技术的概念是什么?
2. 幼儿园活动中如何选择教学媒体和学习资源?

第二章
数字化学习资源及其应用

项目　数字化学习资源及其应用

情景描述　古往今来,人类创造了一系列承载、传播与呈现信息的方法。从最早的结绳记事到甲骨文字,从纸张书写到活字印刷,从文字符号到电子影像,每次信息处理技术的跃迁,无不促进教育变革与社会文明的进步。特别是数字媒体技术的全面成熟,又一次极大地提升了信息承载、传播与呈现水平,对我们所熟知的学习资源从形式到内涵进行全方位的改造,而由此产生的数字化学习资源正深刻地影响着人们的学习方式和效率。

随着现代教育技术在幼儿园教学活动中越来越受欢迎和重视,以多媒体课件为代表的数字化学习资源的合理利用,直观、形象、高效益的现代教学媒体,贯穿于幼儿园活动的每一个环节,使活动内容以立体的形式呈现给幼儿,使教师的教学方法更加生动活泼,教学效果和效率都得到了提升,创造出良好的教育氛围。

任务一　数字化学习资源概述

任务说明

数字化学习资源是信息技术发展前提下学习资源的延伸和提升,是推动教育教学改革、构建新的学习模式的基本前提。数字化学习资源的有效利用是幼儿教师应具备的基本能力,也是教师信息素养的集中体现。

具体任务　创建数字化个人学习资源库。

一、数字化个人学习资源库的构架

学习资源库是系统地累积和管理个人资源的良好方式,主要以分类文件夹的方式建构。建立学习资源库的目的在于养成积累和分类管理个人资源的良好习惯。

个人学习资源库可以建立在个人的存储设备上,如优盘、移动硬盘等。若在个人计算机上建立,最好建立在系统盘之外的其他盘上,如E盘、F盘等(为了计算机的数据安全,我们习惯把操作系统等系统软件装在C盘上,把Office等应用软件装在D盘上)。资源库的构架如图2-1-1所示(可根据个人需求设置文件夹的级别和分类)。

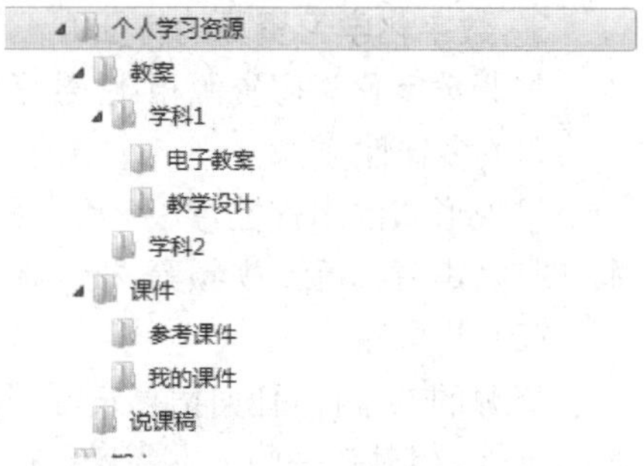

二、数字化个人学习资源库的创建

创建步骤：
(1) 打开"计算机"，选择相应盘符，如 E 盘或 F 盘。
(2) 单击鼠标右键，在弹出的快捷菜单中选择"新建"→"文件夹"。
(3) 新建文件夹后，在弹出的快捷菜单中选择"重命名"，输入新的名称后按回车键。
(4) 双击文件夹，依次创建下层文件夹。

图 2-1-1 资源库构架

提示：个人学习资源库是一种存储管理资源的方式，还可以利用电子邮箱、个人博客等途径构建自己的学习资源库，将不同类型的资源分类存储和管理。

学习支持

一、数字化学习资源概述

1. 数字化学习资源的概念

广义学习资源是指可以提供给学习者使用的一切资源，包括能帮助和促进学习的信息、人员、教材、设施、技术和环境等。狭义的学习资源是专门为学习目的而设计的资源，包括支撑教学过程的各类软件资料和硬件系统。

数字化学习资源是指经过数字化处理，依据学习者特征进行编排的，可以在多媒体计算机或网络环境下运行的供学习者自主、合作学习的，且可以实现共享的多媒体材料，包括多媒体软件、多媒体素材、数据库等。与此相对应的概念是非数字化学习资源，按照技术发展可分为印刷材料、幻灯片、投影片、电影、电视、录像等。

2. 数字化学习资源的分类

依据不同的分类标准，数字化学习资源可以分为不同的类型：
(1) 根据学习对象的数据处理特性，可以将数字化学习资源划分为文本型、图表型、图像型、音频型、视频型、动画型等。
(2) 依据学习的组织形式，数字化学习资源可分为 3 种类型：
① 个体学习数字化学习资源：例如光盘学习课件，自学网络课程，记录学习心得的个人博客，利用 PDA、手机进行的自主移动式学习等。
② 小组合作学习数字化学习资源：合作学习资源用于学习者之间的合作学习，例如 BBS 讨论、QQ 群组讨论、手机互联协作学习等。
③ 集体学习为主的数字化学习资源：例如网络同步课堂等。
(3) 根据学习资源的来源，可将数字化学习资源划分为两大类，一类是经过设计的资源，另一类是未经设计但可为学习利用的资源。
(4) 按学习资源整合后的表现形式，可以将数字化学习资源分为 6 种类型：
① 多媒体课件：多媒体课件是一套相对完整的教学软件，通常包含一个或几个知识点内容。
② 测试型资源：测试型资源分为两类，一类是题库，另一类由题库生成的试卷。
③ 网络课程：通过网络表现的某门学科的教学内容及实施的教学活动的总和，包括两个组成部分：按一定的教学目标、教学策略组织起来的教学内容和网络教学支撑环境。
④ 案例：只有多种媒体元素组合表现的有现实指导意义和教学意义的具有代表性的事件或现象。
⑤ 文献资料：指有关教育方面的政策、法规、条例，对重大事件的记录、学术论文、研究报告、电子书籍等数字化资源材料。
⑥ FAQ(常见问题集)：针对某一专题领域中，最常出现的一系列问题给出全面的解答。

3. 数字化学习资源的特征

与非数字化学习资源相比，数字化学习资源主要具有以下显著特征：

(1) 多样性

呈现形式的多样性，数字化学习资源以电子数据的形式表现信息内容，其主要的媒体呈现形式有文本、图像、声音、动画、视频等，极大地丰富了信息内容的表现力。

(2) 共享性

资源的共享性，任何信息资源都具有共享性这一属性，但数字化学习资源的共享性比起其他信息资源的共享性，相对强一些。主要表现在，利用电子读物或网络课程实现的资源共享传播面要比普通信息资源共享的传播面大。网络环境下远程共享，并可随意获取。

(3) 互动性

数字化学习资源最大的优势在于其互动性，无论是通过网络媒介进行的学习方式，还是通过光盘等进行的学习方式，其双向交流的方式得到越来越多学习者的喜爱，一方面学习者可以通过网络上的交流工具，实现与老师或学生之间的交互；另一方面学习者还可以从学习软件的数据库中寻求问题的答案，同时也可将软件数据库自行更新。

(4) 扩展性

数字化学习资源的扩展性主要表现在两个方面：

① 可操作性：数字化学习过程，既把课程内容进行数字化处理，同时又利用共享的数字化资源融合在课程教学过程中。这些数字化学习内容能够被评价、被修改和再生产，允许学生和教师用多种先进的数字信息处理方式进行运用和再创造。

② 可再生性：经数字化处理的课程学习内容能够激发学生主动地参与到学习过程中，学生不再是被动地接受信息，而是采用数字化加工方法，进行知识的整合、再创造，并作为学习者的学习成果。数字化学习的可再生性，不仅能很好地激发学生的创造力，而且能为学生创造力的发挥提供更大的可能。

二、典型数字化资源的构建

1. 学习支持工具与平台

除了多媒体课件和网络信息资源之外，数字化学习资源中还包括各种学习支持工具与平台。按照功能不同，分为支持通信学习工具、支持信息共享工具、支持创作学习工具3大类，如表2-1-1所示。

表2-1-1 学习支持工具与平台的分类

工具类别	常见工具
通信学习工具	协作学习平台(如Web-CT、Learning Space、Blackboard)、辅导答疑系统、视频会议系统(如Netmeeting)、聊天系统、电子邮件(文本、语音、视频)
信息共享工具	远程屏幕共享系统、服务器文件共享(如FTP)、检索服务系统(如Wais、Gopher)、异步合著系统(如Blog、Wiki)、数字化图书馆、远程登录(Telnet)
创作学习工具	文字处理工具(如Word、写字板)、几何画板、作图(如PhotoShop、Visio)、作曲(如Cakewalk)、制表工具(如Excel)、信息集成工具(如PowerPoint、Authorware)、建立网站工具(如Frontpage、Dreamweaver)、支持评测工具

2. 多种形式的网络学习资源

互联网是最大的数字化学习资源的公共网，资源类别丰富，门类众多，涉及政治、经济、科学、文化、法律、体育等各个方面。通常将网上教育信息资源划分为7大类，如图2-1-2所示。

(1) 电子图书

电子图书简称电子书(e-book)，是指以数字代码方式将图、文、声、像等信息存储在磁、光、电介质上，通过计算机或类似设备使用，并可复制发

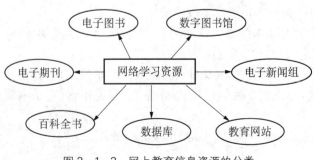

图2-1-2 网上教育信息资源的分类

行的大众传播媒体。类型有电子图书、电子期刊、电子报纸和软件读物等。电子图书形式多样,常见的格式有 PDF、EXE、DOC、CHM、CAJ、PDG、JAR、PDB、TXT、BRM 等,这些格式部分可以利用微软自带的软件打开阅读,而有些格式则需要一些专用软件打开。此外,电子书也可指专门阅读电子书的掌上阅读器,是一种便携式的手持电子设备,专为阅读图书设计,它有大屏幕的液晶显示器,内置上网芯片,可以从互联网上方便地购买及下载数字化的图书,并且有大容量的内存可以储存大量数字信息,如图 2-1-3 所示。

图 2-1-3 电子书

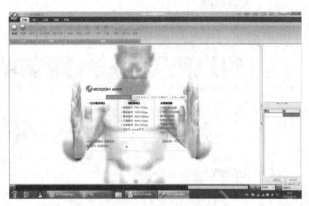

图 2-1-4 iebook 主界面

（2）电子期刊

电子期刊(electronic journal)又称为电子出版物、网上出版物,是网上重要的信息资源,就广义而言,任何以电子形式存在的期刊皆可称为电子期刊。它主要以 Flash 为主要载体独立于网站存在。电子期刊是一种非常好的媒体表现形式,它兼具了平面与互联网两者的特点,且融入了图像、文字、声音、视频、游戏等相互动态结合来呈现给读者。

电子期刊的出现打破了以往的发行、传播形式,也打破了人们传统的时空观念,它将更加贴近人们的生活,使得人与人之间思想、感情的交流更加密切,更好地满足新时代人们对文化生活的更高要求。

电子期刊从投稿、编辑出版、发行订购、阅读乃至读者意见反馈的全过程都是在网络环境中进行的,任何阶段都不需要用纸,它与传统的印刷型期刊有着本质的区别。电子期刊制作软件 iebook 超级精灵是目前使用率最高的电子期刊制作软件,其主界面如图 2-1-4 所示。

（3）百科全书

百科全书是以词典形式编排的大型参考书,以其内容的高度概括性、知识的科学性、编撰出版的权威性、数据事实的准确性、编制体制的完备性等特点,被称为工具书之王。从上古时代算起,百科全书至今已经有 2 000 多年的编撰历史了,而电子百科是近些年才发展起来的新事物,不过著名的《大英百科全书》1996 年就已经有了在线服务。知名的电子百科网有韦式在线辞典、辞典网、我国《英汉-汉英科技大辞典》的网络版、《大不列颠百科全书》、知识在线、网络知识百科全书等。

（4）数据库

数据库是指大量信息对象的集合,允许用户根据某些属性检索。网上有各种各样的数据库,通常包括图书馆目录和专门用途的数据库。图书馆目录通常是免费的,可以辅助教师和学生对各种题目进行研究,也可以帮助学生收集文献资料以完成作业或学期论文;专门用途的数据库通常是按次计费的,它包含用户所需的(电子的或印刷的)期刊上的文章,可以进行搜索,然后生成一个以超文本形式输出符合用户需要的文章列表。图 2-1-5 所示为中国植物主题数据库。

（5）教育网站

众多的教育机构通过互联网或局域网发布自己的数据资源,用于存放课堂教学的教案、附加材料、

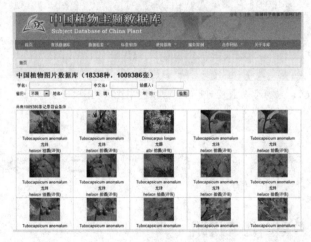

图 2-1-5 植物主题数据库

学习者作业甚至完整的网上课程等。各大学校和教育机构都有自己的网站。由于教育系统信息化平台的发展应用,根据教育部的"十二五"规划,众多教育网站将融入整体的教育云平台当中,以学校教育社区为现有的教育网、校园网升级,为无网站的学校提供新一代教育网、校园网、班级网,必然成为其升级和新建的最佳选择。图2-1-6所示为中国教育在线网。

图2-1-6 中国教育在线

(6) 电子新闻组

电子新闻组是世界范围内通过ISP的一个公共电子公告板系统,它是讨论主题的巨大集合,或者是任何人都能发布想法、观点和建议的新闻组。这些发布的信息可以被有互联网连接的大多数人阅读和回答,而且是免费的。

在教育环境中可以利用新闻组完成两类任务:一是可以帮助查找信息(如阅读张贴在新闻中的关于某一课题的文章或者通过张贴文章来寻求帮助);二是可以支持不同文化间的交流和跨地区的学生、学校之间的合作(如比较大的项目和作业课题的完成需要共同的合作)。

(7) 数字图书馆

用户利用搜索引擎检索某一学科或领域的信息时,往往会得到成千上万的记录结果,其中充斥着大量非学术性的站点信息,很大程度上加大了用户选择信息的难度,因此,面向学术研究的数字图书馆(digital library)应运而生。

通俗地说,数字图书馆就是虚拟的、没有围墙的图书馆,是基于网络环境下共建共享的可扩展的知识网络系统,是超大规模的、分布式的、便于使用的、没有时空限制的、可以实现跨库无缝链接与智能检索的知识中心。其架构图如图2-1-7所示。

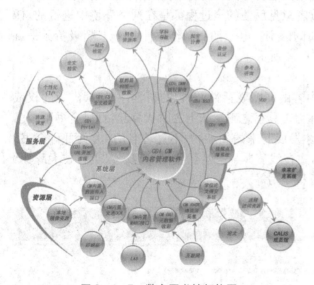

图2-1-7 数字图书馆架构图

任务二 数字化学习资源获取

任务说明

随着互联网的飞速发展,网上资源日新月异,呈爆炸性增长。面对浩如烟海的数字化、多媒体、非规范、跨时空、跨行业、跨语种的信息资源,用户迫切需要掌握高效的网络学习资源的获取方法。

具体任务
- 下载制作"六一"儿童节电子报刊所需图片,要求尺寸:960×720。
- 下载"六一"儿童节活动所需的背景音乐。
- 下载幼儿操相关视频。

方法步骤

数字化学习资源的种类很多,有文本、图形、声音、视频、动画等多种类型,其下载方式也略有不同。

一、文本类资源的下载

常见的下载方式为:网络上搜索到所需资源后,利用右键菜单复制/粘贴,具体步骤如下:
(1) 选定网页中的文本。
(2) 单击鼠标右键,弹出快捷菜单,选择"复制"菜单项。
(3) 打开 Word 等应用软件,单击鼠标右键,弹出快捷菜单,选择"粘贴"菜单项。
(4) 选择"文件"→"保存(另存为)",命名并保存下载的文件。

此外,整篇文档的下载还可以借助专门的文库完成,如百度文库、新浪爱问、豆丁网等。

二、图形、图像类资源的下载

对于网页里的图形图像信息,一般情况下都可以利用右键菜单下载,以百度图片为例,具体下载步骤为:
(1) 打开百度首页,选择"图片",如图 2-2-1 所示。

图 2-2-1 百度首页

图 2-2-2 百度图片首页

(2) 打开如图 2-2-2 所示界面,在搜索框内输入查找的图片主题,如"宝宝",单击百度一下。
(3) 打开需要下载的图形图像资源所在的页面。
(4) 在图片上单击鼠标右键,在弹出的菜单中选择"图片另存为",如图 2-2-3 所示。

图 2-2-3 "图片另存为"菜单选项

图 2-2-4 "另存为"对话框

(5) 在弹出如图 2-2-4 所示的对话框中指定保存的位置、文件名、保存类型,然后单击保存即可。

此外,在图片搜索结果页面,还可以指定搜索图片的具体参数,包括尺寸、颜色、类型、格式等,如图 2-2-5 所示。

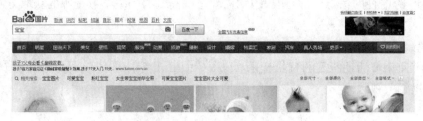

图 2-2-5 图片参数设置

三、音频资源的下载

音频资源的获取方法很多,可以购买数字音频光盘、音频资源素材库;可以从现有音频素材中截取音频片段;还可以通过录制的方法获得教学所需的音频资源。其中,最常用的方法是通过网络下载音频资源。

以百度音乐为例,音频资源的下载步骤一般为:

(1) 在百度音乐主界面的搜索框内输入所需下载的音频主题,如"摇篮曲",打开搜索结果主界面,如图 2-2-6 所示。

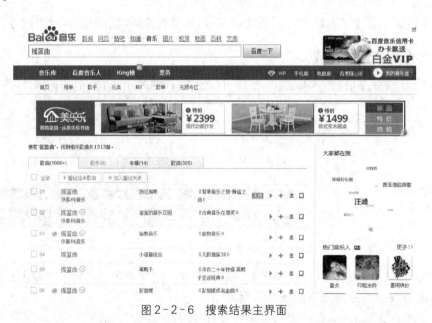

图 2-2-6 搜索结果主界面

(2) 可以通过播放按钮▶,对搜索结果列表内的音乐进行试听,若需下载,单击下载按钮⬇,即可弹出下载窗口。

(3) 单击下载按钮,然后在弹出的窗口内设置名称及下载位置后单击下载按钮即可。

四、视频资源的下载

视频资源的下载,通常需要借助客户端或者下载工具来实现,常见的下载工具及客户端有迅雷、电驴、优酷、土豆客户端等。

以利用优酷客户端(需自己下载安装)下载视频"三只小熊"为例,其下载步骤为:

(1) 打开优酷客户端,在搜索框内输入"三只小熊",然后单击"搜酷",弹出如图 2-2-7 所示搜索结果窗口。

(2) 可以单击视频进行预览,如需下载,单击下载按钮⬇。

(3) 在弹出的对话框中指定视频保存的位置即可。

提示:优酷客户端下载的视频一般为.flv 格式或.mp4 格式,如果个人电脑环境无法正常播放而需要转换为其他格式,可以借助其自带的"转码"功能进行格式转换。

图 2-2-7 优酷客户端搜索结果

一、数字化学习资源检索工具

检索工具是指在互联网上提供信息检索服务的一类网站或服务器,其检索的对象是存在于互联网信息空间的各种类型的网络信息。搜索引擎分为全文搜索引擎、目录索引类搜索引擎及元搜索引擎。

1. 全文搜索引擎

全文检索是指计算机索引程序通过扫描文章中的每一个词并对他们建立索引,指明该词在文章中出现的次数和位置,当用户查询时,检索程序就根据事先建立的索引查找,并将查找的结果反馈给用户的检索方式。这个过程类似于通过字典中的检索字表查字的过程;其主要的特点是搜到的信息比较全面。典型代表为百度(http://www.baidu.com),该网站从互联网提取各个网站的信息(以网页文字为主),建立起数据库,并能检索与用户查询条件相匹配的记录,按一定的排列顺序返回结果。

2. 目录索引类搜索引擎

目录索引,顾名思义就是将网站分门别类地存放在相应的目录中,因此用户在查询信息时,可选择关键词搜索,也可按分类目录逐层查找。如以关键词搜索,返回的结果与搜索引擎一样,也是根据信息关联程度排列网站。如果按分层目录查找,某一目录中网站的排名则是由标题字母的先后顺序决定(也有例外),这种引擎的特点是查找的准确率比较高。创建于 1994 年的 Yahoo!(http://www.yahoo.com),是最早、最有代表性的目录型检索工具,其主页如图 2-2-8 所示。

图 2-2-8 目录型搜索引擎 Yahoo

图 2-2-9 360 搜索界面

3. 元搜索引擎

元搜索引擎(META Search Engine)又称集成式搜索引擎,它接受用户查询请求后,同时在多个搜索引擎上搜索,并将结果返回给用户。元搜索引擎的优点是,可以同时检索多个搜索引擎,检索结果全面丰富,省时省力。著名的元搜索引擎有 InfoSpace、Dogpile、Vivisimo 等。360 综合搜索(360 comprehensive search)是元搜索引擎的典型代表,其搜索界面如图 2-2-9 所示。

二、数字化学习资源的检索策略

1. 检索策略

（1）大多数搜索引擎都将最符合检索要求的网址排列显示在所检索结果的前面,如果时间不允许,用户只需阅读检索结果的前面几条信息即可。

（2）当检索返回的网页太多,而需要的网页又不在最前面的几页时,可改变搜索关键词、搜索范围,使用逻辑符 AND 及双引号等方法进一步缩小查询范围。

（3）当检索返回的网页较少或没有所匹配的信息时,可按下面的方法进一步处理：

①检查关键词的拼写有无错误,关键词的组合有无自相矛盾的地方；

②将某些关键词用更常见的同义词替代后重新进行搜索；

③换一种搜索工具试一下,因每种搜索工具的检索方式和所拥有资料的侧重点都会有所不同。

2. 检索技巧

（1）提炼关键词

① 搜索结果要求包含两个及两个以上的关键词：关键词之间以空格隔开。

② 搜索结果要求不包含某些特定信息：使用英文的"-"符号,如搜索引擎-老鼠。

③ 搜索整个短语或者句子：加双引号,如"距离地球最近的恒星"。

④ 使用通配符 *：如"以 * 治国",表示搜索第一个为"以",末尾两个字为"治国"的四字短语,中间的" * "可以为任何字符。

（2）缩小检索范围(以百度为例)

① 指定文档格式：关键字后面加上"filetype：文档格式",如信息技术课教案 filetype：doc,刘德华 filetype：gif。

② 指定站点：关键字后面加上"site：网站名/网站类别",如走进信息化 site：k12.com.cn,课件 site：k12.com.cn。

注："："为英文冒号。

三、数字化学习资源收藏

数字化资源的收藏方式有很多,一般分为两大类：系统收藏与网络收藏。

1. 系统收藏夹

系统收藏夹是利用本地主机上浏览工具的"收藏"功能对数字化的信息资源进行收藏与存储的工具。其快速浏览常用网站地址和分类整理数字化资源的优势在网络资源的使用方面得到了大家的认可,但同时在某些方面也存在一些劣势。例如,在跨浏览器使用方面,在公共场所与他人共享网络资源方面等。

方法一：直接添加法。

（1）在地址栏中输入网址,按[Enter]键进入主页。

（2）选择"收藏夹"→"添加到收藏夹"命令。

（3）弹出收藏设置提示窗口,设置收藏网页的名称。

（4）单击【创建到】按钮,设置书签所在的分类目录。

（5）单击【确定】按钮。

方法二：右键添加法。

（1）在地址栏中输入网址,按[Enter]键进入主页。

（2）在当前网页的空白处右击。

(3) 在弹出的快捷菜单中选择"添加到收藏夹"命令。
(4) 弹出收藏设置提示窗口,设置收藏网页的名称。
(5) 单击【创建到】按钮,设置书签所在的分类目录。
(6) 单击【确定】按钮。

方法三:快捷键添加法。
(1) 在地址栏中输入网址,按[Enter]键进入主页。
(2) 在当前网页,按[Ctrl]+[D]组合键。
(3) 弹出"添加到收藏夹"对话框,设置收藏网页的名称。
(4) 单击【创建到】按钮,设置书签所在的分类目录。
(5) 单击【确定】按钮。

2. 网络收藏夹

网络收藏夹又名网页书签,英文原名是 Social Bookmark,直译是"社会化书签"。通俗地说,它就是一个放在网络上的海量收藏夹。它提供的是一种收藏、分类、排序、分享互联网信息资源的方式。使用它可以存储网址和相关信息列表,同时利用标签(Tag)对网址进行索引使网址资源有序分类和索引,使网址及相关信息的社会性分享成为可能。

四、基于网络的资源型学习

随着因特网技术的发展以及网上信息资源的迅速增加,资源型学习以其资源全球化、教学个性化、学习自主化、任务合作化、教材多样化、环境虚拟化及管理自动化等优势,成为信息化时代教育改革发展的主流。基于网络的资源型学习,是指学生利用因特网信息资源进行自主学习的过程。

基于资源的学习,强调引导学生利用资源探究问题。因特网向学生提供了非常丰富的学习资源和良好的学习环境,使学生在教师的指导下,运用各种信息搜索工具,获得相关的信息,然后加以分析、提炼、加工、综合,得出自己的结论,再利用 E-mail、BBS,或面对面地与同学们进行讨论,最后通过网上工具把自己的结果加以发布。基于因特网资源的学习模式与传统学习模式无论在资源类型、学生地位、教师作用,以及方法所注重的内容、策略等方面,都有很大的不同,见表 2-2-1。

表 2-2-1 基于网络资源的学习模式与传统学习模式的比较

项目	传统的学习模式	基于 Internet 资源的学习模式
资源类型	主要是教科书	学习资源丰富、多样,主要包括网络与多媒体
内容与重点	注重事实,强调结果	注重问题,强调过程
求解的策略	给学生提供现成的信息	要求学生自行获取、提炼信息
教学评价	主要采用定量评价	采用定性、定量评价相结合方式
学生的地位	学生作为信息的被动接受、吸收者	学生作为信息的主动获取者、加工者和有效利用者,以及学习过程的自主控制者
教师的作用	教师作为学科专家、信息的传递者,以及学习过程的控制者	教师作为学习的指导者、促进者

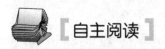

自主阅读

百度文库

百度文库是百度为网友提供的信息存储空间,是供网友在线分享文档的开放平台,也是用户为了提升自我而进入的学习平台。在这里,用户可以在线浏览和下载包括课件、习题、论文报告、专业资料、各类公文模板以及法律法规、政策文件等多个领域的资料。当前平台支持主流的文件格式,包括 doc(docx)、ppt(pptx)、pot、pps、xls(xlsx)、vsd、rtf、wps、et、pdf、txt 等。

1. 新用户注册

文库的注册步骤如下：

第一步：打开百度文库首页，单击右上角"注册"链接，如图2-2-10所示。

图2-2-10　注册第一步

第二步：在注册页面填写注册信息后，单击"注册"按钮，如图2-2-11所示。

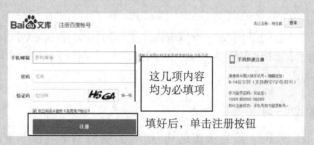

图2-2-11　注册第二步

第三步：单击注册按钮后，需要前往注册邮箱进行验证，如图2-2-12所示。如果没有收到验证邮件，可以按照该页面的提示检验。

图2-2-12　注册第三步

第四步：找到验证邮件后，点击邮件内文里附有验证链接，就完成了验证。

2. 用户登录

用户若需登录百度文库，只需在图2-2-10所示界面单击右上角"登录"链接即可。登录成功后，可以通过上传文档，获得平台虚拟的积分奖励（财富值），用于下载自己需要的文档。获得文库财富值的方式有多种，见表2-2-2。

表2-2-2　文库财富值的获取方式

类型	操作	获得财富值	说明
日常操作	新用户每次登录	10	完成账户的注册激活，每个账号仅获得一次
贡献奖励	上传文档	3	每日上传文档获得财富值上限为15财富值，按照文档完成转化时间计算
	标价文档被下载	1	下载自己上传的文档不加财富值，每篇文档收获财富值上限100
财富赚取	标价文档被下载	标价财富值	为自己上传的文档标价，标价文档前100次下载每次赚取标价财富值
文库任务	参与文库任务	任务奖励财富值	完成文库任务，可以获得任务奖励的财富值

3. 文档的浏览及下载

以浏览中班健康课课件《自己的事情自己做》为例：

登录成功后,在百度文库首页的搜索框内输入"自己的事情自己做",单击"百度一下",其搜索结果页面如图2-2-13所示。

图2-2-13 文库搜索结果

免费文档登录后即可下载,若需下载标价了的文档,则需要付出财富值。单击后即可浏览该文档（以下载搜索结果列表内的第二个PPT文件为例）,如图2-2-14所示。如需下载,单击文档阅读器下方【下载】按钮即可。用户如果觉得下载到本地比较杂乱,还要花费财富值,则可以选择免费收藏该文档；单击下方"收藏此文档"按钮,即可立即收藏该文档。

图2-2-14 浏览界面

CNKI中国知网

中国知网（China National Knowledge Internet）,是基于《中国知识资源总库》的全球最大的中文知识门户网站,由一系列通过有机整合可以提供知识服务的大型数据库构成,具有知识的整合、集散、出版和传播功能。它是一个具有完备知识体系和规范知识管理功能的、由海量知识信息资源构成的学习系统和知识挖掘系统。

1. 检索

(1) 直接登录 http://www.cnki.net；进入检索界面,如图2-2-15所示。

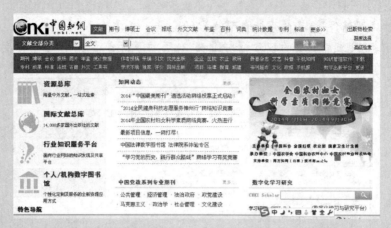

图 2-2-15　检索界面

（2）在检索框内输入检索关键词，如蒙台梭利，匹配范围选择"篇名"；检索结果如图 2-2-16 所示。同时，还可以对搜索进行分类浏览，包括来源数据库、学科、发表年度、研究层次、作者、机构、基金等。

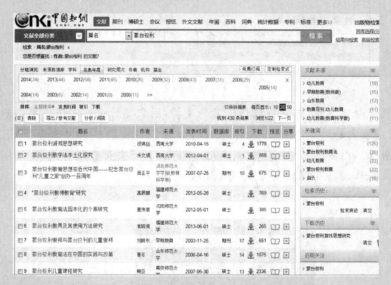

图 2-2-16　检索结果

（3）可以通过浏览按钮 对文档进行浏览，下载按钮 对文档进行下载使用（注：下载前请下载安装 CAJ 或 PDF 浏览器）。

2．导航

读者可直接浏览期刊基本信息，按期查找期刊文章。

任务三　网上交流与资源共享

任务说明

互联网作为一种公用信息的载体，在给人们提供大量学习资源的同时，也为人们的交流及资源共享提供了方便。

具体要求　利用 QQ 群和百度云管家上传和共享资料。

**方法步骤**

一、基于网络的资源共享

1. QQ群

基于QQ群进行资源共享的具体步骤如下：

（1）第1步：首先打开群的多人对话窗口，切换到"文件"选项卡，单击【上传】按钮，如图2-3-1所示。

图2-3-1 "文件"选项卡

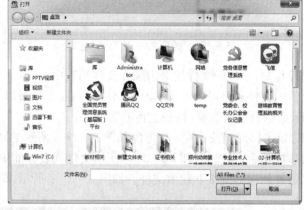

图2-3-2 "打开"窗口

（2）第2步：在弹出如图2-3-2所示的新窗口内选择需上传的文件即可。

除了可以上传文件，用户还可以下载QQ群内其他用户上传的文件。具体步骤为：

（1）第1步：首先打开群的多人对话窗口，切换到"文件"选项卡。

（2）第2步：在"文件"选项卡中的文件列表内，单击要下载的文件后的【下载】按钮即可。

2. 百度云管家

百度云管家是百度公司推出的一款云服务产品。支持便捷查看、上传、下载百度云端各类数据。通过百度云管家存入的文件，不会占用本地空间。上传、下载文件过程更稳定，百度网盘不会因为浏览器、网络等突发问题中途中断，大文件传输更稳定。目前有Web版、Windows客户端、Android手机客户端，用户可以轻松把自己的文件上传到网盘上，并可以跨终端随时随地查看和分享。

使用百度云管家之前，需先登录，如图2-3-3所示。

图2-3-3 百度云管家登录界面

图2-3-4 文件列表

登录成功后便转到了文件列表界面，如图2-3-4所示。

此时，单击左侧【上传】按钮，在弹出如图2-3-5所示窗口选择要上传的文件后单击【存入百度云】按钮即可。

图 2-3-5 "选择文件/文件夹"窗口　　　　　图 2-3-6 分享文件

稍等片刻,上传的文件便会出现在文件列表中。

上传的文件自己可以下载,如果想分享,则需要经过以下两步操作:

(1) 登录百度云管家,找到上传的文件。

(2) 单击【分享】按钮，在弹出如图 2-3-6 所示的对话框内单击【创建公开链接】按钮即可。

共享成功后,可以通过图 2-3-4 所示文件列表界面中左下角的"我的分享"页面看到,同时,其他用户就可以通过创建的链接下载该文件。如图 2-3-7 所示,单击右上角【下载】按钮即可。

图 2-3-7 下载页面

学习支持

一、网上交流

1. 电子邮件 E-mail

(1) E-mail 概述

电子邮件是一种用电子手段提供信息交换的通信方式,是互联网应用最广的服务。通过网络的电子邮件系统,用户可以以非常低廉的价格、非常快速的方式与世界上任何一个角落的网络用户联系。电子邮件极大地方便了人与人之间的沟通与交流,促进了社会的发展。

每个电子邮箱都拥有一个全球唯一的地址,它由用户名和主机域名两部分组成,中间用代表 at 的@符号连接,即"用户名@提供电子邮件服务的主机域名",如 zhangsan@126.com。

目前的电子邮件系统主要能够提供以下服务:

① E-mail 最基本的功能是用来收发电子邮件。既可以传递文本形式的邮件,也可以以附件的形式传递文档、图形、动画、音频、视频等多媒体信息。

② 可以把一封电子邮件同时发送给许多接收者。

③ 可以十分方便地存储、转发以及回复邮件,回复时还可以自动附上接收到的原信并自动填入收信人的电子邮件地址。

④ 可以订阅电子刊物。目前互联网上有数千种英文电子刊物和数十种中文电子刊物,其中很大一部分可以通过电子邮件订阅,并且是免费的,只要订阅后就可定期从电子信箱中收到该刊物。

⑤ 网络存储的功能。网络存储可以方便用户把存储在本地硬盘上的内容转移到电子信箱所在的网络空间上去,使得资料存取不受时间和地点的限制,实现文件的备份和共享。

2. 即时通讯

即时通讯(Instant Messenger,IM),是一种可以让使用者在网络上建立某种私人聊天室的实时通讯服务。大部分即时通讯软件提供了状态信息的特性,即显示联络人名单,联络人是否在线上以及能否与联络人交谈。

通常 IM 服务会在使用者通话清单(类似电话簿)上的某人连上 IM 时发出讯息通知使用者,使用者便可据此与此人透过互联网开始实时通讯。除了文字外,在频宽充足的前提下,大部分 IM 服务事实上也提供视讯通讯。实时传讯与电子邮件最大的不同在于不用等候,不需要每隔两分钟就按一次"传送与接收",只要两个人都同时在线,就能像多媒体电话一样,传送文字、档案、声音、影像给对方。

目前在互联网上常见的即时通讯软件包括 QQ、MSN Messenger(Windows Live Messenger)、百度 hi、飞信、FastMsg、Skype、新浪 UC、Google Talk、阿里旺旺、叮当旺业通、天翼 Live、Lava 系列(Lava-Lava、Lava 快信、Lava 个信)等。

二、资源共享

资源共享是人们建立计算机网络、数字化资源的主要目的之一。计算机资源包括硬件资源、软件资源和数据资源。相应地,资源共享也分为数据共享、软件共享和硬件共享。硬件资源的共享可以提高设备的利用率,避免设备的重复投资,如利用计算机网络建立网络打印机。软件资源和数据资源的共享可以充分利用已有的信息资源,减少软件开发过程中的劳动,避免大型数据库的重复设置。

常用的共享方法有以下几种:

1. 通过 Web 浏览器

可以通过 Web 浏览器来浏览、下载数字资源,也可以将自己的资源用 FrontPage Fireworks、Dreamweaver 等软件做成 Web 形式的网页,供其他人浏览、下载。

2. 共享硬盘

用共享硬盘的方式来实现资源共享,一般用在局域网中。它的安全性差一些,但是用这种方式还可以实现打印机、刻录机之类的硬件共享。

3. 使用网络通信工具

目前常用的网络通信工具有 MSN、QQ、Internet Phone 等,它们一般都具有呼叫功能,能进行文本、语音、视频对话,有些还具有文件传输等功能,可以通过网络实现信息的交换与获取,也能达到资源共享的目的。

(1) QQ

QQ 群中提供了网络硬盘共享空间,供该群中的用户上传或下载文件。这样可以让拥有更多、更好资源的用户提供共享资源让其他网友下载。

利用 QQ 群进行资源共享的前提是用户的 QQ 隶属于某一个用户群,同时,用户也可以自己动手创建 QQ 群,只需打开 QQ 的群/讨论组面板后,单击"创建"链接即可,如图 2-3-8 所示。

经过图 2-3-9 所示的几步设置之后,即可创建一个新的群。据此步骤创建一个名为"同事①家亲"的"同事"群。创建成功后,该群便显示 QQ 的"群/讨论组"面板内,如图 2-2-10 所示。

图 2-3-8 创建 QQ 群

 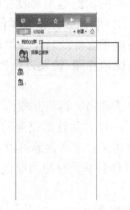

图 2-3-9　QQ 群创建步骤　　　　图 2-3-10　新创建的群

（2）云服务

个人碎片信息需要集中存储，个人信息需要在"云"和"端"以及"端"和"端"之间同步的问题，各种"云存储"服务营运而生。它通过互联网为企业和个人提供信息的储存、读取、下载等服务，具有安全稳定、海量存储的特点。

比较知名而且好用的云服务商有百度云、360 云盘、金山快盘、够快网盘、微云等。百度云则是这一类服务的典型代表，与其他同步盘相比，其优点主要有：

① 百度云管家主要是解决用户单向上传或下载文件的需求，用户可以根据自己的意愿上传、下载文件，操作界面更直观，适合大部分用户使用。

② 百度云管家可以高速、批量下载文件，有断点续传、秒传等功能，方便用户下载大文件、批量下载。

③ 百度云管家有自动备份文件夹功能，可以关联 5 个文件夹，将文件放在关联文件夹后，文件自动上传到云端，永不丢失。

④ 百度同步盘主要解决文件双向同步问题，本地同步文件夹数据同步到云端；云端数据增加、删除后本地也会随之变化，适合需要在多设备共享数据的办公人群使用。

本章小结

本章主要介绍了数字化学习资源的基本类型及特点、如何获取数字化学习资源（资源下载工具的使用方法）、利用网络进行信息交流与资源共享以及基于网络的资源型学习等内容。

思考与练习

任务一：

1. 如何创建数字化学习资源库？
2. 数字化学习资源主要分为几种不同的类型？数字化学习资源的特征主要包括哪些？
3. 数字化学习资源主要有哪些表现形式？

任务二：

1. 数字化学习资源包括哪些？其常见的下载方式包括哪些？
2. 列举常见的数字化检索工具及其特点。

任务三：

1. 基于网络的资源共享方式有哪些？
2. 常用的资源共享方式有哪几种？请分别阐述。

第三章
现代教学媒体实践

项目　现代教学媒体的实践

情景描述　教育现代化需要现代教学媒体与学科教学整合。在教学过程中,丰富多彩的现代教学媒体彻底改变了靠"一本教材、一块黑板、一支粉笔、一张嘴巴"的传统教学模式,在教学媒体理论指导下,充分利用视听技术、多媒体计算机技术、通信卫星与网络技术等,优化教学过程与资源。

现代教学媒体主要指电子媒体,由硬件和软件两部分构成。硬件指与传递教育信息相联系的各种教学机器,如幻灯机、投影仪、录音机、电影放映机、电视机、录像机、电子计算机等。软件指承载了教育信息的载体,如幻灯片、投影片、电影胶片、录音带、录像带、光盘等。

目前幼儿园也综合配备了各种现代教学媒体及应用系统,为了适应当前教育教学改革,需要幼儿教师能熟练使用。

任务一　光学投影教学媒体

任务说明

在幼儿园,光学投影媒体,比如投影仪、数码相机、扫描仪的使用是必须具备的基础能力。

具体任务

- 投影仪的使用技能训练
- 数码相机的使用技能训练
- 扫描仪的使用技能训练

方法步骤

一、投影仪的使用技能训练

1. 开关机

（1）连接

将笔记本电脑交流电源插头插入电源插座,将音箱插头插入笔记本电脑耳机插孔,将 VGA 线插入笔记本电脑 VGA 插孔。

(2) 开机

打开投影仪主电源开关几秒钟后,投影仪电源指示灯显示为橙色,表示进入待机模式。开启笔记本电脑电源开关,进入教学课件界面。按下遥控器的 ON/STANDBY 按钮,投影仪 ON、LAMP、FAN3 个指示灯亮绿色,灯泡点亮。

(3) 关机

按下 ON/STANDBY 按钮。画面上显示电源切断的确认提示,再按一次 ON/STANDBY 按钮。

注意:电源切断提示不久会消失。提示一旦消失,该项操作即无效。要关机仍需按下 ON/STANDBY 按钮两次。画面消失,但机内会继续冷却一段时间(3～5分钟),其后便进入待机状态。冷却期间,LAMP 指示灯会闪烁。在这一状态下,不能重新开机。LAMP 指示灯熄灭后,冷却风扇仍会继续转动一段时间,以便将机内的余热散出。投影机指示灯为橙色,则表示为待机模式,此时才可以将电源插头从电源插座上拔下或关闭主电源开关。

如果在灯泡完全冷却之前关闭了电源或拔下了电源插头并要重新开机或插入,请稍等片刻(大约5分钟),让灯泡充分冷却后才可再操作。如果灯泡过热,可能会点不亮,灯泡的寿命也会因此而缩短。

2. 遥控器的使用

(1) 主要按钮功能

① ENTER 按钮:接受所选的模式。

② MENU 按钮:显示菜单。

③ SETUP 按钮:设定图像和模式。

④ ON/STANDBY 按钮:用于电源的接通/切断(待机)。

⑤ ON 指示灯:显示电源的接通/切断。

⑥ T 按钮:用于输入切换。

⑦ RETURN 按钮:返回前一个画面。

⑧ 选择按钮:用菜单进行选择和调整等。

⑨ LAMP 指示灯:显示灯泡的模式。

⑩ TEMP 指示灯:机内温度过高时点亮。

⑪ FAN 指示灯:显示冷却风扇模式。

⑫ 发信指示灯:在遥控器发信时点亮。

⑬ PJ MODE 按钮:遥控器的模式切换。

⑭ FREEZE 按钮:使图像静止。

⑮ MUTE 按钮:暂时消除图像和声音。

⑯ L1－CLICK 按钮:鼠标遥控时的左单击按钮。

(2) 遥控器操作方法

将遥控器对准投影仪红外遥控传感器,然后按下遥控按钮。从投影仪前方、后方操作时,距离不能超过5米远,从遥控器到投影仪下左右不能偏离15°的角。若红外遥控传感器受到阳光或荧光灯等强光照射,遥控器对它可能会不起作用(关掉投影仪的日光灯)。

二、照相机的使用技能训练

1. 开关机

电源按钮的标识是"ON/OFF",一般在机身顶部,按住 ON/OFF 键3秒后相机就会开机,再按3秒后相机就会关机。

2. 正确的持握方法

正确的相机持握方法有助于拍出更为清晰的照片,不要潇洒地单手拿着相机拍照,更不能心不在焉地随手捏着相机拍照。拍摄时,常用两种拍摄方法:一种是横向拍摄,一种是纵向拍摄。与之对应,常见的持握方法也有横向持握和纵向持握两种方法,如图3-1-1所示。

① 横向持握:拍摄时,拍摄者左脚与右脚成丁字步,右手握住机身,左手拇指与食指打开,托住镜头或相机底座。两臂轻轻夹紧身体,力求保持平稳。双手持稳相机后,左手对焦,右手食指轻按快门。按快门之时,应暂时屏住呼吸,以进一步提高平稳度。

图 3-1-1　正确持握方法

② 纵向持握：纵向握机与横向握机手法相同，只是手的位置由左右改成了上下，至于手柄在上还是在下，要看个人使用习惯。同样需要注意的是手臂的开合程度。

3. 拍摄照片

（1）参数设定

在初学的时候应该多利用数码相机本身的自动拍摄功能，首先将功能模式按钮调整到"拍摄"模式，然后将拍摄模式转盘调整到"自动（AUTO）"选项。

（2）取景

在选择好被拍摄的对象后，就要进行取景。建议初学者使用 LCD 液晶显示屏取景的方式观察拍摄对象，这样在液晶显示屏中显示的画面就是"所见即所得"的，最后拍摄出来的画面就是液晶显示屏上看到的画面。

在取景的时候，眼睛要和液晶显示屏保持垂直角度，远近和大小通过机身后面的缩放控制按钮来调节。通过观察液晶显示屏确定最后的取景效果，然后就可以按下快门了。

（3）按快门

因为目前大多数的数码相机的快门都有焦距锁定功能，轻轻按下快门后，相机并没有执行拍摄动作，而执行的是焦距锁定功能，要再接着按下去后，才真正地完成了拍摄动作。

三、扫描仪的使用技能训练

1. 安装扫描仪

这里所用扫描仪是平板扫描仪。将扫描仪通过 USB 连接线与电脑连接，打开扫描仪电源，使用自带的驱动光盘安装扫描仪驱动，或使用驱动精灵在线安装对应型号的驱动程序。驱动程序安装完毕后，任务栏右下角应该弹出"硬件安装已完成，并且可以使用了"的提示。安装扫描仪自带的扫描软件后就可以使用了。

2. 扫描图片与文稿

打开电脑上的扫描仪软件，把要扫描的文件或图片面朝下压在下面，在电脑的扫描仪软件上根据要扫描的文件类型选择"图片类型"，如果要扫描照片，就选择"彩色照片"；如果要扫描黑白文字信息，就选择"黑白照片或文字"，可以先点击"预览"（等待扫描预览），查看预览效果确认没有问题后，点击扫描，扫描过程中有进度条显示，扫描结束后选择将扫描结果导出到文件，输入文件名，选择保存，结束。

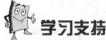

一、投影仪

投影仪又称投影机，是一种可以将图像或视频投射到幕布上的设备，可以通过不同的接口同计算机、VCD、DVD、BD、游戏机、DV 等相连接播放相应的视频信号。

1. 投影仪的类型

按照使用方式、工作原理和应用环境，投影仪有不同的分类方式，见表 3-1-1。

表 3-1-1 投影仪的类型

分类	类型	说明
按使用方式	台式投影仪	需要借助支撑平台放置
	便携式投影仪	亮度低,功能上强调实用
	落地式投影仪	直接放在地上,不需要另外的支撑,体积较大
	反射式投影仪	光源位于投影片的上方,光线通过投影片的反射而形成影像。影像反差大,色彩特别饱和
	透射式投影仪	光源位于投影片的下方,光线透过投影片而形成影像
	反射投射结合式投影仪	光源位于投影片的上方,光线经螺纹透镜背面的金属膜反射后,又透过投影片而形成影像
	单一功能投影仪	只有投影功能
	多功能投影仪	有投影功能,还是台幻灯机,也可以是实物展示台
按工作原理		CRT 投影技术、LCD 投影技术以及 DLP 投影技术
按应用环境	家庭影院型	主要针对视频进行优化处理,其特点是亮度都在 1 000 流明左右,对比度较高,投影的画面宽高比多为 16∶9,各种视频端口齐全,适合播放电影和高清晰电视,适于家庭用户使用
	便携商务型投影仪	体积小、重量轻、移动性强。轻薄型笔记本电脑跟商务便携投影仪的搭配,是移动商务用户在进行移动商业演示时的首选搭配
	教育会议型投影仪	一般定位于学校和企业应用,采用主流的分辨率,亮度在 2 000～3 000 流明左右,重量适中,散热和防尘做得比较好,适合安装和短距离移动,功能接口比较丰富,容易维护,性能价格比也相对较高,适合大批量采购普及使用
	主流工程型投影仪	面积大、距离远、光亮度很高,而且一般还支持多灯泡模式,能更好地应付大型多变的安装环境,对于教育、媒体和政府领域都很适用
	专业影剧院型投影仪	注重稳定性,强调低故障率,其散热性能、网络功能、使用的便携性等方面做得很强,高亮度,亮度一般可达 5 000 流明以上,高者可超 10 000 流明。体积庞大、重量重,通常用在特殊用途,例如剧院、博物馆、大会堂、公共区域,还可应用于监控交通、公安指挥中心、消防和航空交通控制中心等环境
	测量投影仪	早期称轮廓投影仪,随着光栅尺的普及,投影仪都安装上高精度的光栅尺,主要是将产品零件通过光的投射形成放大的投影仪,然后用标准胶片或光栅尺等确定产品的尺寸。按照投影的方式分为立式投影仪和卧式投影仪;按其比对的标准不同又分为轮廓投影仪和数字式投影仪

2. 投影仪的基本工作原理

(1) CRT 投影技术

CRT(Cathode Ray Tube,阴极射线管)投影仪把输入的信号源分解到 R(红)、G(绿)、B(蓝)3 个 CRT 管的荧光屏上,在高压作用下发光信号放大、会聚,在大屏幕上显示出彩色图像。

CRT 投影仪分辨率高,对比度好,色彩饱和度佳,图像色彩丰富,还原性好,对信号的兼容性强,且技术十分成熟。与其他类型的投影仪相比,在亮度方面,CRT 投影仪要低得多。

(2) LCD 投影技术

LCD(Liquid Crystal Display)投影仪分为液晶板投影仪和液晶光阀投影仪两类。LCD 液晶投影仪是液晶显示技术和投影技术相结合的产物。

三片式 LCD 投影仪是用红、绿、蓝 3 块液晶板分别作为红、绿、蓝三色光的控制层。光源发射出来的白色光经过镜头组后会聚到分色镜组。红色光首先被分离出来,投射到红色液晶板上,液晶板"记录"下以透明度表示图像中的红色光信息。绿色光被投射到绿色液晶板上,形成图像中的绿色光信息。同样蓝色光经蓝色液晶板后生成图像中的蓝色光信息。3 种颜色的光在棱镜中会聚,由投影镜头投射到投影幕上形成一副全彩色图像。LCD 投影仪体积较小,重量较轻,制造工艺较简单,亮度和对比度较高,分辨率适中。LCD 投影仪明显缺点是黑色层次表现太差,画面看得见像素结构,观众好像是经过窗格子在观看画面。

（3）DLP投影技术

DLP(Digital Light Processor,数码光输处理器)投影机以DMD(Digital Micromirror Device)数字微镜作为成像器件。其基本原理是,光束通过一高速旋转的三色透镜后,再投射在DMD部件上,然后通过光学透镜投射在大屏幕上完成图像投影。DLP投影机的技术是一种全数字反射式投影技术,其特点是数字优势和反色优势,清晰度高、画面均匀、色彩锐利。

3. 投影仪的使用与维护

投影仪是一种精密电子产品,它集机械、液晶或DMD、电子电路技术于一体,因此在使用中要从以下几个方面加以注意(以液晶投影仪为例):

（1）机械方面

严防强烈的冲撞、挤压和震动。因为强震能造成液晶片的位移,影响三片LCD的会聚,出现RGB颜色不重合现象。而光学系统中的透镜、反射镜也会产生变形或损坏,影响图像投影效果。变焦镜头在冲击下会使轨道损坏,造成镜头卡死,甚至镜头破裂无法使用。

（2）光学系统

注意使用环境的防尘和通风散热。目前使用的多晶硅LCD板一般只有1.3 in,有的甚至只有0.9英寸,而分辨率已达1 024×768或800×600,也就是说每个像素只有0.02 mm,灰尘颗粒足够把它阻挡。而由于投影机LCD板充分散热一般都有专门的风扇,以每分钟几十升的流量对其进行送风冷却,高速气流经过滤尘网后还有可能夹带微小尘粒,它们相互摩擦产生静电而吸附在散热系统中,这将对投影画面产生影响。因此,在投影机使用环境中防尘非常重要,一定要严禁吸烟,因烟尘微粒更容易吸附在光学系统中。因此要经常或定期清洗进风口处的滤尘网。

目前的多晶硅LCD板都比较怕高温,较新的机型在LCD板附近都装有温度传感器,当进风口及滤尘网被堵塞、气流不畅时,投影仪内温度会迅速升高,这时温度传感器会报警并立即切断灯源电路。所以,保持进风口的畅通,及时清洁过滤网十分必要。

（3）灯源部分

目前,大部分投影仪使用金属卤素灯(Metal Halide),在点亮状态时,灯泡两端电压60～80 V,灯泡内气体大于10 kg/cm,温度则有上千度,灯丝处于半熔状态。因此,在开机状态下严禁震动、搬移投影仪,防止灯泡炸裂。停止使用后不能马上断开电源,要让机器散热完成后自动停机。在机器散热状态断电造成的损坏是投影仪最常见的返修原因之一。另外LCD投影仪的灯泡寿命一般为2 000小时,更换成本约为2元/小时,投影仪不使用时,必须切断电源,减少开关机次数,对灯泡寿命有益。

（4）电路部分

严禁带电插拔电缆,信号源与投影仪电源最好同时接地。这是由于当投影仪与信号源(如PC机)连接的是不同电源时,两零线之间可能存在较高的电位差。当用户带电插拔信号线或其他电路时,会在插头插座之间发生打火现象,损坏信号输入电路,造成严重后果。

投影仪在使用时,有些用户要求信号源和投影仪之间有较大距离,如吊装的投影仪一般都距信号源15米以上,这时相应信号电缆必须延长。由此会造成输入投影仪的信号衰减,投影出的画面会发生模糊拖尾甚至抖动的现象。这不是投影仪发生故障,也不会损坏机器。解决这个问题的最好办法是在信号源后加装一个信号放大器,可以保证信号传输20米以上。

以上以LCD投影仪为例介绍了投影仪使用中的要点。DLP投影仪与其相似,但可连续工作时间比液晶机长。而CRT投影仪的维护相对较少,由于基本不搬动,所以故障率相对较低。但无论何种投影仪发生故障,用户都不可擅自开机检查,机器内没有用户自行维护的部件,并且投影仪内的高压器件有可能对人身造成严重伤害。所以,在购买时不仅要选好商品寻好价格,更要选好商家,弄清维修服务电话,有问题向专业人员咨询,才不会有后顾之忧。

二、数码相机

数码相机:(Digital Still Camera DSC),简称Digital Camera,DC)是一种利用电子传感器把光学影像转换成电子数据的照相机。与普通照相机在胶卷上靠溴化银的化学变化来记录图像的原理不同,数码相机的传感器是一种光感应式的电荷耦合或互补金属氧化物半导体。在图像传输到计算机以前,通常会先储存在数码存储设备中(通常是使用闪存)。

1. 数码相机的类型

按用途分为：

（1）单反相机

单反数码相机指的是单镜头反光数码相机，目前市面上常见的单反数码相机品牌有尼康、佳能、宾得、富士等，如图3-1-2所示。

图3-1-2 单反相机

在单反数码相机的工作系统中，光线透过镜头到达反光镜后，折射到上面的对焦屏并结成影像，透过接目镜和五棱镜，人们可以在观景窗中看到外面的景物。与此相对，一般数码相机只能通过LCD屏或者电子取景器（EVF）看到所拍摄的影像。显然直接看到的影像比通过处理看到的影像更利于拍摄。

图3-1-3 卡片相机

（2）卡片相机

小巧的外形、相对较轻的机身以及超薄时尚的设计是衡量此类数码相机的主要标准。其中索尼T系列、奥林巴斯AZ1和卡西欧Z系列等都应划分于这一领域，如图3-1-3所示。

卡片数码相机可以随身携带。虽然它们功能并不强大，但是最基本的曝光补偿功能还是超薄数码相机的标准配置，再加上区域或者点测光模式，这些小东西在有时候还是能够完成一些摄影创作。

卡片相机有时尚的外观、大屏幕液晶屏、小巧纤薄的机身、操作便捷，但是手动功能相对薄弱，超大的液晶显示屏耗电量较大，镜头性能较差。

（3）长焦相机

具有较大光学变焦倍数的机型，而光学变焦倍数越大，能拍摄的景物就越远。代表机型有美能达Z系列、松下FX系列、富士S系列、柯达DX系列等。镜头越长的数码相机，内部的镜片和感光器移动空间更大，所以变焦倍数也更大，如图3-1-4所示。

通过镜头内部镜片的移动而改变焦距。当人们拍摄远处的景物或者是被拍摄者不希望被打扰时，长焦的好处就发挥出来了。另外焦距越长则景深越浅，和光圈越大景深越浅的效果是一样的，浅景深的好处在于突出主体而虚化背景。如今数码相机的光学变焦倍数大多在3~12倍之间，即可把10米以外的物体拉近至5~3米，家用摄录机的光学变焦倍数

图3-1-4 长焦相机

在10～22倍,能比较清楚地拍到70米外的东西。

对于镜头的整体素质而言,超大变焦的镜头容易镜头畸变和色散,紫边情况都比较严重。随着光学技术的进步,目前的10倍变焦镜头实际上在光学性能上可以满足人们日常拍摄需要。

2. 数码相机的基本工作原理

数码相机是集光学、机械、电子于一体的产品。它集成了影像信息的转换、存储和传输等部件,具有数字化存取模式,与电脑交互处理和实时拍摄等特点。光线通过镜头或者镜头组进入相机,通过成像元件转化为数字信号。数字信号通过影像运算芯片储存在存储设备中。数码相机的成像元件是CCD或者COMS,该成像元件的特点是光线通过时,能根据光线的不同转化为电子信号。

(1) 优点

色彩还原和色彩范围不再依赖胶卷的质量;感光度也不再因胶卷而固定,光电转换芯片能提供多种感光度选择。

(2) 缺点

由于通过成像元件和影像处理芯片的转换,成像质量相比光学相机缺乏层次感;由于各个厂家的影像处理芯片技术的不同,成像照片表现的颜色与实际物体有不同的区别;由于中国缺乏核心技术,后期使用维修成本较高。

3. 数码相机的使用与维护

照相机是一种精密的设备,细心地维护可以延长其使用的寿命:

(1) 保存在凉爽、干净、干燥的地方,长时间不用时,要取出电池。

(2) 除拍摄以外,平时应该将镜头盖盖在镜头上。

(3) 除非接受过职业的培训并具有专用的工具,否则不要自己修理照相机。

(4) 手指不要接触到镜头的透镜,因为皮肤上的酸性物质会损伤镜头的表面。

(5) 保持照相机内外洁净。清洁内部时,打开照相机,用橡皮洗耳球轻轻地将碎片和尘埃吹出。

(6) 保持摄影包内外的洁净。清洁其内部时,应该腾空摄影包,用普通家用的真空吸尘器将灰尘和残余物清扫干净。

(7) 数码相机有严格并且局限的操作温度,不要在高温环境和寒冷环境下拍摄。高温和寒冷环境会损坏数码相机的部件,使其性能下降。

4. 数码相机的摄影技巧

数码相机的即按即拍功能虽然能够很直观地观察到拍摄的结果,不过很多初学者使用自动模式拍摄出来的效果不好,这主要是对拍摄技法掌握不足造成的。

(1) 善用拍摄模式。"傻瓜"相机。生产厂商一般都在相机上预设了一些模式,例如人物、风景、运动、夜景等,每种模式的光圈、快门等参数都不一样,在不了解相机基本参数的情况下,这些模式能够帮助使用者提高拍照速度和水平。

(2) 要发挥数码相机的回放特点,这是数码相机相对于胶片机最强的特点之一。拍摄的时候,即时回放,并适当放大,看看照片是否满足自己的需求。回放比较耗电,需多备几块电池。

(3) 正午拍摄人物的时候,如果在阴影下拍摄,要特别注意避免脸上的光斑。正午拍摄鼻子下面容易有阴影,可以选择用白色的衣服放在人物的头部下方,作为简单的反光板。

(4) 掌握一些基本的构图原则,能够有效提高拍摄水平。

① 三分之一原则:被摄人物或物体置于图片的三分之一处(距离图片边界),这是一个比较普遍适用、比较保险也比较中庸的原则,熟练拍摄后可以尝试其他方式。

② 拍大头、半身等类型的照片:切记不要从人的关节处分割,例如脖子、腰、肘、手腕、膝盖、脚踝,否则就成了"血案证物照"。

③ 拍摄风景:谨防贪多嚼不烂。有的地方,山好水好天也好,如果想在一张照片里面全部反映出来,常常给人感觉比较杂乱,简化一下,每次只拍一个景物,这样照片容易突出主题。

④ 天空和地(水)面的拍摄:大地晴空、碧海蓝天,两者都想拍,一般的做法是地(水)平线放在中间或者三分之一处。一般来说,拍摄风景的时候,地(水)平线一定要平,否则看了会让人不舒服。当然这也不是绝对的准则,在人物拍摄中,如果要拍摄有动感的照片,反而要故意让地(水)平线倾斜。

⑤ 线条的利用:在野外和城市里,总会有大量的线条存在,例如树木、电线杆、道路、楼房、河流、墙壁、

栅栏,这些线条可以放在对角线位置上,也可以用来营造透视效果。

⑥ 多角度拍摄:大部分人习惯站着拍摄,机位比较单一,视角也比较普通。可以尝试蹲下甚至躺下、趴下拍,人物和景色可能会更高大、修长或壮观;拍人物的时候,相机如果高于胸部,由于透视效果,会拍成"武大郎"效果;从高处往下拍,会拍成"大头"效果,尤其是脸上带有一些或天真,或坏坏,或搞怪的表情。

三、扫描仪

扫描仪(scanner),是利用光电技术和数字处理技术,以扫描方式将图形或图像信息转换为数字信号的装置。扫描仪通常用于计算机外部仪器设备,通过捕获图像并将之转换成计算机可以显示、编辑、存储和输出的数字化输入设备。

1. 扫描仪的类型

(1) 手持式扫描仪

手持式扫描仪重量轻、体积小,方便便携。绝大多数采用 CIS 技术,光学分辨率多为 200 DPI。个别高档产品采用 CCD 作为感光器件,可实现 24 位真彩色,扫描效果较好。

(2) 平台式扫描仪

又称平板式扫描仪、台式扫描仪,目前在市面上大部分扫描仪都属于平板式扫描仪,这种类型是现在市场上的主流。平板式扫描仪的光学分辨率在 300 DPI 到 8 000 DPI 之间,常见的是 600 DPI 和 1 200 DPI 的产品;色彩位数从 24 位到 48 位,较新的都是 42 位或者 48 位的;扫描幅面一般为 A4 或者 A3,其中 A4 幅面的产品较多。平板式的好处在于像使用复印机一样,只要把扫描仪的上盖打开,不管是书本、报纸、杂志、照片、底片都可以放上去扫描,相当方便,而且扫描出的效果也是所有常见类型扫描仪中最好的。

(3) 小滚筒式扫描仪

绝大多数采用 CIS 技术,光学分辨率为 300 DPI,有彩色和灰度两种,彩色型号一般为 24 位彩色。小滚筒式的设计是将扫描仪的镜头固定,而移动要扫描的物件。被扫描的物体不可以太厚。这种扫描仪体积很小,但是由于使用有多种局限,例如只能扫描薄薄的纸张,范围还不能超过扫描仪的大小。

(3) 滚筒式扫描仪

这是一类主要用于专业领域的产品。这类扫描仪处理的对象往往是大幅面图纸,所以一般采用滚筒式结构。

扫描仪的类型纷繁芜杂,比如专用的底片扫描仪和平板扫描仪加透扫是不同的产品,实物扫描仪和具有实物扫描能力的扫描仪也是不同的产品。

2. 扫描仪的基本工作原理

为了均匀照亮稿件,扫描仪光源为长条形,并沿 y 方向扫过整个原稿,照射到原稿上的光线经反射后穿过一个很窄的缝隙,形成沿 x 方向的光带,又经一组反光镜,由光学透镜聚焦并进入分光镜,经过棱镜和红绿蓝三色滤色镜得到的 RGB3 条彩色光带分别照到各自的 CCD 上。CCD 将 RGB 光带转变为模拟电子信号,此信号又被 A/D 变换器转变为数字电子信号。至此,反映原稿图像的光信号转变为计算机能够接受的二进制数字电子信号,最后通过串行或者并行等接口送至计算机。扫描仪每扫一行就得到原稿 x 方向一行的图像信息,随着沿 y 方向的移动,在计算机内部逐步形成原稿的全图。

在扫描仪获取图像的过程中,有两个元件起到关键作用。一个是 CCD,它将光信号转换成为电信号;另一个是 A/D 变换器,它将模拟电信号变为数字电信号。这两个元件的性能直接影响扫描仪的整体性能指标。

3. 扫描仪的使用与维护

(1) 保护好扫描镜头

扫描仪的光学成像部分最为精密,光学镜头或反射镜头的位置稍有变动就会影响 CCD 成像的质量,甚至可能使 CCD 接收不到图像信号。为了避免在运输中由于扫描镜头前后撞击而造成损坏,扫描仪上都安装有锁定装置(机械装置或电子装置),专门用于锁定扫描仪的镜头组件,确保其不被随意移动。用户第一次使用扫描仪前,一定要先开锁,且保证电源开关置于"OFF",才能插入电源插头(某些品牌的扫描仪,若不开锁就开电源,有可能导致扫描仪传动系统瘫痪)。同样,扫描仪如需长途搬运,则必须先用该锁定装置把镜头重新锁定。

（2）保持工作环境的清洁

扫描仪工作时，光从灯管发出后到CCD接收，其间要经过玻璃板以及若干个反光镜片及镜头，其中任何一部分落上灰尘或其他微小杂质都会改变反射光线的强弱，因而影响扫描图像的效果。因此，工作环境的清洁是确保图像扫描质量的重要前提。

（3）预热

在开始扫描以前最好先让扫描仪预热一段时间（时间长短从10多秒到几分钟，依具体环境而定）。扫描仪在刚开启的时候，光源的稳定性较差，而且也没有达到扫描仪正常工作所需的色温，因此，此时扫描输出的图像往往饱和度不足。

（4）除去网纹

被扫描的原稿若是印刷品，由于印刷品采用大小不同的点来表示颜色的深浅，人眼很难看出来，但是扫描出来就会出现网纹了。因此，许多扫描仪有去网纹的功能。该功能可由软件或由硬件完成，简化了后期处理的手续，经过调整可以直接得到无网纹的扫描图像。

（5）提高扫描仪的中文识别率（即OCR识别率）

OCR（Optical Character Recognition）即光学字符识别，就是让电脑知道它到底看到了些什么。要想提高扫描仪的OCR识别率，首先就要把原稿中的杂质过滤掉（如准确框选目标扫描区域，用涂改液等去掉文中杂质），扫描时注意放正原稿；其次，将扫描分辨率设为300dpi（黑白方式）；在"版面分析"中选择与所扫描原稿对应的版面类型（如横排、竖排等）。而要想OCR有效识别，则必须注意选择适当的分辨率，太低或太高的光学分辨率都会造成不好的识别效果；调整适当的明亮度，使扫描出的图像既不断线也不会模糊成黑块；根据特殊的版面情况，进行自动或手动版面分析。

任务二　电声教学媒体

任务说明

扩音器、MP3录放设备等数字电声设备的使用在幼儿园随处可见，如户外活动时常用扩音器。

具体任务　本次任务主要针对扩音器进行技能训练。

方法步骤

（1）先配戴好头戴麦克风（领夹麦克风）及扩音器后再开机，以避免啸叫；

（2）麦克风咪头的咪芯方向正对嘴巴且距离2～3 cm，麦克风不能跟喇叭相对或接近喇叭。如果不知道咪头的正面，可以将麦克风防风棉取下，对准后再套上；

（3）音量不要一下就调到最大，通常根据使用场合将音量从小逐渐调大；出现啸叫时适当回调即可；

（4）使用过程中，不要用手接触头戴麦克风（领夹麦克风）咪头，并避免扩音器前方1 m范围内出现障碍物，否则会导致声发射引起自激从而产生啸叫；

（5）试用或使用时，保持扩音器喇叭跟麦克风之间的距离（一般保持横向或纵向距离至少50 cm），以免啸叫。

学习支持

一、扩音器

扩音器就是将声音放大，使其传播得更远的意思，相对音箱来说扩音器的声音穿透力更强。

1. 扩音器的类型

根据使用方式可分为有线扩音器和无线扩音器；根据使用用途可分为教学类扩音器、导游类扩音器、娱乐类扩音器；根据其体积、使用方式及用途可分为多种类型，便携式扩音器因形状大小、喇叭所限，一般功率都只有 3～8 W；而无线扩音器与有线扩音器则体积大小各不同，用途各异，体积较小的适合教师、导游使用，挂在腰间，使双手发挥更为自由，其功率一般也在 3～8 W；体积大的适用于室外活动、夏令营、课外演讲等人流量大的地方，功率则在 35～95 W；锂电扩音器它解决了传统干电池对环境的污染问题，主要采用手机锂电技术给扩音器供电。

图 3-2-1 喊话器

(1) 喊话器

主要功能是扩音、照明、警报、收音、录音、哨子、喊话器，如图 3-2-1 所示。

(2) 腰挂式扩音器

这种扩音器放电时间长，一次充电可以使用 6 小时左右（锂电池），是普通扩音器的 2～4 倍；扩音效果好，功率为 0～25 W，是普通扩音器的 2～4 倍；采用锂电池，寿命长（2～4 年）；MP3 音乐或电脑音乐可以通过该扩音器播放出来；采用 ABS 工程塑料，不怕撞击；音色清晰、声音洪亮，适用面积达 200 m^2；体积小，超薄扩音器；充电方便，插头插上就可充电，可重复充电。

小型扩音器不仅适用于教学、旅游、企业流动现场培训等移动现场扩音，还可广泛应用于现场促销、健身活动及文艺表演等场合，如图 3-2-2 所示。

图 3-2-2 腰挂式扩音器

(3) 无线教学扩音机

数字锁相环技术，数码压扩技术品质极佳；有线无线麦克风扩音，无线发射，线路输入输出；领夹话筒，灵敏度高，防啸叫，音质清晰；石英振荡线路，频率稳定，抗干扰强；多组频率互不干扰，具有广泛的选择性；无线话筒扩音；数码混响。主要应用于学校的室内、室外讲课（特别适合舞蹈，体操示范的扩音、录音、放音）教学，集会，演讲、交通指挥、展览会等各种现场会的流动扩音、录音、放音等。

2. 扩音器的使用与维护

(1) 电池的保养。电池第一次使用前一定要充好电，然后再使用。使用过程中一定要注意电量，如果声音明显变小，就应该注意充电了，如果电放的过干电池可能永远也充不进电了。

(2) 主机电池不要长时间过充过放电、低电量提示时应及时充电、寒暑假闲置不用时应注意一至两月充一次电。

(3) 保护麦克风。麦克风是最容易损坏的一个配件。麦克风插拔的时候，不要用力过猛。不要用力拉麦克风的线，特别是接口的部位，很容易受到损伤，平时注意身体的动作不要太大。

(4) 注意防湿。扩音器属于电器产品，电路板的线如果湿度太高的话容易引起氧化，所以要放在干燥的地方保存。

二、MP3 录放设备

MP3 录放设备把家用便携式盒式磁带录放音机、MP3 整合在了一起，内置锂电池（组）代替了传统的干电池，以 MP3 数字信号源为默认信号源，丰富了音乐来源，降低使用成本，从根本上解决磁带、磁头磨损和卡带问题，优化按钮设置。实行操作按钮分区部署，分为数字播放操作区和模拟播放操作区，在盒式磁带播放时，按下数字播放操作区"录音"按钮后，磁带中的音乐被录成 MP3 数字音乐，自行录制 MP3。

多数人使用 MP3 时都是挂在项上或放在包里，难免磕磕碰碰，一般国内的一线品牌都会随机附送一个布袋或皮袋，在一定程度上可以保护 MP3 完整不被刮花。除了刮花外，灰尘也是要注意的，一般长时间裸露在空气中，灰尘都会进入到 MP3 细小的缝隙中。除了袋子的包裹外，还需要给主机清洗机身，以免灰尘影响机器的运作。

要注意防潮湿和防磁,整机最贵重的部位就是解码芯片和 Flash 芯片(集成在主面板上),保护好可以有效延长 MP3 的使用寿命。

日常使用中,特别是在收听时不要把音量开得太大,听音时间也不宜过长,以免损害听力。适时的维护保养能够大大延长 MP3 录放设备的使用寿命,同时也能降低产品的故障率。如出现了故障一般不要自行打开修理,应到专业的维修店进行检修。

任务三　电视教学媒体

任务说明

利用电视教学媒体,如电视机、电子白板、数码摄像机在幼儿园教学中使用频繁,为现代教学提供了丰富的媒体资源,上课更方便。

具体任务
- 交互式电子白板的使用技能训练
- 数码摄像机的使用技能训练

方法步骤

一、交互式电子白板的使用技能训练

1. 交互式电子白板定位

以下情况需要对交互式电子白板进行定位:第一次安装驱动并连接白板,投影在白板上的区域发生改变后,计算机分辨率改变后,笔尖跟鼠标偏离太大等。

定位方式:双击"TRACETOOLS"后,点击桌面右下角图标,选择"定位"→"数码互动白板定位"。注意握笔方式如同握钢笔书写,将电子笔尽量垂直于板面。

2. 利用电子白板播放 PPT 课件

(1) 打开课件:在鼠标状态时,双击课件图标(或者在右键菜单中选择"打开")打开课件。

(2) 全屏放映:点击全屏放映快捷按钮,进入 PPT 放映状态。

(3) 翻页:用笔在板面中任意位置单击,可实现下翻页操作;或点击左下角放映工具条中第三个按钮,也可以实现下翻页功能。点击左下角放映工具条中第一个按钮,可实现上翻页操作。

(4) 标注:选择任意笔可以在板面上标注,如标注内容需要保存,在笔的状态下点击工具条中第二个按钮"保存"。如不需要保存,点击鼠标键可实现清屏。

(5) 放映工具条的移动:用电子笔按住工具条中最后一个按钮拖动,可移动工具条位置。

(6) 退出全屏:点击工具条中第四个按钮,可退出全屏放映状态。

(7) 关闭文件:选择右上角"×"关闭文档。

3. 利用电子白板进行板书

(1) 点击桌面右下角图标,点击"TRACEBOOK"菜单项,打开 TRACEBOOK 文档;或在桌面上双击"TRACEBOOK"图标。

(2) 点击左侧工具条"模式切换"按钮,可选择不同模式显示文档。

(3) 选择笔键在工作区域内书写。点击左侧工具条中按钮,调整笔粗细,毛笔推荐设置线宽为最宽。

(4) 点击右键菜单中的"背景颜色",可设置板面的背景颜色。

(5) 在已书写的文字上直接拖动,可移动文字位置。可无限向下翻页,可进行回顾浏览。

二、数码摄像机的使用技能训练

(1) 给电池充电。

(2) 安装电池。
(3) 将开关打到摄影档(一般有"OFF"、"拍摄"、"拍照"和"观看"档)。
(4) 用正确的方法持握(跟照相机持握方法相似,可以用三脚架)。
(5) 拿下镜头盖。
(6) 对着要拍摄的对象取景。
(7) 按下开始拍摄的按钮。
(8) 期间可以移动并调节变焦(特写、广角)。
(9) 按关闭按钮结束拍摄。
(10) 观看(液晶屏幕、连到电视或者复制到计算机中)。

学习支持

一、电视机

电视机用电流即时传送活动的视觉图像。同电影相似,电视利用人眼的视觉残留效应显现一帧帧渐变的静止图像,形成视觉上的活动图像。电视系统的发送端把景物的各个微细部分按亮度和色度转换为电信号后,顺序传送。在接收端按相应的几何位置显现各微细部分的亮度和色度来重现整幅原始图像。

1. 电视机的类型

(1) 按屏幕尺寸分类

按照屏幕对角线尺寸分类,习惯上用英寸(in)表示。但按照国家规定,屏幕尺寸应按厘米数表示,如 20 in 相当于 51 cm。

(2) 按控制方式分类

彩色电视机可分为遥控彩电和非遥控彩电。

(3) 按内部电子器件分类

分为电子管式、晶体管式和集成电路电视机。目前市场上电子管式电视机已被淘汰,集成电路电视机越来越多。这种电视机性能好,可靠性高。

(4) 按频道数量分类

分单频段和全频段两种。单频段(VHF)包括 1～12 频道。全频段可划分为甚高频段(米波段):

① VHF - I 频段,频率范围 48.5～72.5 MHz、76～92 MHZ,1～5 频道;

② VHF - III 频段,频率范围 167～223 MHz, 6～12 频道。

特高频段(分米波段):

① UHF - IV 频段,频率范围 470～566 MHZ,13～24 频道;

② UFH - V 频段,606～958 MHz,25～68 频道。

目前多数城市已播放 U 频段电视节目。

(5) 按信号传输方式分类

可以分为地面无线传输(地面数字电视)、卫星传输(卫星数字电视)、有线传输(有线数字电视)3 类。

(6) 按产品类型分类

分为数字电视显示器、数字电视机顶盒、一体化数字电视接收机。

(7) 按清晰度分类

可以分为低清晰度数字电视(图像水平清晰度大于 250 线)、标准清晰度数字电视(图像水平清晰度大于 500 线)、高清晰度数字电视(图像水平清晰度大于 800 线,即 HDTV)。VCD 的图像格式属于低清晰度数字电视(LDTV)水平,DVD 的图像格式属于标准清晰度数字电视(SDTV)水平。

(8) 按显示屏幕幅型分类

可以分为 4∶3 幅型比和 16∶9 幅型比两种类型。

(9) 按扫描线数(显示格式)分类

可以分为 HDTV 扫描线数(大于 1 000 线)和 SDTV 扫描线数(600～800 线)等。

2. 电视机的基本工作原理

(1) 电视的接收方式

电视信号的接收主要分为地面广播电视接收、电缆电视技术接收、卫星直播电视接收3种方式。普通电视机能直接接收地面广播电视和电缆电视，附加一定设备就可接收卫星直播电视。

电视接收机的任务就是将接收到的电视信号转变成黑白或者彩色图像，对电视信号可采用模拟或者数字处理方式。利用数字集成电路对电视信号进行数字化处理，以便压缩频带，获得高质量的图像。利用超声波、红外线和微处理技术实现遥控。完成选台、音量调节、对比度、亮度、色饱和度、静噪控制、电源开关、复位控制等遥控动作。利用微处理技术进行自动搜索，自动记忆，预编节目程序。利用频率合成技术和存贮技术，在屏幕上显示时间、频道数和电视游戏等。

(2) 电视信号的分离

微弱和高频电视信号必须先经过高频放大、变频、中频放大和视频检波后，才能变成具有一定电压幅度的彩色全电视信号；然后根据亮度信号、色度信号、同步信号和色同步信号在时域和频域中的特点，利用它们在频率、相位、时间、幅度等方面的差异进行分离。

分离后的各种信号分别完成自己的功能，最后显示出彩色（或黑白）图像。电视机的电路组成就是根据上述电视信号的分离法则设计的。

3. 电视机的使用与维护

(1) 一定要避免电视机长时间工作，在不使用的时候尽量关闭显示器（直接将电源切断，不要仅限于遥控器的关闭状态），或者降低它的亮度。关闭后加上电视套更好，可以防止液晶屏幕上积累太多的灰尘。液晶材质非常容易吸附灰尘，时间久了会造成内部烧坏或者老化，进而产生坏点。

(2) 避免经常触碰液晶（LCD）屏幕，不要因为好奇经常用手指对屏幕指指点点或用尖物在LCD表面上滑动，以免划伤表面，因为液晶屏幕十分脆弱，一定要避免强烈的冲击和震动。

(3) 要采用正确的清除LCD电视屏幕表面污垢的方法。液晶屏是液晶电视的核心部分，自然也是清洁的重点。LCD显示屏表面覆盖玻璃，如果发现LCD显示器表面有污垢，应当使用正确的方法将污垢清除。

(4) 注意保持电视机的干燥度。现在电视机技术含量很高，潮湿的环境中虽然也可以工作，但只能说是"照常工作"，而不能说是"正常工作"。毕竟潮气对于电视机的损伤是很大的。如果长时间不看电视也最好定期开机通电，让显示器工作时产生的热量将机内的潮气驱赶出去。

(5) 千万不要自己拆卸LCD，即使在没有接通电源的情况下。因为关闭了很长时间，电视的背景照明组件中的CFL换流器依旧可能带有大约1 000 V的高压。错误的操作也有可能导致显示屏暂时甚至永久不能工作。

二、电子白板

电子白板汇集了尖端电子技术、软件技术等多种高科技手段研发的高新技术产品，结合计算机和投影机，可以实现无纸化办公及教学，它可以像普通白板或教学黑板一样直接用笔书写，然后输到电脑里去。相对于投影机、普通白板，电子白板有其自身的优点。

1. 电子白板的类型

电子白板按照安装类型分为壁挂式、滑道式、移动式、壁橱式。从发展角度来看，最早出现的电子白板为复印型电子白板，随着技术的发展及市场的需要，出现了交互式的电子白板。

交互式电子白板可以与电脑进行信息通讯，将电子白板连接到PC，并利用投影机将PC上的内容投影到电子白板屏幕上，在专门的应用程序的支持下，可以构造一个大屏幕，交互式的协作会议或教学环境。利用特定的定位笔代替鼠标在白板上操作，可以运行任何应用程序，可以对文件进行编辑、注释、保存等在计算机上利用键盘及鼠标可以实现的任何操作。

所谓复印式电子白板即通过用户的简单操作便可将白板上书写的内容通过一定的方式扫描并打印出来。其功能完成过程与普通的复印过程一样，首先由图像传感器件对白板上的内容进行采集，采集信号经过一定的图像处理后，最后用热敏、喷墨或其他打印方式输出。输出的纸张一般是A4幅面。打印输出方式一般有热敏纸输出及喷墨普通纸输出，颜色上有黑白及彩色输出两种。除了复印功能外，一些厂家还在此基础上添加了与电脑相连的功能，即可将白板的内容扫描到电脑中，功能表现上相当于一台扫描仪。

2. 电子白板的基本工作原理

电子白板工作原理分为压感原理和激光跟踪原理两种。使用压感原理的触摸式白板相当于计算机的一个触摸屏,是一种用手指或笔触及屏幕上所显示的选项来完成指定的工作的人机互动式输入设备。这种电子白板内部有两层感压膜,当白板表面某一点受到压力时,两层膜在这点上短路。电子白板的控制器检测出受压点的坐标值(手指或笔触及的位置),经 RS232 接口送入计算机。使用激光跟踪原理的白板上端两侧各一激光发射器。白板启动后,激光发射器发出激光扫射白板表面,特制笔具有感应激光功能,从而反馈笔的位置。

3. 电子白板的使用与维护

(1) 电子白板的使用

通常会通过快捷按键原理实现对鼠标、笔、板擦及视频等的硬件操作;按键排列于电子白板的左侧;使用哪个功能,用电子笔点击一下那个按钮即可。

① 鼠标:用电子笔点击鼠标按钮后,电子笔即可切换为鼠标功能,可实现鼠标左键的所有操作,如单击、双击、拖拽等。

② 笔:可选择 4 种笔进行书写:硬笔、荧光笔、细笔、毛笔,选择哪种笔就可书写出哪种笔迹效果。在使用硬笔书写时,可改变笔的颜色及宽度。

③ 板擦:可擦除用笔所书写的内容。

(2) 电子白板的维护

清洁电子白板前,先关闭计算机和投影机,然后用潮湿或沾酒精、屏幕清洁剂的软布擦拭板面;勿用水浸淋白板板体清洁,避免发生短路;防止数据线浸水,避免发生短路;勿用尖锐物体在板面上书写;勿用硬物或钝物击打板体;勿摔打电子笔;勿用其他笔在板面上进行书写;电子笔没电时请及时更换一节 5 号电池。

三、数码摄像机

数码摄像机就是 DV,DV 是 Digital Video 的缩写,译成中文就是"数字视频"的意思。按使用用途可分为广播级机型、专业级机型、消费级机型;按存储介质可分为磁带式、光盘式、硬盘式和存储卡式,如图 3-3-1 所示。

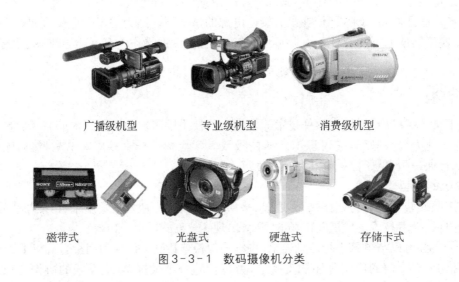

图 3-3-1 数码摄像机分类

1. 数码摄像机的基本工作原理

数码摄像机的基本原理就是光-电-数字信号的转变与传输。即通过感光元件将光信号转变为电流,再将模拟电信号转变为数字信号,将由专门的芯片处理和过滤后的信息还原出来,就是我们看到的动态画面了。数码摄像机的感光元件能把光线转变为电荷,通过模数转换器芯片转换为数字信号,主要有两种:一种是广泛使用的 CCD(电荷耦合)元件;另一种是 CMOS(互补金属氧化物导器件)。

2. 数码摄像机的使用与维护

拍摄时避免镜头正对阳光以免损害 CCD 板;保存时应尽量放置在干燥处避免机器受潮;不可开启外壳

或自行修理;不可摔落或撞击;不可使用刺激性化学物质、清洁溶剂或清洁剂清洁;录制影像时勿开启电池盖;使用摄影机之前,应测试操作是否正常;液晶屏幕若破裂或损坏,应特别小心避免液晶屏幕内液体流出;确定将电池放入正确的位置,装入电池的方向错误可能导致本产品的损坏并造成起火;若长时间不使用摄影机,应将电池取出以避免液体渗漏。

3. 数码摄像机的摄像技巧

在影视制作中,尤其是在前期的拍摄中,需要对镜头的表现技巧非常熟悉,什么样的镜头技巧表现什么样的主题内容,都要熟知于心。

运动摄像就是利用摄像机的推、拉、摇、移、跟、甩等形式的运动进行拍摄的方式,是突破画面边缘框架的局限,扩展画面视野的一种方法。运动摄像符合人们观察事物的视觉习惯,以渐次扩展或者集中、逐一展示的形式表现被拍摄物体,其时空的转换均由不断运动的画面来体现,完全同客观的时空转换相吻合。在表现固定景物或人物的时候,运用运动镜头技巧还可以改变固定景物为活动画面,增强画面的活力。

(1) 镜头推拉技巧

镜头的推拉技巧是一组在技术上相反的技巧,在非线性编辑中往往可以使用其中的一个而实现另一个技巧。推镜头相当于沿着物体的直线直接向物体不断走进观看,而拉镜头则是摄像机不断地离开拍摄物体。当然这两种技巧都可以通过变焦距的镜头来实现。在拍摄中推镜头起的作用重点是,突出介绍后面影片中出现的重要人物或者物体,这也是推镜头最普通的作用。它可以使观众的视线逐渐接近被拍摄对象,逐渐把观众的观察从整体引向局部。在推的过程中,画面所包含的内容逐渐减少,也就是说,镜头的运动摈弃了画面中多余的东西,突出重点,把观众的注意力引向某一个部分。用变焦距镜头也可以实现这种效果,就是从短焦距逐渐向长焦距推动,使得观众看到物体的细微部分,可以突出要表现内容的关键。推镜头也可以展示巨大的空间。

拉镜头和推镜头正好相反,是摄像机不断地远离被拍摄对象,也可以用变焦距镜头来拍摄(从长焦距逐渐调至短焦距部分)。作用有两个:一是为了表现主体人物或者景物在环境中的位置。拍摄机器向后移动,逐渐扩大视野范围,可以在同一个镜头内反映局部与整体的关系;二也是为了镜头之间的衔接,比如前一个是一个场景中的特写镜头,而后一个是另一个场景中的镜头,这样两个镜头通过这种方法衔接起来就显得自然多了。

镜头的推拉和变焦距的推拉效果不同。比如,在推镜头技巧上,使用变焦距镜头的方法等于把原来的主体一部分放大了来看。在屏幕上的效果是景物的相对位置保持不变,场景无变化,只是原来的画面放大了。对拍摄场景无变化的主体,要求连续不摇晃地以任意速度接近被拍摄物体,比较适合使用变焦距镜头来实现这一效果。而移动镜头的推镜头等于接近被拍摄物体来观察。在画面里的效果是场景中的物体向后移动,场景大小有变化。这在拍摄狭窄的走廊或者室内景物的时候效果十分明显。移动摄像机和使用变焦距镜头来实现镜头的推拉效果是有明显区别的,因此在拍摄构思中需要明确,不能简单地将两者互相替换。

(2) 摇镜头技巧

这种镜头技巧是法国摄影师狄克逊在1896年首创的,也是根据人的视觉习惯加以发挥的。用摇镜头技巧时摄像机的位置不动,只是镜头变动拍摄的方向,类似与人站着不动,而转动头观看事物。

摇镜头分为好几类,可以左右摇,也可以上下摇,也可以斜摇或者与移镜头混合在一起。摇镜头的作用是向观众对所要表现的场景进行逐一的展示,缓慢摇镜头技巧,也能造成拉长时间、空间效果和给人表示一种印象的感觉。

摇镜头把内容表现得有头有尾,一气呵成,因而要求开头和结尾的镜头画面目的很明确,从一定的被拍摄目标摇起,结束到一定的被拍摄目标上,并且两个镜头之间一系列的过程也应该是被表现的内容,用长焦距镜头远离被拍摄体遥拍,也可以造成横移或者升降的效果。

摇镜头的运动速度一定要均匀,起幅先停滞片刻,然后逐渐加速,匀速,减速,再停滞,落幅要缓慢。

(3) 移镜头技巧

这种镜头技巧是法国摄影师普洛米澳于1896年在威尼斯的游艇中受到启发,设想用"移动的电影摄影机来拍摄,使不动的物体运动",于是在电影中他首创了横移镜头,即把摄影机放在移动车上,向轨道的一侧拍摄的镜头。

这种镜头的作用是表现场景中的人与物、人与人、物与物之间的空间关系,或者把一些事物连贯起来加以表现。移镜头和摇镜头有相似之处,都是为了表现场景中的主体与陪体之间的关系,但是在画面上给人的视觉效果是完全不同的。摇镜头是摄像机的位置不动,拍摄角度和被拍摄物体的角度在变化,适合于拍摄远距离物体。而移镜头则不同,是拍摄角度不变,摄像机本身位置移动,与被拍摄物体的角度无变化,适合于拍摄距离较近的物体和主体。

移动拍摄多为动态构图。当被拍摄物体呈现静态效果的时候,摄像机移动,使景物从画面中依次划过,造成巡视或者展示的视觉效果;被拍摄物体呈现动态时,摄像机伴随移动,形成跟随的视觉效果,还可以创造特定的情绪和气氛。

移动镜头时除了借助铺设在轨道上的移动车外,还可以用其他的移动工具,如高空摄影飞机,以及表现旷野时候的火车、汽车等。其运动按照移动方向大致可以分为横向移动和纵深移动。在摄像机不动的条件下,改变焦距或者移动后景中的被拍摄体,也都能获得移镜头的效果。

(4) 跟镜头技巧

摄像机跟随着运动的被拍摄物体拍摄,有推、拉、摇、移、升、降、旋转等形式。跟拍使处于动态中的主体在画面中保持不变,而前后景可能在不断变换。这种拍摄技巧既可以突出运动中的主体,又可以交代物体的运动方向、速度、体态以及其与环境的关系,使物体的运动保持连贯,有利于展示人物在动态中的精神面貌。

(5) 升降镜头

这种镜头技巧是指摄像机上下运动拍摄画面,是一种从多视点表现场景的方法,其变化的技巧有垂直方向、斜向升降和不规则升降。在拍摄的过程中不断改变摄像机的高度和仰俯角度,会给观众造成丰富的视觉感受,如巧妙利用则能增强空间深度的幻觉,产生高度感。升降镜头在速度和节奏方面如果运动适当,则可以创造性地表达一个情节的情调。它常常用来展示事件的发展规律或处于场景中上下运动的主体运动的主观情绪。如果能在实际的拍摄中与镜头表现其他技巧结合运用,能够表现变化多端的视觉效果。

(6) 镜头甩技巧

这种技巧对摄像师的要求比较高,是指一个画面结束后不停机,镜头急速"摇转"向另一个方向,从而将镜头的画面改变为另一个内容,而中间在摇转过程中所拍摄下来的内容变得模糊不清楚。这也与人们的视觉习惯十分类似,类似观察事物时突然将头转向另一个事物,可以强调空间的转换和同一时间内在不同场景中所发生的并列情景。

甩镜头的另一种方法是,专门拍摄一段向所需方向甩出的流动影像镜头,再剪辑到前后两个镜头之间。

甩镜头所产生的效果是极快速度的节奏,可以造成突然的过渡。剪辑的时候,甩的方向、速度和快慢、过程的长度,应该与前后镜头的动作及其方向、速度相适应。

(7) 旋转镜头

被拍摄主体或背景呈旋转效果的画面,常用的拍摄方法有以下几种:沿着镜头光轴仰角旋转拍摄;摄像机超360°快速摇摆拍摄;被拍摄主体与拍摄几乎处于一轴盘上作360°的旋转拍摄;摄像机在不动的条件下,将胶片或者磁带上的影像或照片旋转,倒置或转到360°圆的任意角度进行拍摄,可以顺时针或者逆时针运动。另外还可以运用旋转的运载工具拍摄,也可以获得旋转的效果。

这种镜头技巧往往用来表现人物在旋转中的主观视线或者眩晕感,或者以此来烘托情绪,渲染气氛。

任务四 现代教学媒体应用系统

任务说明

在实际应用中,集成的现代教学媒体应用系统还需要综合运用,如多媒体综合教室、微格教学系统、计算机网络系统等应用系统。这里以微格教学系统为主要实训任务。

具体任务 结合幼儿园活动,进行微型教学,时间15分钟以内,以团队为单位,每个团队选1人进行技能训练,并进行录制。重放记录的实况进行分析与评价,重复进行,使正确的技能得到强化巩固,不正确的技能在再次训练中纠正。参与评价的课堂教学技能包括导入与结束技能、讲解技能、教案板书技能、组织互动技能、语言表情技能等。

方法步骤

一、确定幼儿园活动主题以及角色分工

查询资料,确定幼儿园活动主题,并下载相应的幼儿园活动方案;以团队为单位,确定教师角色、学生角色、教学评价人员和摄录像设备的操作人员等;填写小组信息表3-4-1。

表3-4-1 小组信息表

组别(团队名称或者序号)	
教师角色(学号+姓名)	
学生角色(学号+姓名)	
教学评价人员(学号+姓名)	
摄录像设备操作人员(学号+姓名)	
附:幼儿园活动方案	

二、微格教学实践

在课堂上,教师角色在15分钟以内的时间里,完成一节微型教学。在课前对学生角色做简短说明,使其明确教学内容、教学设计思想等。学生角色积极配合教师角色完成教学过程。

在课堂上进行角色扮演时,负责摄录像设备的操作人员采用录像的方法对教学过程进行记录,便于及时、准确获取反馈信息。教学评价人员参考综合教学技能评价表3-4-2对教师角色进行评价。

表3-4-2 综合教学技能评价表

演练题目		
评价内容	评 价 指 标	得分
导入与结束 20分	1. 导入方式新颖,富趣味性、启发性,与教学知识衔接恰当	
	2. 导入时适当运用教学媒体等手段,有效激发学生兴趣	
	3. 结束有概括,简明扼要,重点突出,巩固所学	
	4. 结束环节承上启下,适当布置课后作业或其他要求	
讲解技能 20分	1. 讲解目标明确,紧扣教点,内容符合学生认知水平与规律	
	2. 讲解时突出重点,繁简得当,不扯过多的题外话	
	3. 讲解能提供丰富清晰的感性认识或通俗直观案例	
	4. 讲解时条理清晰,思路流畅,善于运用比较分析、推理概括等方法帮助学生理论联系实际	
	5. 讲解善于吸引学生注意,及时根据反馈调整	

续表

评价内容	评价指标	得分
教案板书 20分	1. 教案符合规范,教学内容主次分明,技能安排合理,形式多样	
	2. 逻辑结构衔接紧凑,过渡自然,时间安排得当	
	3. 板书书写与讲解速度配合适宜,规范流畅,总体有美感	
	4. 板书内容条理分明,体现知识内在联系,突出重点难点	
	5. 课件版面美观,导航清晰	
	6. 课件内容组织结构合理,素材丰富典型,能激发学习兴趣	
组织互动 20分	1. 教学时间安排与教学内容配合良好,轻重分明	
	2. 以神态、言行等方式引导提示学生进入各个教学阶段	
	3. 对课堂状态察微杜渐,及时予以管理引导,多表扬鼓励,恰当批评,杜绝失控	
	4. 教学过程生动活泼,师生关系融洽	
	5. 提问时机恰当,内容明确	
	6. 态度亲切,对学生鼓励为主、评价适时适当	
语言表情 20分	1. 普通话标准,吐字清晰,无错、别、漏字	
	2. 语言表达的内容正确,	
	3. 语音宏亮,语调恰当,表达有条理,通顺连贯,张弛有致	
	4. 体态语言自然,站位走动合理,语言与眼神、手势密切配合,自然协调	
	5. 多种变化强化方式:语言、体态、标志、沉默、活动等	
扣分 10分	1. 时间控制得当,误差在合理范围	
	2. 其他内容	
总分		

三、反馈评价

为了及时地获得反馈信息,角色扮演完成后要重放录像,耳听目睹教学行为,并与事先的设计相对照,找出优势和不足。指导教师、评价人员、学生在讨论分析的过程中有重点地重放录像,形成较为统一的意见,帮助学生改进。

学生观看自己的角色扮演录像后,要进行自我分析。检查实践过程是否达到了设定的目标,是否掌握了教学技能,以及是否存在其他教学问题,以明确改进方法。填写评价分析表3-4-3。

表3-4-3 评价分析表(优势与不足)

所在团队 评价意见	
其他团队 评价意见	
受训者 自我总结	
教师评价	

学习支持

一、多媒体综合教室

多媒体综合教室是指多种媒体集成在一个教室内,以利于教师与学生运用现代教学媒体开展教与学活动的场所。根据规格大小、设置、配置、教学功能的不同,可分为简易型多媒体综合教室、普通型多媒体综合教室和网络型多媒体综合教室。

1. 多媒体综合教室的基本构成

简易型多媒体综合教室是在普通型教室的基础上,配有幻灯机、投影仪、展示台、录音机、电视机、VGA转换器和多媒体计算机等。该类型的多媒体综合教室基本能满足开展多媒体组合教学的条件。

普通型多媒体综合教室是将多媒体计算机与常规的电教设备相结合,主要由中央集中控制器、多媒体计算机、视频展示台、投影仪、录像机、影碟机、功放、音箱、话筒、VGA分配器、激光教鞭等设备组成。

网络型多媒体教室是由计算机网络设备、操作系统以及交互式教学软件平台形成的综合多媒体教室,包含了数据网络和视频网络两个部分,能够实现虚拟仿真教学系统、网络考试系统、课件制作系统以及课件点播系统等教学功能。

2. 多媒体综合教室的功能

(1) 以教室为中心的多媒体教室的功能

便于教师利用多媒体辅助教学活动;能利用多种媒体优化教学过程,突破教学重点、难点,提高教学质量与效率;便于观摩示范教学,还能扩大教学规模;能用于开展新型教学模式的教学实验与研究,还能用于学术报告活动等。

(2) 以学生为中心的多媒体教室的功能

为学生营造优良的自主学习环境,为学生进行个别化学习和小组学习提供多种媒体的良好学习条件;便于开展学生个别化学习的教学实验与研究;有利于学生参与和学习积极性与主动性的发挥。

2. 多媒体综合教室的管理与维护

为保证多媒体综合教室长期正常的使用,必须加强多媒体教室的管理与设备的维护。

(1) 健全多媒体综合教室的管理与使用制度

为了保证设备安全、稳定运行,维护正常的教学秩序,必须制定多媒体综合教室的使用和管理制度,建立健全规范的设备使用和检修记录。做到各项操作规范化、管理制度化。多媒体综合教室的各设备应列出详细的操作步骤和注意事项,并制作制度牌,上墙公布。教师上完课应做好使用记录,填写使用情况、使用时间、授课科目等,一旦设备出现故障,要及时维修保证教学使用。

(2) 多媒体综合教室的维护和保养

多媒体计算机是普通型综合媒体教室的核心设备。为了保证计算机安全正常运行,必须安装使用正版的杀病毒软件,设置防火墙,安装补丁程序、硬盘保护卡等;还要注意计算机的清洁。

投影仪是多媒体教室里相对昂贵的设备,为保证其正常运行,除按程序正确操作外,最主要的是防尘和通风散热。

投影仪的影像直接投影到大屏幕上,屏幕的平整与洁白与否,关系到影像的质量与效果,关系到多媒体教室的最终影像效果。为保持屏幕平整、洁白,在使用完后,应及时卷起,防止飞蛾、蚊虫及尘埃造成污点。如若有污点,可用带清洁剂的水,用牙刷轻轻地刷洗干净,然后用脱脂棉将水吸干,不留水迹。

为保障设备安全一般在新开设的多媒体教室加装防盗门窗。把电脑、显示器、功放、中控展台等设备合理摆放在多功能讲台内;要注意防盗,可以选择在多媒体教室关键部位安装防盗探头,通过电子防盗网对固定设备实施安全管理。

定期检修、及时更换设备易损部件,尽量把问题铲除在萌芽状态;安装和更新正版软件;多媒体计算机安装硬盘保护卡,以便在系统发生故障时及时恢复。

要定期开展培训,一方面可以减轻教师对使用技术的恐惧或排斥心理,另一方面能够降低由于使用者操作不当所致的设备故障,保障多媒体教学设备的正常使用。管理人员可以将常见问题整理成手册,发到教师手中,为教师提供指导。

总之,多媒体教室的管理和维护是一个较为复杂细致的工作,管理人员,应该以保证设备安全、方便教师使用、充分发挥教学资源为出发点,实行科学的管理,确保教学的正常使用。

二、微格教学系统

微格教学的英文为 Microteaching,在我国被译为"微型教学"、"微观教学"、"小型教学"等,目前国内用得较多的是"微格教学"。微格教学是利用现代化教学技术手段来培训师范生和在职教师教学技能的系统方法。微格教学创始人之一,美国教育学博士德瓦埃·特·爱伦认为:"微格教学是一个缩小了的、可控制的教学环境,它使准备成为或已经是教师的人有可能集中掌握某一特定的教学技能和教学内容。"

进行微格教学的一般方法是:以少数学生为对象,在较短的时间内(5~20分钟),尝试小型的课堂教学,或对某个教学环节,如"组织教学"或"授新课"试讲。试讲情况由录像机记录,指导教师和学生一起观看,共同分析优缺点,然后再做训练,直至掌握正确的教学技能。

1. 微格教学系统的基本构成

随着多媒体技术、网络技术以及数字视音频技术的发展,微格教学系统从模拟信号方式走向数字化和网络化方式。微格教学系统一般由主控室、微格教室和观摩评课室构成。

(1) 主控室

主控室可以控制任一微格教室中的摄像云台和镜头,可以监视和监听任一微格教室的图像和声音;也可以对微格教室播放教学录像与电视节目;可以把某个微格教室的情况转播给其他的微格教室,进行示范;可以录制某个微格教室的教学实况供课后讲评。主控室主要设备包括计算机、主控机、摄像头、录像机、VCD、监视器、监控台等。

(2) 微格教室

微格教室中的设备主要包括分控机、摄像头及其他教学设备。在微格教室中可以呼叫主控室,并与主控室对讲。微格教室中可以控制本室的摄像系统,录制本室的声音和图像,以便对讲课情况进行分析和评估。分控机可以遥控并选择主控室内的某台录像机、VCD 机等其他影像输出设备,并能遥控自己选择设备的播放、停止、暂停、快进、快退。

(3) 观摩评课室

观摩评课室是参与培训的师生们现场或重放录像进行反馈、评价的教室。它是一个装有电视机的普通电教室。把控制室中经视频切换器选择后的视频信号送到电视机上,即可实时同步播放教学实习的实况,供指导教师现场评述,使较多的学生观摩分析。

2. 微格教学系统的功能

由于其自动化、数字化、网络化的特点,数字化微格教学系统的功能也日益完善。

(1) 客观、全面地及时反馈评价功能

微格教室通过简单的摄像头录制或现场播放学生自身的表现,使其能够了解自己的表现,学会自我"诊断、治疗"。在微格教学训练过程中,具有多种形成性评价方式:可以是教师角色扮演者通过重播自己训练的录像,肯定成绩,分析问题,进行自我纠正和评价;也可以是同组训练的学生角色扮演者通过听课、一起观看重播录像,对教师角色扮演者的模拟教学情况进行讨论、分析和评价。此外,指导老师也要对教师角色扮演者的模拟教学情况进行全面的分析、评价,并提出改进意见。这些评价方式,对于帮助教师角色扮演者提高教学技能是及时有效的。

(2) 课后指导点评功能

因为学生能力的有限,不可避免地存在盲点。因此导师的指导是必不可少的,它可以使学生在自身不更正的情况下得到更正。课后指导点评功能是指导教师通过网络点评学生的课堂实录,将学生不正确的语言、行为和教案采用特殊的再录设备进行标识后再返还学生,使学生知道自己的不足并事后更正。

(3) 双向交流功能

指导教师与学生之间的交流或学生与学生之间的交流,能够使学生看到自己的和别人的长处和不足。双向交流可以是一个教室里面对面的交流,也可以在各室之间或者各教室与控制室之间通过录播系统进行。

(4) 实时远程评价功能

在当今通信技术的支持下,运用计算机网络技术,微格教室不仅能实现本地的及时交流、反馈和指导,还能实现远程评价功能,即可以实现远程的视频、音频传输,远程的评价人员进行异地评价。

(5) 用人单位远程人才选择功能

毕业前学生可以通过微格教室记录下自己不同阶段的教学案例,并放在学校相应的网站或资源库中。用人单位在异地通过网络进入学校人才资料库,远程了解所需人才的在校表现及综合素质,同时还可了解所需人才的成长过程情况,有助于全面了解所需人才。

3. 利用微格教学系统训练师范技能的应用方式

为了强化师范生教学技能训练,可通过微格教学系统,使学生亲自审查自己的教学效果,根据模拟教学的录像反映出的优缺点,改进讲课情况。

(1) 学生要作好微格教学的充分准备

每个学生都有自身特点,教育实习时所承担的课程内容有各自的特点,根据自身及承担的课程的特点,充分备好教案,如开课形式,进行方式,是否引入相关图表音像教材,怎样突出一节课的重点,可能进行的提问,学生可能的回答,都是准备教案时应该想到的。教学活动是丰富多彩的,又是千差万别的,各门课甚至各堂课都有不同要求和特色。在进行微格教学之前,学生要根据自身的特点按所授课程的要求细致而充分的备好每一分钟课。

(2) 指导教师精心组织安排对微格教学的效果起着至关重要的作用

教师要指导学生备好课,检查学生的教案。因为微格教学训练中每人安排的时间一般控制在 15 分钟以内,所以指导教师要与学生共同研究这堂课的难点或重点,通过微格教学训练,预讲预演部分难点或重点,从中找出问题和需要完善的地方,并及时讨论修正。可按授课的相关内容将学生分组,每组 10～15 人。小组中,由于授课内容相关,所以这样分组便于学生在备课时相互讨论、前后联系、互补长短。也可按学生的志愿组合分组。这样的好处是同组同学兴趣相投、关系融洽,在训练时,心理压力更小。

指导教师在微格教学实验之前,要从心理、技术、知识、言谈举止、板书、组织教学、教学技术与教学方法等方面指导学生,调动学生参与微格教学训练的积极性、主动性。

在学生正式开始微格教学训练之前,教师不妨先进行教学示范,让学生在现场或隔壁的观看室观摩;也可播放有典型意义的微格教学实况录像带,并做适当点评。

指导教师作好以上安排后,就可与技术人员(这里是微格教学系统管理人员)一道,在紧临微格教室的控制室里,监视并录制学生的教学实况。这里需要强调的是:指导教师最好参与控制室的录制工作。这有几方面的好处,首先,指导教师对自己的学生熟悉,对学生所讲的教材也熟悉,何时将镜头对准"教师",何时将镜头对准"学生",这是微格教学系统管理人员单独办不好的。其次,指导教师往往数年都要指导教育实习,通过亲临控制室或从控制室的监视器上,马上就可了解学生授课的优缺点,并且逐渐熟悉整个系统的控制过程,最终使得指导教师对微格教学系统的操作应用达到十分熟悉的程度。

(3) 学生的应用实践

经过充分的准备,学生以组为单位,每个学生轮流当"教师"和"学生",按自己所承担的教育实习任务中的课程"授课",领略作老师的滋味,也检验一下经过自己充分准备又经过指导教师指点过的教案,是否应用起来得心应手,何处有待改善;同时又可听到同组扮演学生同学对自己所授课优缺点的评议;还可以在自己充当学生时,观摩、审查同组其他同学的授课情况,并从中得到启发。

(4) 对微格教学效果的反馈评价

参加微格教学训练的学生分组训练后,即进入反馈评价阶段。反馈评价有两个作用。一是使试教者能正确估量自己的教学效果,另一个是使参与的全体学生通过评点别人以及自己被其他同学、教师评点,学会课堂教学的评价方法。评价的组织形式有:

① 组内评价:在微型班(一个学生组)内通过直接参与实验和重放试教录像片进行评议。在教师指导下,组内同学一边观看录像,一边逐个进行自评、互评,并请指导教师小结评价。

② 组间评价:在组内评价之后,可将各组的录像带交换观看,对其他组一致认为优点或缺点的教学突出点,进行争论评议,达到统一认识、借鉴提高的效果。

③ 班级评价:在一组学生试教时,教师与班级其他学生一起在另一间安装有大屏幕的教室里,通过闭路系统传出的现场微格教学实况进行评议。或者教师选择通过微格实验后获得的正反两方面的典型录像纪录片在全班内播放讲评,这种形式省时省力,有针对性。

以上 3 种评价方式各有长短,可以根据微格系统设备和训练学生的数量适当选择方式。

三、计算机网络系统

计算机网络系统就是利用通信设备和线路将地理位置不同、功能独立的多个计算机系统互联起来,以功能完善的网络软件实现网络中资源共享和信息传递的系统。通过计算机的互联,实现计算机之间的通信,从而实现计算机系统之间的信息、软件和设备资源的共享以及协同工作等功能,其本质特征在于提供计算机之间的各类资源的高度共享,实现便捷地交流信息和交换思想。

1. 计算机网络教室

计算机网络教室是指在普通计算机机房的基础上,通过相应的信息传输媒体将各计算机连接起来,实现教学及辅助管理功能的教学系统。

计算机网络教室一般由硬件系统和软件系统两部分组成。硬件系统主要有服务器、多媒体学生机、多媒体教师机、网卡等,并可配有视频展示台、大屏幕投影、多媒体控制机以及音响系统等。因计算机网络教室的计算机要适合不同课程的教学,软件的配置要兼顾不同课程的需要,没有安装还原保护卡的计算机应安装系统保护还原软件,以防由于误操作等引起的故障。

通常计算机网络教室具备以下功能。

(1) 屏幕监视

教师可实时监视每个学生的计算机屏幕,观察学生的学习情况,这样教师不用离开座位便可观看学生对计算机的操作情况。可对一个、一组或全体学生进行多画面和单一循环监视。

(2) 遥控辅导

教师可远程接管选定的学生机,控制学生机的键盘和鼠标,对学生远程遥控,辅导学生完成学习操作,进行"手把手"交互式辅导教学。

(3) 教学示范

教师在进行屏幕监视和遥控辅导时可使用转播教学功能,教师可选定一个学生机作为示范。由学生代替教师进行示范教学,该学生机的屏幕及声音可转播给其他学生,增加学生对教学的参与度,提高学习的积极性。

(4) 师生对讲

教师可与任意指定的学生进行实时双向交谈,教师可以选择是否允许其他学生旁听。

(5) 分组讨论

教师可对教室内的学生进行任意分组,每个小组的学生通过文字、语音、电子白板进行交流,教师可随时插入任意小组,并参与讨论,小组内允许多个学生同时交谈。

(6) 消息发送

模拟电子邮件功能,教师与学生可选择发送对象,相互发送信息。

(7) 电子举手

学生使用电子举手功能可随时呼叫教师,对举手的学生教师通过语音和文字随时应答和查看。

(8) 远程控制

教师可远程运行关闭学生计算机的应用软件,对学生机进行系统锁定或远程关机。可以对学生机的鼠标键盘锁定和解锁,停止或恢复学生操作计算机。

(9) 文件分发和提交

教师可以将本机的数据传送给制定的一个、一组或全体学生,学生也可以将学生机的数据传送给教师。

(10) 网络影院

教师可以通过网络向选定的学生播放 VCD、SVCD 等文件和碟片。

(11) 电子黑屏

教师可以对单个、部分或全体学生进行黑屏肃静,锁定屏幕和键盘,达到让学生专心听课的效果。

2. 数字校园网络

在国家教育信息化和"校校通"工程的背景下,实现校园网的信息化是各级学校的重要任务,数字校园网络也成为校园信息化建设的主要方向。

所谓数字校园网络,就是为了满足学校教育教学的需要,将分布在校园不同地点的独立计算机,通过通信线路和网络协议连接起来,以实现资源共享和相互通信的计算机集合。构建校园网的目的是在传统校园的基础上构建一个数字空间,以拓展校园的时间和空间维度,扩展传统校园的功能,最终实现教育过程的全面信息化,从而提高教学工作、科研工作和办公管理工作的水平和效率。

数字校园网络的功能是建立在计算机网络的两个基本功能之上的,即数据通信和资源共享,为学校的教学过程、管理、日常办公、内外交流等各方面提供全面、切实的支持。

(1) 网络办公管理

通过校园网在学校内建立多任务、多功能的综合性自动化办公系统,可以实现学校办公自动化、文档一体化和校务工作信息化,如行政事务管理、教学管理、教务管理、科研管理、后勤管理、信息查询和一卡通等模块。

(2) 教与学应用系统

校园网具有开放性、传递信息及时快捷等特点。利用校园网的这些特点与教学相结合,实现教学资源的共享,如学习系统、教学资料库、教学演示系统、网上备课系统、题库管理系统、考试与评价系统、图书馆管理系统、电子阅览室、多媒体教学网等模块。

(3) 提供师生信息交流平台

校园网是一个可以容纳多个用户的交流平台,具有较长的时效性,师生可以在同一时间且在一个比较自由、宽松的环境下相互交流,有利于学生自主学习和创新能力培养,如视频会议、远程教育、学生自查询等模块。

(4) 网络管理系统

为了保证校园网的正常运行,必须对校园网进行管理与维护,如系统维护、数据维护、数据备份、系统监控、网络安全等模块。

本章小结

本章主要是现代教学媒体的实践,通过对光学投影教学媒体、电声教学媒体、电视教学媒体以及现代教学媒体应用系统 4 个任务的训练,幼儿教师应该深刻认识到学习现代教学媒体及应用系统在教育教学中的重要作用。

随着信息技术的不断发展和对教育领域的不断渗透,利用教育技术来构建有效的学习环境对教学绩效的提高显得尤为重要。现代教学媒体的实践目的在于通过现代教学媒体的优化来提高教学绩效。

思考与练习

任务一:
1. 投影仪的类型有哪些?
2. 数码相机的类型有哪些?
3. 扫描仪的类型有哪些?

任务二:
1. 扩音器的基本功能有哪些?
2. MP3 录放设备的基本功能有哪些?

任务三:
1. 电视机的类型有哪些?
2. 电子白板的类型有哪些?
3. 数码摄像机的基本工作原理是什么?

任务四:
1. 什么是微格教学?掌握使用微格教学对教师开展教学技能训练的方法和步骤。
2. 什么是数字校园网络?为什么要建设数字校园网络?
3. 什么是远程教育?它有哪些特点?

第四章 教学设计

项目　幼儿园教学活动设计

情景描述　刚刚参加工作的小李,准备给孩子们上课了。可是,如何进行高效率的备课,并取得最佳的教学效果呢？小李有些犯难了。此时,园长给小李布置了一项任务——认真学习教学设计。

教学设计以达到优化教学、促进学习者的学习为目的,是教育技术学科体系中的核心课程,是教育技术开发、管理、运用与评价的基础。教学设计以教学过程为研究对象,用系统方法分析参与教学过程的各个要素,分析学习需要、学习内容和学习者的特征等方面的内容,用最优化的思想和观点对教学过程进行设计,包括教学目标、教学策略、教学媒体、教学过程和教学设计评价等方面。本章主要介绍教学设计的定义及教学设计的一般模式,分析几类主要的教学设计过程模式,并对教学设计的各个过程环节做了较为具体的分析与阐述。

任务一　初识教学设计

任务说明

教学是一项有明确目的的培养人的社会实践活动。为达到教学目标,教师必须依据一定的教学思想或理念,结合自己对教学过程的理解和认识,以各种方式、方法对师生活动进行周密地思考和精心的设计。

具体任务
- 教学设计
- 教学设计基本原理

一、认识教学设计

教学设计是指教师为了达到教学目标,依据教育教学原理、教学艺术原理,根据学生认知结构,组织教学过程、教学内容、教学组织形式、教学方法和需要使用的教学手段的策略。

教学过程是一个系统,这一系统包括了学生、教师、资源、学习方法、条件、情景等要素。教学设计就是要创设这样一个系统,并利用系统的科学方法来解决教学中的问题。

教学设计是从学习目标出发,确定学习者的需求和教学中需要解决的问题,并提出满足学习者需求和解决问题的方法和步骤。教学设计需要以现代教学理论和学习理论为依据,转变传统的备课观,体现教育主体和学习主体的相互作用。

二、划分教学设计的层次

由于教学系统可以分成不同的层次,教学设计也相应具有不同的层次。

三、理解教学设计的理念和依据

理论的指导是教学设计由经验层次上升到理性、科学层次的基本前提。

四、掌握教学设计的一般模式

教学设计模式是一套程序化的步骤,不同的教学设计模式包含的步骤会有所不同,但一般教学设计模式都包括一些基本的要素。这些共同特征要素可以构成一般的教学设计过程模式。

学习支持

一、教学设计的定义

关于教学设计的含义,国内外许多专家给出了不同的定义,以下是4种典型的对教学设计的描述和定义:

(1) 教学设计运用系统方法,将学习理论与教学理论的原理转换为对教学资料和教学活动的具体计划的系统化过程(Smith & Ragan,1999)。

(2) 教学系统设计是对教学系统进行具体计划的系统化过程(Gagne & Dick,1983)。

(3) 教学设计是运用系统方法发现和分析教学问题和确定教学目标,建立解决教学问题的策略方案、试行解决方案、评价解决方案、评价试行结果和对方案进行修改的过程。它以优化教学效果为目的,以学习理论、教学理论和传播学为理论基础(乌美娜,1994)。

(4) 教学设计是运用系统方法,将学习理论与教学理论的原理转换成对教学目标(或教学目的)、教学条件、教学方法、教学评价等教学环节进行具体计划的系统化过程(何克抗,2001)。

从上面的定义不难看出,教学设计是以整个教学系统、教学过程为研究对象,用系统方法对各个教学环节进行具体计划的过程,指导计划过程的重要理论基础是学习理论和教学理论,教学设计是以优化教学效果为目的。

二、教学设计的层次

由于教学系统可以分成不同的层次,教学设计也相应具有不同的层次,乌美娜将其分为3个层次。

1. "产品"为中心的层次

教学设计的最初的发展开始于"产品"层次的教学设计。它把教学中需要使用的媒体、材料、教学包等当作产品进行设计。教学产品的类型、内容和教学功能常常由教学设计人员、教师和学科专家共同确定。有时还吸收媒体专家和技术人员参与产品的设计、开发、测试和评价等。对于远程教育,"产品"层次的教学设计的主要成果是特定课程的教学资源,通常有课程教学大纲、学习指导书、多媒体课程材料等。

2. "课堂"为中心的层次

这个层次的设计范围是课堂教学。它是在规定的教学大纲和计划下针对一个班级的学生,在固定的教学设施和教学资源条件下进行的教学设计。其设计的重点是充分利用已有的设施选择或者编辑现有的教学材料来完成目标,而不是开发新的教学材料(产品)。如果教师掌握教学设计的有关知识和技能,整个课堂层次教学设计可以由教师自己承担完成。当然,如果需要,也可以由教学设计人员辅助完成。在远程教育中,师生在课堂直接面授的机会较少,但有限的课堂教学更需要精心的设计,同时,以课堂为中心的教学设计还体现在对远程教育教与学整合过程的设计,包括课程作业的形式、课程评价的方法、面授的机会等。

3. 以"系统"为中心的层次

按照系统的观点,上面两个层次也可以称为教学系统,但这里所指的系统是特指比较大、比较综合和复杂的教学系统。例如一个网络学院、一个专业的设置。这一层次的教学设计通常包括系统目标、实现目标的方案、试行和评价、修改等环节,涉及内容广,设计难度大,必须充分考虑系统中各个要素之间的相互作用和组合,从而确保教学系统功能和目标的实现。

以上3个层次是教学设计发展过程中逐渐形成的,3个层次的教学设计都有相应的教学设计模式,在具体的实践中,可以按照自己面临的教学问题的层次,使用相应的设计模式。

三、教学设计的理念和依据

1. 现代教学理论

理论的指导是教学设计由经验层次上升到理性、科学层次的基本前提。科学的教学理论是对教学规律的客观总结和表现。依据科学的教学理论和学习原理设计教学活动,实际上就是要求教学设计的教学方案和措施符合教学规律。教育工作者只有自觉运用科学的理论指导教学设计,才有可能使教学摆脱狭隘的经验主义,进而追求教学效果的最优化。

2. 建构主义理论

建构主义认为,学习是建构内在的心理表征的过程,强调的是学习的选择性、体验性、主动性、主观性,将学习看成是学习者对外在信息自主生成意义的理解过程。已有的经验是生成性学习的核心因素。生成性课堂教学能使学生把外部环境中的有关信息直接整合到自己原有认知结构中去的过程,同时又可以使认知结构发生重组与改造,产生新的生成。

3. 系统科学原理

(1) 整体原理

教学设计是一项系统工程,由教学目标和教学对象的分析、教学内容和方法的选择以及教学评估等子系统所组成,各子系统既相对独立,又相互依存、相互制约,组成有机整体。在诸子系统中,各子系统的功能并不等价,其中教学目标起指导其他子系统的作用。同时,教学设计应立足于整体,每个子系统应协调于整个教学系统中,做到整体与部分辩证地统一,系统分析与系统综合有机地结合,最终达到教学系统的整体优化。

(2) 程序性原则

教学设计是一项系统工程,诸子系统的排列组合具有程序性特点,即诸子系统有序地成等级结构排列,且前一子系统制约、影响着后一子系统,而后一子系统依存并制约着前一子系统。根据教学设计的程序性特点,教学设计中应体现出其程序的规定性及联系性,确保教学设计的科学性。

(3) 可行性原则

教学设计要成为现实,必须具备两个可行性条件。一是符合主客观条件。主观条件应考虑学生的年龄特点、已有知识基础和师资水平;客观条件应考虑教学设备、地区差异等因素。二是具有操作性。教学设计应能指导具体的实践。

(4) 反馈性原则

教学成效考评只能以教学过程前后的变化以及对学生作业的科学测量为依据。测评教学效果的目的是为了获取反馈信息,以修正、完善原有的教学设计。

四、教学设计的一般模式

教学设计模式是一套程序化的步骤,不同的教学设计模式包含的步骤会有所不同,但一般教学设计模式都包括一些基本的要素。这些共同特征要素可以构成一般的教学设计过程模式,见表4-1-1。其中学习者、目标、策略和评价构成教学设计的四大基本要素。

表4-1-1 教学设计的基本组成部分

基本要素	基本描述
学习需要分析	制定教学目标,确定学生学习完以后能够做什么。教学目标制定的依据可以来自很多方面,比如根据一些已有的目标、需求评估的结果、实践证明学生有学习难度的内容、实际工作的需要分析结果,或者其他对教学的新需求

续　表

基本要素	基本描述
学习内容分析	确定教学目标以后,就要分析学生如何才能够逐步达到这些目标,确定学生的先决技能,也就是学生需要什么样的知识、技能和态度。可以编制图表来表示在这个分析过程中所涉及的相关知识、技能、态度之间的关系
学习者分析	进行内容分析的同时,还需要分析学生,了解学生当前的知识、技能和态度水平,以及学生学习风格等特征,确定教学的起点
学习目标的阐明	基于教学分析,确定教学起点以后,就可以陈述学习目标。这些学习目标将描述学生通过教学以后,在何种条件下,能够达到的学习行为标准
教学策略的制定	基于前面的几个步骤,接下来就可以制定达成具体学习目标的教学实施的策略,包括教学前、信息呈现、练习和反馈、测试、教学结束后等环节的策略。教学策略应当以当前的学习理论和学习研究成果、教学媒体特征、教学内容以及学生特征等为依据
教学材料的选择和利用	利用教学策略来创作教学,主要包括学生学习手册、教学材料(包括教师指导、学生、幻灯片、录像带、计算机多媒体材料、用于远程学习的网页材料等)和测试材料。开发什么样的教学材料取决于学习的类型、相关材料的可获得性,以及那些用于教学材料开发的资源是否可以获得
教学设计成果的评价	制定了一个教学设计的草案以后,就需要收集并分析一些数据来对教学设计的成果进行评价和修改,主要包括形成性评价和总结性评价两种方式。形成性评价可以对之前的教学分析、学生分析、教学起点分析等的有效性进行再检验。总结性评价主要是实施教学设计方案后对教学设计成果的一个最终评价,可以为后续的教学设计提供借鉴

在实际设计工作中,要从教学系统的整体功能出发,保证"学习者、目标、策略、评价"四要素的一致性,4个要素间相辅相成,产生整体效应。

另外还要清醒地认识到教学系统是开放的,教学过程是个动态过程,如图4-1-1所示,涉及的环境、学习者、教师、信息、媒体等各个因素也都是处于变化之中,因此教学设计工作具有灵活性的特点。

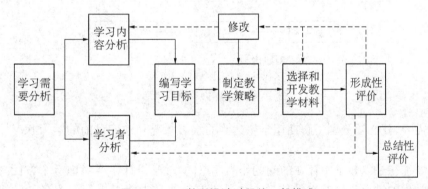

图4-1-1　教学设计过程的一般模式

任务二　探索教学设计的主要过程和方法

任务说明

教学设计具有一定的模式,需要按照既定的环节、流程进行。

具体任务　了解教学设计的一般过程、方法和各个环节。

方法步骤

一、针对某一课程,进行教学分析

教学设计中首先要进行教学分析,也可以说是教学前端分析。在对学习需要、学习内容、学生特征认真分析后,可以获得明确的学习目标,这也是进一步对教学策略、教学材料的选择和开发的重要出发点。

二、选择和制定教学策略

教学策略是指在不同的教学条件下,为达到不同的教学结果所采用的方式、方法、媒体的总和。为了达到学习目标,就要有相应的教学策略来支持,包括教学组织、媒体选择、课堂管理、学生评价等因素的总体考虑。不同的教学情境和教学目标下,支持有效教学的策略也会不同。

三、评价并修改教学设计成果

教学设计除了前面所涉及教学分析、制定和选择教学策略、选择和利用媒体,还要对教学设计成果的评价和修改,这也是使教学设计成果趋向完善的重要环节。基于对教学设计成果的评价,可以对原来的设计方案进行修改。

学习支持

一、学习需要分析

学习需要分析的作用就是鉴定教学问题,并在此基础上形成总的教学目标,为分析学习内容、编写学习目标、制定教学策略、选择和运用教学媒体以及进行教学评价等各项教学设计工作提供真实的依据。

学习需要是指学生目前的学习状况与期望他们达到的学习状况之间的差距。如图4-2-1所示,期望达到的学习状况是指学生应当具备什么样的能力素质,包括社会、学校和家庭对学生以及学生自己的期望;目前的学习状况是指学生已经具备的能力素质;学习需要正是这二者之差。

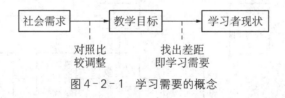

图4-2-1 学习需要的概念

要找到学习需要,就必须分别了解期望学生达到的学习状况和他们目前的学习状况,这个分析过程就是学习需要分析。

分析学习需要往往是以教学中存在的问题作为起点的,教学设计主要考虑7个方面的教学问题:教学中是否有不适合学生的学习目标?教学传送方式是否有效?教学能否提高学习者的动机、兴趣?是否能够达到学习目标?课程中是否增加了新的学习目标?学生的组成是否有变化?资源和约束条件的情况?

在进行学习需要分析的时候有几个问题需要注意:学习需要反映的仅仅是学生在学习方面的需要,并不包括其他需要,比如说对教学媒体或教学方式等方面的需要。因此,一定要以学生的学习状况为分析对象,切实按照学生的具体要求设定教学目标;应该在学习需要中不断地反映社会发展和变化所带来的新要求,通常,课程标准、教材等要定期修订;一定要深入实际,获得真实、可靠的信息,千万不要把自己的想象错当成学生的学习需要;不同的学生群体或个体的学习状况是不相同的,要经常进行学习需要分析,以保证所得到的学习需要是有效的;学习需要分析的作用仅仅是确定教学问题,而不是解决问题。

二、学习内容分析

1. 什么是学习内容分析

学习内容分析就是对学生从初始能力(教学之前具有的相关知识与技能)转化成教学目标所规定的能力所需要学习的所有从属先决知识、技能和态度以及各项先决知识、技能和态度之间的纵向和横向的关系进行详细剖析的过程。

学习内容分析要解决的核心问题是安排什么样的学习内容才能够实现学习需要分析所确定的总的教学目标。学习内容分析又根据总的教学目标去规定学习内容范围和深度,并决定学习内容中各个组成部分之间的联系,以实现教学结果的最优化。

2. 学习结果分类

美国当代著名教育心理学和教学设计专家加涅把学习结果分为言语信息、智力技能、认知策略、动作技能、态度五大类。

① 言语信息:指学生通过学习以后能记忆一些具体的事实,并且能够在需要时将这些事实陈述出来。例如事物的名称、符号、地点、时间、定义、对事物的描述等。

② 智力技能:指学生通过学习获得的对外界环境作出反应、并与他人进行交流的能力。言语信息与知道"什么"有关,而智力技能与知道"怎样"有关。智力技能可以分为辨别技能、形式概念、使用规则、解决问题4小类,这4类依次形成递进的层级关系。

③ 认知策略:是学生内部组织起来的,供以调节他们自己的注意、学习、记忆和思维等内部过程的技能,是处理内部世界的能力。

④ 动作技能:是一种习得能力,表现在身体运动的迅速、精确、力量或连贯等方面,如乐器演奏、绘图、实验操作、打球、唱歌等。

⑤ 态度:是习得的、影响个人对特定对象选择的内部准备状态。特定对象包括事物、人和活动。

3. 学习内容分析的主要步骤

(1) 确定教学目标的学习类型

就是根据教学目标的表述,按照言语信息、智力技能、认知策略、动作技能和态度五大学习结果的分类,区别学习任务的性质。不同的学习任务在要求学生学习的努力程度上有本质的不同,而且测试的要求也不相同。

(2) 对教学目标进行信息加工分析

指学生在完成教学目标时对信息进行加工的所有的心理和(或)操作过程揭示出来的分析方法。通过对目标进行信息加工分析,可以确定教学中包括什么,不包括什么。

(3) 进行先决技能的分析

是对信息加工分析的每一步都做分析(分解),找出"要完成这一步,学生必须具备怎样的先决知识和技能?学生是否已掌握这些先决知识和技能?",如果已经掌握,分析可终止,否则继续分析这个先决技能的下一步先决技能。

(4) 学习内容的组织

主要遵循的原则是从简单到复杂、从已知到未知、注重知识自身的结构。

(5) 对学习内容的选择及其组织进行初步评价

主要从3个方面考察,即所选定的学习内容是否为实现教学目标所必需,还需补充或删除什么?内容顺序安排是否符合有关学科的逻辑序列结构?是否反映出基本的知识结构?学习内容的选择和结构安排是否符合学生的学习实际和学生的认知结构?

目前,在学习内容分析方面,有几种具有代表性的方法:归类分析法、图解分析法、层阶分析法、信息加工分析法、使用卡片的方法、解释结构模型法(ISM)等。

三、学习者特征分析

学习者特征分析就是要了解学生的学习准备状态和学习风格,学习准备包括初始能力和一般特征两个方面。初始能力是指学生在学习某一特定的课程内容时,已经具备的有关知识与技能基础,以及他们对这些学习内容的认识和态度。学生的一般特征指的是在学习过程中影响学生的心理、生理和社会的特点,包括年龄、性别、年级、智力才能、学习动机、个人对学习的期望、生活经验、文化、社会、经济等背景因素。学习风格是指学生感知不同事物并对不同事物做出反应这两方面产生影响的所有心理特征。

1. 学生的初始能力和教学起点

学生的初始能力相对于教学过程就叫做教学起点。初始能力分析主要包括:先决知识和技能的分析,目标技能的分析,学生对所学内容的态度的分析。初始能力和教学起点的确定方法主要是通过一般性了解和预测等。

2. 学生的一般特征
获得学生一般特征的方法有访谈、观察、问卷调查、查阅文献。

3. 学生的学习风格
是指对学生感知不同刺激,并对不同刺激做出反应这两个方面产生影响的所有心理特征。学生的学习风格可以体现在以下几方面:感觉的通道、心理的和社会的特性、学生的认知方式、大脑半球功能和学生的人格因素。

不同类型的学习风格适合不同性质的学习任务,因此,学生的学习风格会直接影响其学习效果。反过来,根据学生的学习风格安排学习内容、选择教学策略又可以进一步促进有效学习在学生身上发生。

四、编写学习目标

学习目标也叫行为目标,是对学生通过教学以后应该达到的行为状态(变化)的一种明确而具体的表述。需要注意的是,学习目标是指学生的学习结果,而并没有规定教师在教学过程中应该做些什么,而且,在编写学习目标时应达到可以观察和测量的程度,尽量避免使用含糊不清或不切实际的语言。

从教学设计过程的一般模式图可以看出,编写学习目标与教学分析密切相关。编写学习目标其实就是根据学习需要分析和学生特征分析的结果,把从学习内容分析得到的各项先决技能转化成确切、具体的行为目标。同时,编写学习目标又为制定教学策略、选择和运用教学材料以及开展教学评价提供了依据。

1. 学习目标的分类

在编写学习目标之前,必须了解教学目标的分类体系。布卢姆等人把教学目标分为认知、动作技能和情感3个领域,然后再把每个领域按照从低级到高级的顺序分成不同的层次,从而形成了一个完整的目标分类体系。

认知学习领域包括有关信息、知识的回忆和再认,以及智力技能和认知策略的形成。按智力特性的复杂程度可以将学习目标分为知道、领会、运用、分析、综合、评价6个等级。

动作技能涉及骨骼和肌肉的使用、协调与发展。动作技能学习领域的目标被分成7个等级,即知觉、准备、有指导的反应、机械动作、复杂的外显反应、适应、创新。

情感学习与培养兴趣、形成或改变态度、提高鉴赏能力、更新价值观念、建立感情等有关,是教育的一个重要方面。情感学习领域的目标依照价值标准内化的程度可以分为5个等级,即接受(注意)、反应、价值判断、组织、价值与价值体系的性格化。

在这3个领域的分类中,目标从简单到复杂逐级递增,每个目标都建立在已经达到的前一个目标的基础之上。大多数的学习都是同时包含了3个领域的目标成分,只不过具体到某一门课程或某一节课,其中某一个领域的目标成分略多一些罢了。

2. 学习目标的编写方法

新的方法包括ABCD法和内外结合的表述法。前一种方法比较适于编写认知学习领域和动作技能领域的学习目标,而对于情感学习领域,由于学习结果主要是内在的心理变化,比较难以测量,所以比较适合用后一种方法来编写。

(1) ABCD法

ABCD是教学对象(audience)、行为(behavior)、条件(condition)和标准(degree)4个要素的简称。

① 教学对象:表述学习目标时,要注明特定的教学对象,例如,写明是"高中二年级学生"、"参加在职培训的教育技术人员"等。

② 行为:这个要素用学生的行为变化表明了在教学结束时,学生应该达到什么样的能力水平,也是学习目标描述中最基本的成分。描述行为的基本方法是使用一个动宾结构的短语,行为动词用来说明学习的类型,宾语用来说明学习内容。例如描述动量守恒定理、列举当前常用的学习理论和教学模式、评析中国四大菜系的特点。

在这样的动宾结构中,宾语部分与学科内容有关,学科教师都能很好把握。需要注意的是,学习目标中的行为应具有可观察性的特点,表4-2-1列出了编写认知学习目标时可选用的动词,供教师编写学习目标时参考。

表4－2－1 编写认知学习目标可供选用的动词

学习目标层次	特征	可参考选用的动词
知道	对信息的回忆	定义、列举、排列、选择、重复、背诵、说出（写出）……的名称、辨认、记住、回忆、描述、陈述、标明、指出、说明、命名……
领会	用自己的语言解释信息	叙述、解释、鉴别、选择、转换、区别、估计、引申、归纳、表明、报告、举例说明、猜测、预测、摘要、改写、讨论……
运用	将知识运用到新的情境中	运用、选择、计算、演示、改变、阐述、解释、解答、说明、证明、修改、计划、制定、表现、发现、操作、利用、列举、准备、产生、修饰……
分析	将知识分解，找出各部分之间的联系	分析、分类、比较、对照、图示、区别、检查、调查、编目、指出、评析、评论、猜测、细述理由、分辨好坏、举例说明、计算……
综合	将知识各部分重新组合，形成一个新的整体	编写、创造、设计、提出、排列、组合、计划、修饰、建立、形成、管理、重写、综合、归纳、总结、收集、建议……
评价	根据一定标准进行判断	鉴别、鉴赏、讨论、估计、选择、对比、比较、评定、评价、说出……价值、接近、判断、衡量、预言、检讨、总结、结论、评明、分辨好坏……

③ 条件：这个要素是说明产生上述行为的条件。它既说明了学生应该在什么样的情境中完成目标所规定的行为，也说明了应该在什么样的情况下评价学生的学习结果。例如，"可以在物理考试中使用计算器"、"在几何证明题中，给学生提示作辅助线的方法"以及"写实验报告时，实验小组的成员之间可以开展讨论"等都是条件。虽然条件只是帮助行为发生的一种辅助手段，但是它却直接影响到目标能否实现。条件一般包括下列因素：

　　a. 环境因素（空间、光线、气温、室内外、噪音等）；
　　b. 人的因素（个人单独完成、小组集体进行、个人在集体的环境中完成、在老师指导下进行等）；
　　c. 设备因素（工具、设备、图纸、说明书、计算器等）；
　　d. 信息因素（资料、手册、教科书、笔记、图表、词典等）；
　　e. 时间因素（速度、时间限制等）；
　　f. 问题明确性的因素（为产生某种行为应提供什么刺激、刺激量如何等）。

④ 标准：这个要素表明作为学习结果的行为的可接受的最低衡量依据。标准一般从行为的速度、准确性和质量3个方面来描述，可以用定量、定性或定量与定性结合的方法来表示。例如，"1分钟内做25个俯卧撑"，"用卡尺测量钢管管壁的厚度，误差在0.3 mm以内"。

表4－2－2所示，这是一个典型的包含了4个要素的学习目标的例子。事实上，在实际运用中往往不需要也不可能完全机械地按照上述要求去编写学习目标。在有些学习目标中，条件与标准是很难区分清楚的。例如在上例中，"在45分钟之内"即可以理解为表明行为速度的标准，又可以看成是表明时间限制的条件。这确实给编写学习目标带来了一些麻烦，不过问题并不严重，因为编写出的学习目标如果真的能够用来指导教学、评价学习结果，那么如何区分条件与标准就显得不那么重要了。可以说，一个好的学习目标应该是既表明了编写者的意图，又能用来指导教学及其评价。

表4－2－2 用ABCD法描述学习目标举例

教学对象	条件	行为动词	标准
初中三年级学生	可以查字典	将所给的英语短文译成中文	在45分钟之内
大学一年级学生	同伴讨论	查找出所给程序存在的错误	在15分钟之内

五、教学策略的选择和制定

　　教学策略是指在不同的教学条件下，为达到不同的教学结果所采用的方式、方法、媒体的总和。为了达到学习目标，就要有相应的教学策略来支持，包括教学组织、媒体选择、课堂管理、学生评价等因素的总体考虑。不同的教学情境和教学目标下，支持有效教学的策略也会不同。

在教学研究和实践中,人们从不同角度,立足于不同理论提出了各种教学策略,有些教学策略在国际上产生了很大的影响,如加涅的九段教学策略、梅瑞尔的基本呈现方式与业绩和内容相匹配的教学策略等。下面主要介绍一些常用的、比较有影响的教学策略,便于教学设计者根据实际需要选取并综合运用各种策略,创造有效教学。

1. 加涅九段教学策略

加涅认为学习的发生要同时依赖外部条件和内部条件,因而要进行教学设计。加涅从学习的内部心理加工过程九个阶段演绎出了九阶段教学事件,见表4-2-3。

表4-2-3 加涅九段教学事件

教学事件	内部心理加工过程
(1) 引起注意	接受神经冲动的模式
(2) 告诉目标	激活监控程序
(3) 刺激对先前学习的回忆	从长时记忆中提取原有相关知识进入工作记忆
(4) 呈现刺激材料	形成选择性知觉
(5) 提供学习指导	进行语义编码
(6) 诱发学习表现	激活反应组织
(7) 提供反馈	建立强化
(8) 评价表现	激活提取和促成强化
(9) 促进记忆和迁移	为提取提供线索和策略

由于人类信息加工的方式是相对稳定的,所以教学事件也是相对不变。加涅特别指出,这九个教学事件的展开是可能性最大、最合乎逻辑的顺序,但也并非机械刻板、一成不变的,最重要的是,丝毫不意味着在每一堂课中都要提供全部教学事件。如果学生在学习过程中自行满足了某些阶段的要求,则相应教学阶段就可以不出现。

加涅将学习结果分为5类:言语信息、智慧技能、认知策略、动作技能、态度,并根据实验研究和经验概括,详尽地区分了不同学习结果对每一种教学事件的要求。梅瑞尔在此基础加以总结,构成了"九五矩阵"。这是加涅的教学模式系列,每种学习结果都有一种教学模式(含九个教学事件)。

2. "先行组织者"教学策略

美国著名教育心理学家奥苏贝尔在对学习类型做深入研究的基础上,将学习按照其效果划分为有意义学习与机械学习两种类型。所谓有意义学习,其实质是指,符号表示的观念以非任意的方式和在实质上(而不是字面上)同学习者已经知道的内容联系在一起。所谓非任意的和实质上的联系是指这些观念和学习者原有认知结构中的某一方面(如一个表象、一个已经有意义的符号、一个概念或一个命题)有联系。换句话说,要想实现有意义的学习,真正习得知识的意义,即希望通过学习获得对知识所反映事物的性质规律及事物之间关联的认识,关键是要在当前所学的新概念、新知识(即符号表示的观念)与学习者原有认知结构中的某个方面(表象、概念或命题)之间建立起非任意的实质性联系。只要能建立起这种联系就是有意义的学习,否则就必然是死记硬背的机械学习。奥苏贝尔认为,能否建立起新旧知识之间的这种联系,是影响学习的唯一的最重要因素,是教育心理学中最基本、最核心的一条原理。正如他所表述的:"假如让我把全部教育心理学仅仅归结为一条原理的话,那么,我将一言以蔽之曰:影响学习的唯一最重要因素就是学习者已经知道了什么。要探明这一点,并应据此进行教学。"

奥苏贝尔指出,要想实现有意义学习可以有两种不同的途径或方式:接受学习和发现学习。接受学习的基本特点是:"所学知识的全部内容都是以确定的方式被(教师)传递给学习者。学习课题并不涉及学生方面的任何独立的发现。学习者只需要把呈现出来的材料(无意义音节或配对形容词;一首诗或几何定理)加以内化或组织,以便在将来某个时候可以利用它或把它再现出来。"发现学习的基本特点则是:"要学的主要内容不是(由教师)传递的,而是在从意义上被纳入学生的认知结构以前必须由学习者自己去发现出来。"可见,前者主要是依靠教师发挥主导作用,并通过传递-接受教学方式(奥苏贝尔简称为接受学习)来实现;后者则主要是依靠学生发挥认知主体作用,并通过自主发现学习方式(也称发现式教学,奥苏贝尔则简称为发现学习或发现教学法)来实现。

奥苏贝尔认为这两种教学方式都可以有效地实现有意义学习,关键是要能在新概念、新知识与学习者原有认知结构之间建立起非任意的实质性联系。反之,如不能建立起这种联系,不仅传递-接受教学方式将是机械的、无意义的,就是发现式教学也不可能实现有意义学习的目标。奥苏贝尔还强调指出,如果根据学习引起的能力变化来区分学习类型(能否实现有意义学习是引起能力发展变化的关键),即根据用何种方式来引起能力变化(也就是用何种方式来实现有意义学习),那么,就只能区分出接受学习与发现学习两种,而所有其他的学习类型皆可并入到这两大类型之中。

奥苏贝尔不仅正确地指出通过发现学习和接受学习均可实现有意义学习,而且还对如何在这两种教学方式下具体实现有意义学习的教学策略进行了研究,特别是对传递-接受教学方式下的教学策略做了更为深入的探索,并取得了成为教学论领域一座丰碑的出色成果——先行组织者教学策略。这是在分析与操纵3种认知结构变量(即原有认知结构的可利用性、可分辨性和稳固性等3个变量)基础上而实施的一种教学策略,由于它具有认知学习理论作基础又有很强的可操作性,自奥苏贝尔于1978年提出以来,其影响日益扩大,目前,它已成为实现有意义接受学习的最有代表性、最具影响力,也是最见实际效果的教学策略之一。

奥苏贝尔认为,先行组织者是指安排在学习任务之前,呈现给学习者的引导性材料,这类引导性材料与当前所学内容之间的包容性、概括性和抽象性方面应符合认知同化理论要求,即便于建立新、旧知识之间的联系,从而能对新学习内容起固定、吸收作用。

先行组织者实际上就是学习者认知结构中与所学内容有实质性联系的那部分观念材料。先行组织者能有效地促进有意义学习的发生和习得意义的保持。先行组织者教学策略是奥苏贝尔在教学论领域取得的一座丰碑式的出色成果。

六、教学组织形式

各种教学程序不仅要通过一定的教学方法来完成,而且还要通过具体的组织形式来进行。教学组织形式就是学校教学活动中师生相互作用的组织结构形式。对于课堂教学而言,有3种典型的教学组织形式:全班授课、小组学习、个别化教学等。

1. 全班授课

也称班级授课制,是指把学生按照年龄或在某科目上的大体程序分成若干个人数较多的教学班,教师同时面对全班学生教学,所有学生每次的学习内容、学习进度以及采用的教学方式都是一样的。全班授课可以使教师同时为许多学生提供教育,具有一定的规模效益,效率较高,教师容易控制和调整教学的进程。但是,由于人数众多,全班授课难以适应学生在学习速度、学习方式和个性方面的个别差异,而且也不太适宜动作技能方面的教学和实现情感领域的教学目标。

2. 小组学习

小组学习主要指的是,教师根据教学或学习的各种需要,把全班学生分成若干个小组,小组成员之间协同完成某项学习任务。小组学习有助于增强学生之间互帮互助的学习行为,扩大个人学习成果,有利于实现情感领域的教学目标。同时,小组学习对于提高学生组织和表达自己见解的能力,培养学生的健全人格具有重要意义。但是,小组学习对教师和学生的要求都较高,要求有良好的组织工作和学习准备,而且要激发所有的小组成员都积极参与小组活动也有一定难度,教师在教学进度方面也往往不容易控制。

3. 个别化教学

个别化教学指的是在同一时空里教师只与单个学生发生教学关系的一种组织形式。教师向学生传授知识、布置、检查和批改作业、提出各种要求等,都是个别进行的,即教师对学生一个一个地轮流施教,教师在教某个学生时,其他学生按教师对自己的要求进行学习。

个别教学的特点是学生年龄不一、程度不齐、教学内容各自有别、教学进度也不一致。这种个别教学形式,能根据学生的特点因材施教,使教学内容、进度等能较好地适应每个学生的接受能力,便于培养学生的自学能力,但采用个别教学,一个教师所能教的学生数量相当有限,它显然只能为培养少数人服务,无法满足大规模人才培养的需求,即教学规模小,教学成本高,教学效率低。

七、学生评价策略

学生评价是对学生学习进展与行为变化的评价。它包括对学生在知识与技能、过程与方法以及态度、

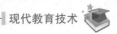

情感、价值观等方面发展状况的评价。学生评价是一个系统的过程,包含一系列环节,包括确立评价目标和评价内容,设定评价标准,选择评价方法并收集数据和资料,达成和呈现评价结论以及评价的反馈等,这些环节紧密联系,相互制约。明确的评价目标和内容是选择评价方法的基础,而准确、有效的数据则是达成正确的评价结论的保证。

教师的教学分析为学生评价的评价目标和评价内容的制定提供了依据。学生评价可以反映出学生是否达到了预期的学习目标,教师的教学设计方案中哪些地方还需要修改和调整。同时,学生评价也有助于学生了解自己的学习效果,调整学习行为或学习策略,实现更有效的学习。

依据不同的分类标准,可以对学生评价进行不同的分类,下面主要依据学生评价在教育教学活动中发挥的作用,将其分为以下 4 种类型:

1. 定位性评价

定位性评价又称为安置性评价。它主要是在特定的教学活动之前,了解学生对教学的前期准备情况。它要回答的问题是:学生是否具有学习预定的教学内容所必备的知识、技能,如学习代数的学生是否具有足够的计算能力,学习语文时学生的识字量以及是否具有一定的阅读技能等;有多少学生在多大程度上已经达到了预期的教学目标,这决定了以后的教学中教学内容的详略安排;学生的学习兴趣、学习习惯以及个性特征怎样,这决定了班级内学生的座位安排以及教学模式的选择等。

2. 形成性评价

形成性评价主要是在教学过程中,检查学生的进步情况,为师生提供有关教学情况的连续性的成功或失败的反馈信息。师生利用这种信息,不断地加强成功之处,纠正已经出现的失误,以达到改进教和学的目的。

3. 诊断性评价

诊断性评价主要是针对那些用形成性评价没有解决的学习困难,特别是那些长期存在的和周期性出现的学习困难。诊断性评价利用诊断性测验和观察、访谈技术寻找产生问题的原因,并提出补救措施,全面和详细处理。

4. 总结性评价

总结性评价在一段时间的教学结束后,用于确定教学目标达到的程度,主要用于了解学生的整体情况,评定学生的发展水平,同时也可以判断教学目标是否合适以及教学内容及策略的有效性。

八、教学媒体的选择与使用

教学媒体的选择是教学策略的一个重要组成部分。现代信息技术的迅速发展和普及,使得教育教学领域中选择和运用教学媒体成为越来越普遍的事情,也是广大教师在教学实践中非常关注的一个问题。

1. 教学媒体的选择依据

为了达到预期的学习目标,需要在丰富多彩、功能各异的学习媒体中选择。虽然至今还没有一个简单明了的公式或表格能使任何特定媒体和某一具体课程目标相配合,但有些经验还是可以借鉴的。有很多因素会影响到媒体的选择,因此在选择的时候,一定要把握住问题的关键,在坚持基本原则的前提下,兼顾其他因素。

(1)基本原则

根据教学媒体对于促进完成教学目的或教学目标所具有的特性和教学功能,来选择和利用媒体。

(2)合理利用教学媒体的特性

每一种教学媒体都具有一定的特性,主要表现在传递范围、表现力、重现力、参与性和受控性等方面,因此它们的功能也不尽相同。例如,有的媒体适合于传递声音,有的媒体则善于表现运动,还有的媒体可以给学生提供参与的机会。可以看出对于某一特定的教学情境,确实存在着使用某一种媒体效果会更好的情况。

每种教学媒体都有自己的长处和短处,它们之间可以互补。没有一种教学媒体可以适应所有的教学目标,也就是说,世界上不存在"万能媒体"。因此,不要迷信某一种媒体而忽略了其他的媒体,也不要因为某一种媒体很容易得到或者已经使用惯了,就总使用这种媒体,要注意扬长避短,做到物尽其用,充分发挥它们各自的优势。

（3）考虑教学设计过程中其他要素的影响

选择教学媒体一定要满足教学目标、教学内容、教学对象以及教学策略的要求。教学媒体是教学策略中的一个因素，所以选择媒体时不但要服从制定教学策略的依据，而且还要注意到教学媒体与其他因素之间相互联系、相互制约的关系。

借助不同的教学媒体，可以完成不同的教学目标。以外语学习为例，掌握各种语法规则与能就某个题材进行会话是两种不同的学习目标，前者往往通过教师讲解，辅以板书或投影材料，学生是在井井有条的内容安排中形成清晰的语法概念；后者往往采用角色扮演并辅以幻灯或录像资料，使学生在情景交融的沟通条件下掌握正确的言语技能。不同的学科内容或同一学科中不同章节的内容，对教学媒体也有不同的要求。

（4）考虑媒体使用的环境与实际效果

教学媒体只有在具体的教学环境中使用才能发挥出它的作用，而其中的环境因素对于媒体的选择和使用往往有限制作用。师生对媒体的熟悉程度、教育经费、教学软件的质量及数量、对环境的特殊要求以及管理水平等，都会对媒体的选择和使用产生影响。

能够使用教学媒体并不是目的，我们所关心的是媒体使用之后到底能得到什么样的教学效果。在选择和使用媒体时，应该考虑效益比。

教学媒体必须在一定的条件下，才能发挥出它应有的作用，而且这种作用也是有限度的，所以只能利用媒体，而不能过分依赖媒体，更不能用媒体来取代教师的作用。

2. 几种常用教学媒体的特性比较

关于对学习媒体教学特性比较的研究，国外的研究以日本学者板元昂教授的研究成果最有代表性。他在对常用媒体的教学特性进行调查研究的基础上，提出了表 4-2-4 所示的常用媒体教学特性评价表，并对 13 种教学媒体，从功能、目标、成本、使用方式等方面进行了比较。

表 4-2-4　各种教学媒体的特性比较

教学特性		教科书	板书	模型	无线电	录音	幻灯	电影	电视	录像	计算机
表现力	空间特性	K		K	K	K	K				
	时间特性	K	K		K	K		K	K	K	K
	运动特性							K	K	K	K
重现力	即时重现		K			K					
	事后重现	K		K		K	K	K	K	K	K
接触面	无限接触	K			K				K		
	有限接触		K	K							
参与性	感情参与					K		K			
	行为参与	K	K	K			K				K
受控性	容易控制	K	K	K			K			K	K
	难以控制				K						

与板元昂教授归纳表比较，先进的媒体种类要丰富得多，功能也更强大。由于教育技术已经不再把对各种教学媒体的教学功能进行比较作为研究重点，因此后来也没有对此扩展，但是它所揭示"并不存在一种万能的超级媒体，各类媒体具有不同的教学特性，关键是要根据教学目标、教学内容、教学对象选择合适的媒体，并充分发挥其长处，才能取得良好的效果"的规律并没有过时，仍是指导我们利用媒体进行教学的重要理论依据。

九、教学设计成果的评价与修改

教学设计除了前面所涉及的教学分析、制定和选择教学策略、选择和利用媒体，还要对教学设计成果的评价和修改，这也是使教学设计成果趋向完善的重要环节。基于对教学设计成果的评价，可以对原来的设计方案进行修改。

所谓教学设计成果,可以是一种新的教学方案,也可以是一套新的教学材料,如教科书、教学录像、计算机课件等,还可以是一个较大的系统,如网络课程等。这些设计成果在推广使用之前,最好先在小范围内试用,测定它的可行性、适用性和有效性,以及其他情况。

教学设计成果的评价属于教学评价的范畴。教学评价是指根据教学目标,对学习者在教学活动中所发生的变化进行测量,收集有关资料,并做出价值判断的过程。对教学设计成果的评价,主要有形成性评价和总结性评价两种方式,但一般都以形成性评价为主。这里的形成性评价与教学过程的形成性评价除了评价对象不同,基本方法是一致的。

任务三　幼儿园教学活动设计

任务说明

幼儿园的教学活动是保证教育目标实现的重要途径之一,它不仅为幼儿系统地提供新的学习经验,而且是帮助幼儿把学习经验系统化,引导其心理水平向高一层次提升的重要手段。有效的教学,需要教师采取相应的教学准备策略、教学实施策略和教学评价策略。其中教学活动的设计是构成教师教学准备策略的重要内容。教学活动的设计是对一个活动的具体行动规划,是教师进行教学的蓝图,也是教师取得良好教育效果的十分必要的准备工作,教学活动的设计,是富有成效的教学活动的关键。

具体任务　完成一个幼儿园教学活动设计。

方法步骤

1. 确定活动名称
2. 制定活动目标
3. 进行活动准备
4. 设计活动过程

学习支持

一、活动名称的取法要规范化

活动名称的取法看似非常简单,但实际上也在某种程度上反映了教师的教育理念。活动名称应反映该活动的内容,一般包含有课程模式(主题活动、领域活动、综合活动)和具体的课程内容两个部分。

主题活动的活动计划,写法较为简单,可直接点出其主题,如"主题活动:水果"、"主题活动:秋天"等,其二级网络的具体活动可以写为"活动一:……、活动二:……"等。如主题活动:秋天,其二级网络的具体活动可以写为"活动一:秋天的天气、活动二:秋天的水果、活动三:秋天的叶子"等。

领域活动的活动计划,要先说明该活动属于哪个领域,最好直接以《幼儿园教育指导纲要》5个领域(健康、社会、语言、科学和艺术)来命名。

二、活动目标的制定要具体化

活动目标是指这一教育活动所能达到的教育效果,它包含有认知能力的发展、动作技能的掌握、兴趣态度和行为习惯的养成等。活动目标的制定与表达要具体,这样便于教师的把握,使其能观察、评定幼儿活动的情况。例如,中班数学活动《美丽的序列》的活动目标:1. 尝试根据物品的不同特征,进行 ABB、BBA、AABB 排序;2. 感受序列的规律美,体验装饰表演道具的快乐。

三、活动准备的考虑要全面性

活动准备主要是指教师在活动实施前所要做的工作。活动准备的撰写,一般要包含3个方面:一是活动材料的投放；二是知识经验的准备；三是学习情境的创设。在幼儿园教育实践中,发现幼儿教师一般只考虑到活动材料的投放,而忽略了知识经验的准备和学习情境的创设这两个方面。

1. **活动材料的投放**

活动材料是教育意图的物质载体,它本身的特性及由这些特性所规定的活动方式往往决定着儿童可能获得什么样的学习经验、获得哪些方面的发展。活动材料在幼儿的学习中,往往起着桥梁和中介的作用,它使抽象的知识具体、形象地呈现在幼儿面前,使他们能具体、直观地感知和体验；此外,活动材料还可以让幼儿实际动手操作,符合幼儿的学习特点,有利于幼儿获得感性经验。幼儿园的活动材料,更多地应该是日常生活中的各种物品、当地的自然资源和安全的废旧材料,这样一是可以让幼儿学会珍惜和利用资源；二是可以保证数量,做到幼儿人手一套操作材料,有利于幼儿独立操作和自主学习；三是节省了教师制作教具的时间；四是节约了幼儿园的物质资源。

2. **知识经验的准备**

经验即经历、体验,泛指由实践得来的知识或技能,它是人在实践中通过自己的感觉器官直接接触客观外界而获得的对各种事物表象的初步认识。教师准确地找到新的经验点,即把握幼儿的最近发展区,是活动成功的关键所在。而要找准新的经验点,要求教师在进行新的教育教学活动前必须了解幼儿先期已经掌握哪些与本活动相关的知识技能,具备了哪些能力。教师可以采用任务分析的方法,来分析并了解幼儿经验准备情况,并做好相关的经验准备。如小班语言活动"猜猜我是谁?",该活动的目标之一是"安静倾听,熟悉同伴的声音,学用普通话回答问题",在活动前教师要让幼儿在日常生活中相互了解、熟悉同伴的名字。又如,小班语言活动学习儿歌《轻轻地》,活动目标之一为"初步懂得爱护青草的道理",教师在活动前带幼儿参观幼儿园的草地,教育幼儿不可随便踩草地。

3. **学习情境的创设**

"幼儿的学习兴趣与学习愿望总是在一定的情境中发生的,适宜的情境能够引发幼儿参与活动的兴趣"。在教学活动设计中,教师可以根据教学内容、幼儿的年龄和生活经验,并借鉴一些常见的生活事件,思考去创设一个个生动而真实的、可亲身体验的、科学而有效的模拟生活的教育情景,让幼儿与情境中的人、事物、事件相互作用,从而建立起连接教学与生活的桥梁。如在小班"小鸟飞"的美工活动中,教师设置了"小鸟飞来了"的情境:在油画棒的顶端贴上一幅小鸟图,以画纸为天空,用油画棒在纸上自由地画直线或曲线来表现"小鸟飞",由此激发幼儿的兴趣。又如,小班"区分上下方位"的数学活动,可以用橱柜、床、桌子等布置成娃娃家,让幼儿结合娃娃家的物品摆放,区分并说出"娃娃躺在床铺的上面""电话放在橱柜的上面","鞋子放在床铺的下面","电视放在桌子的上面"等。再如,大班"物体的分类"的科学活动,在活动设计中,可以考虑创设一个超市的活动情境,让幼儿扮演"营业员"按照玩具、食品、服装、日用品等整理物品,从中学习分类。

4. **活动过程的设计要有效性**

活动过程是指教师与学生在共同实现教学任务中的活动状态变换及其学习流程。由相互依存的教和学两方面构成活动过程,从形式上看只是表现了某一个教学活动从开始到结束的程序,但实际上却深含着一定的教育指导思想,体现教师的设计能力。在活动过程的设计中,要追求活动过程的有效性。

幼儿园教学活动设计案例　大班社会活动

与弟弟妹妹交朋友(情感体验)

一、活动目标：
(1) 能主动与弟弟妹妹交往并能带好弟弟妹妹活动。
(2) 体验做哥哥姐姐和帮助他人的快乐。
(3) 愿意分享自己的交流方法。

二、活动准备：
1. 经验准备
(1) 幼儿已有生活、学习自理方面的经验；

(2) 懂得交朋友的基本方法;
(3) 对互动班级的幼儿发展有初步的了解。
2. 知识准备
(1) 已学会游戏"炒豆子",掌握系鞋带、踩高跷的技能;
(2) 知道折纸的基本方法。
3. 物质准备
(1) 已折好的双正方形、小船、帽子、大象若干;
(2) 图书、图片、卡纸、彩色笔、剪刀、瓶盖、玻璃珠等材料若干。
(3) 互动班级:小班

三、活动过程:
1. 以小班黄老师作客引入,引导幼儿梳理交朋友的基本方法。
师:今天,小班黄老师来我们班作客,她想邀请我们去小班和弟弟妹妹交朋友,我们掌声欢迎黄老师。
黄老师:小朋友好,能认识大班的小朋友,我真高兴,我先来自我介绍吧:我叫黄XX,我喜欢唱歌,喜欢折纸,还喜欢交新朋友。欢迎你们去我们班做客,谢谢大家。
师:刚才黄老师很有礼貌地向大家介绍她的名字和爱好,我们也学过了交朋友的方法,有谁告诉老师交朋友时要注意什么?
师幼共同想结交朋友的方法:
(1) 要礼貌待人:能用礼貌用语进行自我介绍。
(2) 关心他人:能帮助别人。
(3) 学会分享:愿意与他人共享自己的物品。
师:那谁愿意用交朋友的这些方法,向黄老师介绍一下自己呢?(请能力不同的孩子介绍自己)
2. 引导讨论,体验交流。
(1) 引导讨论:
师:今天我们要去小班认识弟弟妹妹,我们要怎样当好哥哥姐姐?你要和弟弟妹妹玩什么游戏?
① 幼儿分组讨论,师倾听幼儿讨论情况。
② 每组请一名幼儿代表发言。
师:小朋友真能干,等下去小班的时候,我们要当好哥哥姐姐,一个人要带一个弟弟或妹妹,和他(她)交朋友,可以先作自我介绍,说说自己的班级、名字,然后问弟弟(妹妹)的班级、名字,最后,再和弟弟妹妹一起玩,好不好?
师:准备好了吗?我们出发吧!
(2) 体验交流。(互动班级:小班)
① 引导幼儿根据事先了解的小班幼儿发展的情况,有目的地自由结识新朋友。
② 幼儿分组游戏(根据幼儿能力发展的不均衡,采取"扬长补短"的搭配手段,进行分组。如动手能力强的哥哥姐姐带着动手能力弱的弟弟妹妹进行活动),师有目的观察指导,并做好记录。
预设五组,体验交流。
第一组 故事屋:提供图书、图片,与口语表达能力比较薄弱的弟弟妹妹交流,教他们多说。
第二组 巧巧手:提供卡纸、彩色笔等材料,教给弟弟妹妹折纸的基本方法。
第三组 健身园:提供高跷,教给弟弟妹妹踩高跷的技能。
第四组 聪明屋:提供大小不同、形状不一的几何图形、剪刀等材料,与弟弟妹妹合作完成"美丽的贴画"。
第五组 点击数学:提供瓶盖、玻璃珠等材料,教给弟弟妹妹手口一致数数,并说出总数的方法。
3. 交流分享做哥哥姐姐的体会和想法。
师:请小朋友说说你结识的弟弟妹妹叫什么名字?

师：你们带着弟弟妹妹参加了什么活动？用什么材料做了什么作品？请把制作好的作品放在展示桌上，并告诉小朋友你们做的是什么。

师：今天，你们当哥哥姐姐有什么感想？感觉怎么样？

师：弟弟妹妹们，你们觉得和哥哥姐姐交朋友怎么样？

师：哥哥姐姐们，你们觉得还有哪里做得不够好？怎样做可以更好些？

师：弟弟妹妹们觉得哥哥姐姐们做得怎么样？

师：今天，大班的哥哥姐姐很有礼貌地和小班的弟弟妹妹交朋友，为弟弟妹妹讲故事，教给弟弟妹妹折纸、踩高跷、数数并说出总数的方法技能，还与弟弟妹妹合作完成了"美丽的贴画"，真是很能干，现在我们也该回去了，和弟弟妹妹说再见吧！

任务四 信息技术与课程整合

任务说明

小李要参加信息技术与课程整合的公开课大赛，为了能取得好成绩，小李一边系统学习信息技术与课程整合的理论知识，一边不断设计并修改活动设计。

具体任务 完成一个信息技术与课程整合的活动设计。

方法步骤

一、认识信息技术与课程整合

信息技术与课程整合不是把信息技术被动地纳入到课程中，而是主动地适应和变革课程的过程，对课程的各个组成部分产生变革影响和作用。确切地说，信息技术本身不能自然而然地引发课程的变革，但却是课程改革的有利促进条件。正是由于信息技术的快速发展，产生了学习革命，诞生了知识经济，才使人类迈入信息化社会。基于信息技术的现代教育技术与课程的整合本身就要求变革人们传统的课程观、教育观和教学观以及学习观等，应该尊重人的独立性、主动性、首创性、反思性和合作性。信息技术与课程整合将有利于营造新型的学习型社会，营造全方位的学习环境。

二、完成一节信息技术与课程整合的教学设计

表4-3-1 信息技术与课程整合的教学设计模板

案例名称					
科目		教学对象		提供者	
课时					
一、教材内容分析					

续 表

二、教学目标(知识,技能,情感态度、价值观)

三、学习者特征分析

四、教学策略选择与设计

五、教学环境及资源准备

六、教学过程

教学过程	教师活动	学生活动	设计意图及资源准备

教学流程图

七、教学评价设计

八、帮助和总结

 学习支持

一、信息技术与课程整合的基本思想

信息技术与课程整合是指在课程教学过程中把信息技术、信息资源、信息方法、人力资源和课程内容有机结合，共同完成课程教学任务的一种新型的教学方式。它基本思想包括3个基本点：

1. 要在以多媒体和网络为基础的信息化环境中实施课程教学活动

这是指学与教的活动要在信息化环境中进行，包括多媒体计算机、多媒体课堂网络、校园网络和互联网络等，学与教活动包括在网上实施讲授、演示、自主学习、讨论学习、协商学习、虚拟实验、创作实践等环节。

2. 对课程教学内容进行信息化处理后成为学习者的学习资源

这里包括3层意思：

（1）教师开发和学生创作，把课程学习内容转化为信息化的学习资源，并提供给学习者共享，（不仅仅是教师用来演示）即可以把课程内容编制成电子文稿、多媒体课件、网络课程等，教师用来进行讲授或作为学生学习资源。

（2）充分利用全球性的、可共享的信息化资源，作为课程教学的素材资源，如数字处理的视频资料、图像资料、文本资料等作为教师开发或学习创作的素材，整合到课程内容相关的电子文稿、课件之中，整合到学习者的课程学习中；

（3）利用共享的信息化资源与课程内容融合在一起直接作为学习对象，供学生进行评议、分析、讨论。

3. 利用信息加工工具让学生知识重构

利用文字处理、图像处理、信息集成的数字化工具，对课程知识内容进行重组、创作，使信息技术与课程整合不仅只是向学生传授知识，让学生获得知识，而且能够使学生进行知识重构和创造。

二、信息技术与课程整合的目标

1. 培养学生具有终身学习的态度和能力

学习资源的全球共享，虚拟课堂、虚拟学校的出现、现代远程教育的兴起，人们可以随时随地通过互联网进行学习，使学习空间变得无界限了。教育信息化还为人们从接受一次性教育向终身学习转变提供了机遇和条件。

终身学习就是要求学习者能根据社会和工作的需求，确定继续学习的目标，并有意识地自我计划、自我管理、自主努力通过多种途径实现学习目标的过程。要实现终身教育和终身学习，教育必须进行深刻的变革：要使教学个性化、学习自主化、作业协同化，要把培养学生学会学习，培养学生具有终身学习的态度和能力作为学习的培养目标。

2. 培养学生具有良好的信息素养

教育信息化为终身学习带来了机遇，但只有学生具备良好的信息素养，才能把终身学习看成是自己的责任，才够理解信息所带来的知识并形成自己的知识结构。信息技术与课程整合正是培养学生形成所有这些必备技能和素养的有效途径。

信息素养应包含着3个最基本的要点：

（1）信息技术的应用技能

利用信息技术进行信息获取、加工处理、呈现交流的技能。通过学习者信息技术操作技能与应用实践训练来培养；

（2）对信息内容的批判与理解能力

在信息收集、处理和利用的所有阶段，批判性地处理信息是信息素养的重要特征，对信息的检索策略、对所要利用的信息源、对所获得的信息内容都能进行逐一的评估，在接受信息之前，会认真思考信息的有效性、信息陈述的准确性，识别信息推理中的逻辑矛盾或谬误，识别信息中有根据或无根据的论断，确定论点的充分性。这些素养的形成不仅仅是通过计算机技术技能训练形成的，而是要通过加强科学分析思维能力的训练来培养。

(3) 会运用信息,具有融入信息社会的态度和能力

信息使用者要具有强烈的社会责任心,具有与他人良好合作共事精神,使信息技术的应用能推动社会进步,并为社会做出贡献。这些素养的形成也不是通过计算机技术技能训练就能形成的,而是要通过加强思想情操教育训练来培养。

3. 培养学生掌握信息时代的学习方式

在信息化学习环境中,人们的学习方式发生重要的变化。学习者的学习主要不是依赖于教师的讲授与课本的学习,而是利用信息化平台和数字化资源,教师、学生之间开展协商讨论、合作学习,并通过对资源的收集利用、探究知识、发现知识、创造知识、展示知识的方式进行学习,因此,通过信息技术与课程的整合,要使学生掌握信息时代的学习方式:

(1) 会利用资源进行学习;
(2) 学会在数字化情境中进行自主发现的学习;
(3) 学会利用网络通讯工具进行协商交流,合作讨论式的学习;
(4) 学会利用信息加工工具和创作平台,进行实践创造的学习。

三、信息技术与课程整合的基本方式

信息技术与课程整合是一种信息化的学习方式,其根本宗旨是要培养学习者能够在信息化的环境中,利用信息技术完成课程学习的目标并学会进行终身学习的本领。因此,学校信息技术与课程整合的组织教学模式和策略的研究十分重要。信息技术与课程整合,应符合如下基本要求:

(1) 学习是以学生为中心的,学习是个性化,能满足个体需要的;
(2) 学习是以问题或主题为中心的;
(3) 学习过程是进行通信交流的,学习者之间是协商的、合作的;
(4) 学习是具有创造性和生产性的;

为了达到上述要求,信息技术与课程整合的基本策略包括:

(1) 利用信息化学习环境和资源创设情境(包括自然、社会、文化、各种问题情境以及虚拟实验环境)培养学生观察、思维能力;

(2) 利用信息化学习环境和资源,借助其内容丰富,多媒体呈现,具有联想结构的特点,培养学生自主发现、探索学习能力。

(3) 利用信息化学习环境和资源,借助人机交互技术和参数处理技术,建立虚拟学习环境,培养学生积极参与、不断探索精神和科学的研究的方法;

(4) 利用信息化学习环境和资源,组织协商活动,培养合作学习精神。

(5) 利用信息化学习环境和资源,创造机会让学生运用语言、文字表述观点思想,形成个性化的知识结构;

(6) 利用信息化学习环境和资源,借助信息工具平台,尝试创造性实践。培养学生信息加工处理和表达交流能力;

(7) 利用信息化学习环境和资源,提供学习者自我评价反馈的机会。通过形成性练习、作品评价方式获得学习反馈,调整学习的起点和路径。

本章小结

通过本章的学习,学生对如何进行教学设计有了初步的认识,为今后的学习与实践打下了良好的理论基础。

本章分为 4 部分:第一部分从宏观上介绍教学设计的含义、教学设计的层次、教学设计的理念和依据、教学设计的一般模式等;第二部分主要探索教学设计的主要过程和方法,包括学习需要分析、学习内容分析、学习者特征分析、编写教学目标、教学策略的选择和制定、教学组织形式、学生评价策略、教学媒体的选择和使用、教学设计成果的评价和修改等;第三部分通过案例说明教学设计的具体应用;第四部分介绍了信息技术与课程整合的含义、目标与方法。

思考与练习

任务一：
1. 教学设计可以分为哪些层次？
2. 教学设计的理念和依据是什么？
3. 简述教学设计的一般模式。
4. 简述教学设计与教案的区别。

任务二：
1. 教学设计主要包含哪些元素？
2. 简述教学设计的过程和方法。

任务三：
1. 如何制定幼儿园教学活动计划？
2. 选择一节幼儿园课程，完成教学活动设计。

任务四：
1. 为什么要实现信息技术与课程整合？
2. 信息技术与课程整合的基本思想与方法是什么？
3. 完成一节信息技术与课程整合的教学设计。

第五章
图形图像编辑

项目 PhotoShop 图形图像编辑

情景描述 在多媒体课件制作过程中,所找的图片素材有时不能满足需要,在幼儿园各项活动中,由于相机质量、气候条件、光线条件等因素影响了照片质量,需要对图片或照片进行后期处理。PhotoShop 图形图像编辑软件可以完成这项任务。

任务一 图像的合成

植树节到了,某幼儿园小班准备举行"绿色春天"主题活动。为了鼓励小朋友积极参与,教师特别制作了宣传 PPT。PPT 封面利用 PhotoShop 软件合成。

具体任务 完成 PPT 封面,将图片的背景和其他图片中的部分内容合成并修饰。

一、创建图层

1. 打开"背景"图像,如图 5-1-1 所示。

图 5-1-1 景图

二、设定选区

1. 打开"彩虹"图像，设定选区

利用矩形选框工具，如图5-1-2、图5-1-3所示。选中图片后，点击工具栏内移动工具 拖入"背景"图中，如图5-1-4所示。

图5-1-2 选框工具　　　　　图5-1-3 矩形选框

图5-1-4 拖入背景图

2. 利用套索工具

（1）打开"小女孩"图片，只想选择图片中小女孩本身，就没办法利用矩形选框工具来实现了，需要利用磁性套索工具，如图5-1-5所示。

（2）摘选好图片后，利用工具栏内移动工具 拖拽到背景图中，如图5-1-6所示。若要对选取范围进行"羽化"，设定羽化值，在选取范围的边缘会产生晕开的柔和效果。

图5-1-5 磁性套索工具选图片

图5-1-6 小女孩截图

图 5-1-7 图层指示器

三、图片的修改

1. 图片的放大或缩小

(1) 在图层指示器里，先选中"小女孩"所在图层（可以双击"图层 2"修改名称为"小女孩"以方便我们记忆），如图 5-1-7 所示。

(2) 选择菜单栏"编辑"→"变换"→"缩放"，"小女孩"的外形被选中后，利用鼠标左键以拖动的方式调整图像四周边缘大小，如图 5-1-8 和图 5-1-9 所示。

图 5-1-8 选中图片

图 5-1-9 放大后效果

2. 图片的旋转

(1) 选中"彩虹"图层，选择菜单栏"编辑"→"变换"→"旋转"，"彩虹"的外形被选中后，利用鼠标左键拖拽调整，如图 5-1-10 所示。

图 5-1-10 旋转图像

四、图层的合并

最终实现如图 5-1-11 所示。

图 5-1-11　软件操作界面

 学习支持

一、Adobe PhotoShop CS6 简介

PhotoShop 是 Adobe 公司推出的图形图像处理软件,功能强大,广泛应用于印刷、广告设计、封面制作、网页图像制作、照片编辑等领域。利用 PhotoShop 可以对图像进行各种平面处理,绘制简单的几何图形、给黑白图像上色、进行图像格式和颜色模式的转换。

二、PhotoShop 的窗口组成

窗口组成如图 5-1-12 所示：
（1）标题栏:位于窗口最顶端。
（2）菜单栏:其中包括 9 个菜单,位于标题栏下方。
（3）工具栏:位于菜单栏下方。可以随着工具的改变而改变。
（4）图像窗口:位于工具栏的正下方。用来显示图像的区域,用于编辑和修改图像。
（5）控制面板:窗口右侧的小窗口称为控制面板。用于改变图像的属性。
（6）状态栏:位于窗口底部,提供一些当前操作的帮助信息。

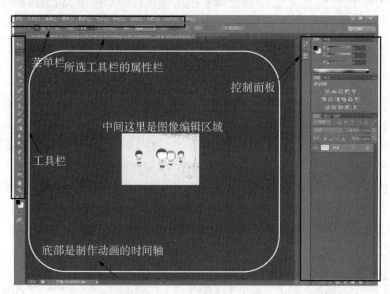

图 5-1-12　photoshop 的界面介绍

三、图像窗口

（1）标题栏：显示图像文件名、文件格式、显示比例大小、图层名称以及颜色模式。

（2）图像显示区：用于编辑图像和显示图像。

（3）控制窗口图标：双击此图标可以关闭图像窗口。单击此图标，可以打开一个菜单，选择其中的命令即可。

四、什么是图层

1. 图层的定义

图层是一种由程序构成的物理层，图像的编辑在各个相对独立的层面上进行。各层面上所承载的内容称为图像，因此得名图层。

用 PhotoShop 软件打开一幅图片，作为底层。随着编辑操作的进展，可以在底层上逐渐叠加若干个图层，每个图像素材放置在各自的图层上。这些图层的叠放顺序并不是一成不变的，如果需要，可以随意改变叠放的顺序。

图层的叠加顺序在 PhotoShop 的"图层指示器"中显示，并且可以通过"图层指示器"修改图层叠加的顺序。一般情况下，上面图层中的图像遮盖下面图层的内容，但也可以使图层之间呈现半透明或透明状态。

图 5-1-13　图层指示器

2. 图层操作

（1）选择当前图层：单击图层指示器中的图层名称，该图层被选中后，底色区别于其他颜色，这就表明所选中的是当前图层。

（2）隐去图层显示：单击图层指示器中某一个图层名称，最左侧有一个类似小眼睛的图标，当"眼睛"图标睁开，表示图层显示，点击后关闭，说明图层隐去。

（3）改变图层叠放顺序：图层按照建立的先后顺序叠放，新建立的图层永远都在最上面一层。如果希望改变叠放顺序，用鼠标左键拖动的方式，就可以移动各图层的顺序。移动后，观察图像，叠放顺序会改变，遮挡的关系也随之改变。

（4）删除图层：用鼠标右键单击图层指示器的图层名称，从随之出现的菜单中选择"删除图层"即可，也可以点击鼠标左键拖动的方式，拖动至下面的"删除按钮"，如图 5-1-13 所示。

（5）合并图层：图像的成品通常只有一个图层，图像在全部编辑结束后，应该把所有图层合并在一个图层，利用以前学习到的如何多选文件夹的方式，选中全部图层点击鼠标右键，从随之出现的菜单中选择"合并图层"。

五、选取功能

在 PhotoShop 中处理图像时，进行范围选取是一项比较重要的工作。选取范围的优劣、准确与否，都与图像编辑的成败有着密切的关系。因此，在最短时间内进行有效的、精确的范围选取能够提高工作效率并有助于提高图像编辑质量，创作出生动活泼的艺术作品。在 PhotoShop 中不管是执行滤镜、色彩或色调的高级功能，还是进行简单的复制、粘贴与删除等编辑操作，都与当前的选取范围有关，即图像操作只对选取范围以内的区域才有效，而对选取范围以外的图像区域不起作用。因此，编辑图像时必须选定要执行功能的区域范围，才能有效地进行编辑。范围选取的方法有很多种，可以使用工具箱中的工具，也可以使用菜单命令，还可以通过图层、通道、路径来制作选取范围。

1. 选框工具（M）

选框工具分为矩形、椭圆形、单行、单列：

（1）如果希望矩形选区拖动变成正方形，可以按键盘上的［Shift］键不松开，再用鼠标画出选区就可以实现。在确定选区后，所选中的选区可以移动。

(2) 选择全部选区可以利用[Ctrl]+[A]组合键来实现。

(3) 设置正圆形的选区可以先选中"椭圆选框工具"后按住键盘上[Shift]键不松手,再用鼠标左键拉动所想要选择的区域即可。

(4) 在这些选区里,有棱有角的大范围选择很合适。但如果用于边角比较复杂的情况,用矩形、椭圆形就无法达到效果。

2. 套索工具(L)

套索工具是一种常用的范围选取工具,工具箱中包含了3种类型的套索工具:曲线套索工具、多边形套索工具和磁性套索工具,如图5-1-14所示。

(1) 曲线套索工具:使用套索工具,可以选取不规则形状的曲线区域,也可以设定消除锯齿和羽化边缘的功能。

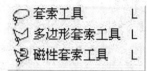

图5-1-14 套索工具

> **注** 在用套索工具拖动选取时,如果按下[Delete]键不放,则可以使曲线逐渐变直,到最后可删除当前所选内容,按下[Delete]键时最好停止用鼠标拖动。在未放开鼠标键之前,若按一下[Esc]键,则可以直接取消刚才的选定。

(2) 多边形套索工具:使用多边形套索工具可以选择不规则形状的多边形,如三角形、梯形和五角星形等区域。

① 若在选取时按下[Shift]键,则可按水平、垂直或45°角的方向选取线段。

② 在使用多边形套索工具选取时,若按下[Alt]键,则可切换为磁性套索工具的功能,而在选用曲线套索工具时,按下[Alt]可以切换为多边形套索工具的功能。

③ 在用多边形套索工具拖动选取时,若按一下[Delete]键,则可删除最近选取的线段;若按住[Delete]键不放,则可删除所有选取的线段;如果按一下[Esc]键,则取消选择操作。

(3) 磁性套索工具:磁性套索工具是一个新型的、具有选取功能的套索工具。该工具具有方便、准确、快速选取的特点,是任何一个选框工具和其他套索工具无法相比的。

> **注** 若在选取时按下[Esc]或[Ctrl]+[·]组合键,则可取消当前选定。

3. 魔棒工具(W)

魔棒工具能够选择出颜色相同或相近的区域。使用魔棒选取时,用户还可以通过工具栏设定颜色值的近似范围,如图5-1-15所示。

图5-1-15 魔棒工具—辅助工具栏

六、图像翻转与旋转

1. 图像翻转

图像翻转最常见的有两种类型:水平翻转和垂直翻转,并且翻转不会产生失真,常常用来制作图像的镜像等效果。

(1) 简单翻转

① 设置图像选区。

② 选择"编辑"→"变换"→"水平翻转"菜单,图像在X方向上翻转。

③ 选择"编辑"→"变换"→"垂直翻转"菜单,图像在Y方向上翻转。

(2) 制作镜像

① 设置图像选区。

② 选择"编辑"→"变换"→"缩放"菜单,然后用鼠标拖动边框,缩小图像尺寸。

图5-1-16 效果图

③ 单击工具盒中的"移动工具"。
④ 按住键盘上[Alt]键,拖动图像移动,复制一个图像。
⑤ 选择"编辑"→"变换"→"水平翻转"菜单,图像在X方向上翻转。
⑥ 移动图像,与原图像对齐,形成镜像效果,如图5-1-16所示。

2. 图像旋转

旋转和翻转不一样,旋转是在平面上进行的,而旋转后的图像就会产生失真效果。

(1) 设置选区,"编辑"→"变换"→"旋转"菜单。
(2) 鼠标放在选区边缘,拖动选区做任意角度的旋转。

> **注** 如果要按照角度旋转,在辅助工具栏的"设置旋转"框内输入角度值即可。若要旋转90°或180°,选择"编辑"→"变换"→"旋转90度(顺时针)、旋转90度(逆时针)、旋转180度"菜单即可。

(3) 鼠标双击选区内部,结束旋转。

任务二　使图像更清晰

任务说明

幼儿园准备做宣传册,在拍摄幼儿园环境时,由于室内灯光比较暗,拍照的效果不是很理想,比较昏暗或模糊等,需要对照片进行处理。

具体任务
- 将颜色昏暗的照片调整清晰
- 将比较模糊的照片调整清晰

方法步骤

一、增加对比度和亮度

(1) 选择菜单栏"文件"→"打开",打开所需图片。
(2) 选择菜单栏内"图像"→"调整"→"亮度/对比度"菜单,调整对话框,如图5-2-1所示。

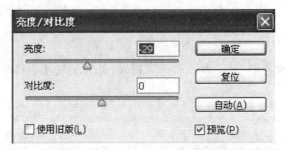

图5-2-1　亮度/对比度对话框

(3) 调整结果如图5-2-2和5-2-3所示。

图 5-2-2 处理前图像　　　　　图 5-2-3 处理后图像

二、锐化

（1）选择菜单栏"文件"→"打开"来打开所需图片。

（2）选择菜单栏"滤镜"→"锐化"→"USM 锐化"，显示调整对话框，如图 5-2-4 和图 5-2-5 所示。

图 5-2-4 处理前图像　　　　　图 5-2-5 处理后图像

（3）向右适当移动"数量"和"半径"滑块，改变对应的数值，观察图像效果。

一、工具箱和工具栏

如图 5-2-6 所示 PhotoShop 工具包含了 40 余种工具，单击图标即可选择工具或者按下工具的组合键。工具箱中并没有显示出全部的工具，只要细心观察，会发现有些工具图标中有一个小三角的符号，这就表示在该工具中还有与之相关的工具。打开这些工具的方法有两种：

（1）把鼠标指针移到含有三角的工具上，右击即可打开隐藏的工具，或者按住鼠标左键不放也可打开工具。然后选择工具即可。

（2）可以按下[Alt]键不放，再单击工具图标，多次单击可以在多个工具之间切换。

二、控制面板

控制面板可以完成各种图像处理操作和工具参数设置，PhotoShop CS6 共提供了 14 个控制面板。其中包括：导航器、信息、颜色、色板、图层、通道、路径、历史记录、动

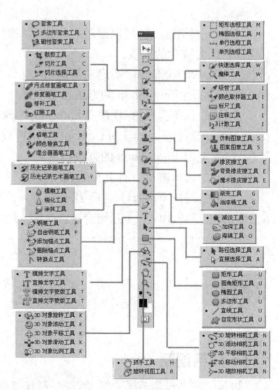

图 5-2-6 详细的工具栏界面

作、工具预设、样式、字符、段落控制面板和状态栏。

（1）导航器(Nanigator)：用来图像上的缩略图，可用缩放显示比例，迅速移动图像的显示内容。

（2）信息(Info)：(F8)显示鼠标位置的坐标值、鼠标当前位置颜色的数值。当在图像中选择一块图像或者移动图像时，会显示出所选范围的大小、旋转角度的信息。

（3）颜色(Color)：(F6)便于图形的填充。

（4）色板(Swatches)：功能类似于颜色控制面板。

（5）图层(Layers)：(F7)控制图层操作。

（6）通道(Channels)：记录图像的颜色数据和保存蒙板内容。

（7）路径(Paths)：建立矢量式的图像路径。

（8）历史记录(History)：恢复图像或指定恢复上一步操作。

（9）动作(Actions)：(F9)录制一连串的编辑操作，以实现操作自动化。

（10）工具预设(Tool Presets)：(F5)设置画笔、文本等各种工具的预设参数。

（11）样式(Styles)：给图形加一个样式。

（12）字符(Character)：控制文字的字符格式。

（13）段落(Paragraph)：控制文本的段落格式。

三、改变图像的色调

1. 色调调整

（1）选择菜单栏"图像"→"调整"→"色彩平衡"，如图5-2-7所示。

（2）选择图像本身色彩范围"阴影"、"中间调"、"高光"。

（3）调整各项滑块，以改变图像的色调。

2. 局部去色

（1）先用选区设置需要改变的区域。

（2）选择菜单栏"图像"→"调整"→"去色"，选区内的图像就离开变成黑白灰图像。

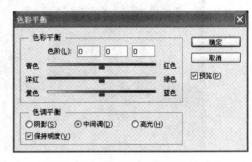

图5-2-7 "色彩平衡"对话框

> **注**
>
> （1）调整这三项可以通过利用鼠标左键拖动各项滑块来实现，后面的数值"＋"为增加了多少数值，"－"为减少的数值。
>
> （2）PhotoShop CS6 启动与退出
>
> ① 启动PhotoShop的方法：
>
> 方法1：单击开始/程序/PhotoShop CS6即可启动。
>
> 方法2：打开一个PhotoShop文件，可以直接启动PhotoShop。
>
> ② 退出PhotoShop的方法：
>
> 方法1：单击窗口右上角的关闭按钮。
>
> 方法2：按下[Ctrl]+[Q]组合键。
>
> 方法3：[Alt]+[F4]组合键。

任务三　图像中设置文字

任务说明

幼儿园举办母亲节感恩活动，准备制作并发放邀请卡，邀请幼儿母亲参加活动，邀请卡上需印有"幼儿园欢迎你"字样。

具体任务 在邀请卡上添加"幼儿园欢迎你"字样并修饰

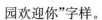

1. 打开"小小幼儿园"图像,如图5-3-1所示。

图5-3-1 打开图像

2. 添加文字

(1) 点击工具栏"T"文字工具输入字体,如图5-3-2所示。

图5-3-2 插入文字

(2) 调整字体大小,点开"文字工具"栏后,上面的"辅助工具栏"如图5-3-3所示。

图5-3-3 文字辅助工具栏

(3) 移动鼠标到字的边缘会拖拽可以移动字体。
(4) 修改好后,点击辅助工具栏后面的"√"符号,如图5-3-4所示。

图5-3-4 文字辅助工具栏

1. 输入文字
(1) 单击工具栏中的"T"文字工具。
(2) 用鼠标画出文字输入区,此时就会自动生成文字图层。
(3) 输入文字。

(4) 用光标覆盖所输入的文字,在辅助工具栏设置字号、字体、颜色、变形等。

(5) 单击工具栏中的移动工具,移动文字至所想要放的位置。

(6) 如果把光标置于文字输入区域外,就可以旋转文字。

2. 制作凸起的文字

(1) 选择菜单栏"图层"→"图层样式"→"斜面和浮雕",所显示的"图层样式"对话框内"斜面和浮雕"选项卡如图 5-3-5 所示。

(2) 移动"深度"滑块,调整深度(文字突起的程度)。调整时,一定要观察文字的变化效果。

(3) 去掉"使用全局光"选项的"√"。

(4) "方向"选项选择"上"。

(5) 调整完成后,单击【确定】按钮,结果如图 5-3-6 所示。

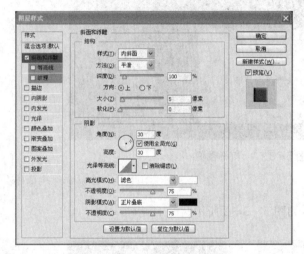

图 5-3-5 "图层样式"对话框

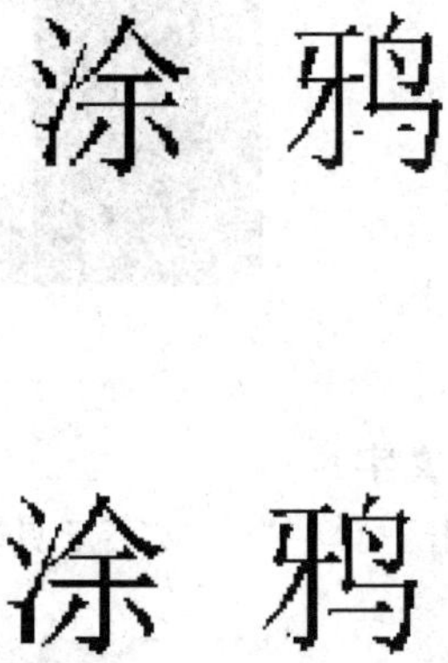

图 5-3-6 效果图

3. 设置文字阴影

(1) 选择菜单栏"图层"→"图层样式"→"投影","图层样式"对话框"投影"的选项卡如图 5-3-7 所示。

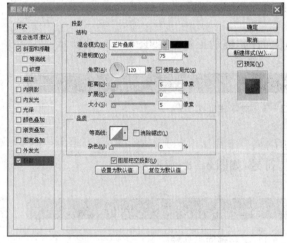

图 5-3-7 "图层样式"对话框

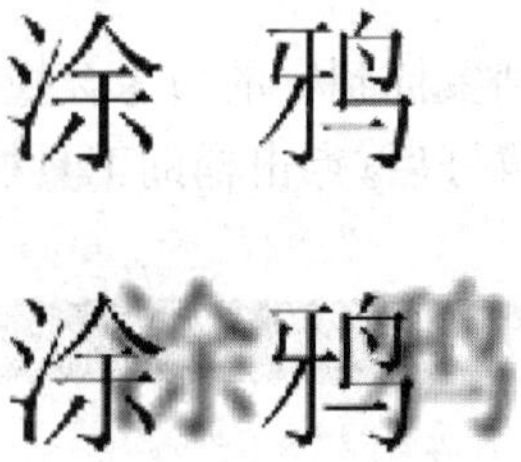

图 5-3-8 效果图

(2) 调整"不透明度"滑块,改变不透明度的百分比数值。

(3) 用鼠标拖动光线入射的"角度"线段,或输入数值,如 188(光线入射角度)。

(4) 调整阴影与文字的"距离"。

(5) 移动阴影的"大小"滑块,调整阴影的大小在调整时,随时观察效果。

(6) 调整结束,单击【确定】按钮。增加的效果如图 5-3-8 所示。

本章小结

本章介绍了 PhotoShop CS6 工作界面、基本应用、基础概念等,并重点介绍了 PhotoShop 在实际应用上的操作,包括图层的操作、选区的操作、工具箱的操作、改变图像的清晰度、图像的旋转、插入文字效果等知识。

思考与练习

任务一:
1. PhotoShop 的窗口有哪些部分组成?
2. PhotoShop 的工具箱都包含了哪些内容?
3. PhotoShop 的"编辑"菜单内的"调整"方式有几种?变换后应如何关闭?
4. PhotoShop 工具栏内有几种套索工具?应该如何打开套索工具的下拉菜单?

任务二:
1. PhotoShop 内"图像"菜单内的"调整"方式有几种?变换后应如何关闭?

任务三:
1. PhotoShop 如何打开文字工具?文字工具设置好后,如何取消选区?
2. PhotoShop 内如何调整文字大小、摆放的位置、变换文字效果?

第六章
数字音频处理

项目　数字音频处理

情景描述　幼儿期的音乐教育对人的成长有着极其重要的作用。在幼儿园活动中,音乐、儿歌、诗朗诵、讲故事,孩子们都非常喜欢。作为幼儿教师,为了更好地组织活动,准备音频素材,剪辑合成音频录音已成为必不可少的工作步骤。

任务一　音频素材的采集

任务说明

声音在幼儿园活动中的运用会让幼儿更全面认识某种事物,诗歌朗诵、绘本解说、PPT演讲还有故事旁白都会用到录音功能。

具体任务　录制一段独白并保存。

 方法步骤

一、新建音频文件

(1) 此处要用到的是 Adobe Audition CS6 软件,双击打开。

(2) 新建一个音频文件进行录音。在菜单栏的"文件"下拉菜单中选择"文件"→"新建"→"音频文件",如图6-1-1所示。

(3) 把音频文件重命名为"独白",默认采样率为48 000 Hz,声道为立体声,选择确定,如图6-1-2所示。

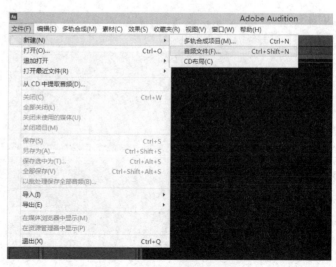

图6-1-1　新建音频文件

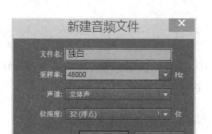

图 6-1-2 重命名音频文件

二、录制声音

（1）在文件面板中双击刚才新建的音频文件，此时操作面板中没有波形，因为这是一个空白的音频文件。准备好话筒，连接好电脑后，可以通过下方的"录音"按钮来录音，如图 6-1-3 所示。

图 6-1-3 空白音频文件

（2）因为是第一次录制，软件会确认一下系统的录音配置，可以选择默认值后选择"确定"，如图 6-1-4 所示。

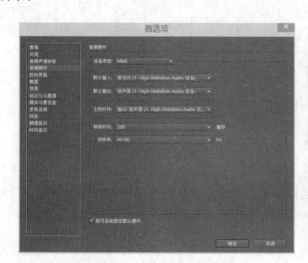

图 6-1-4 音频配置选项

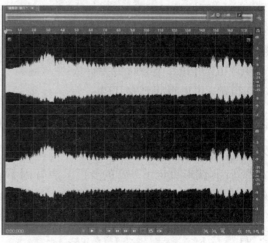

图 6-1-5 录制过程

（3）选择录音键录音，选择停止键就停止录音。选择播放键试听录好的声音，如果觉得录的不好，把光标移动到"0:00.000"的位置，如图 6-1-5 所示，再次选择录音键录音，这样上次录的音频就会被新的音频覆盖。

三、对音频文件降噪处理

（1）试听后可能会有严重的噪声，很影响声音效果，此时在菜单栏中找到"效果"，选择"效果"下拉菜单中的"降噪/修复"→"降噪（破坏性处理）"，如图6-1-6所示。

图6-1-6　选择降噪效果

图6-1-7　降噪效果

（2）直接选择预设的默认值，也可以手动微调，通过左下角的播放键进行试听，如图6-1-7所示，如果效果满意就可以直接选择"应用"。

（3）回到音频文件，再次试听，满意的话就可以保存修改好的音频文件了。

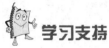学习支持

一、音频的三要素

1. 响度

人主观上感觉声音的大小（俗称音量），由振幅（amplitude）和人离声源的距离决定，振幅越大响度越大，人和声源的距离越小，响度越大（单位：分贝 dB）。下面来看一下分贝值的大小对人的影响：

① 44 dB：属于人类可以接受的程度；

② 55 dB：开始感觉到烦；

③ 60 dB：开始没有睡意；

④ 70 dB：令人精神紧张；

⑤ 85 dB：长时间让人无法接受而捂住耳朵；

⑥ 100 dB：可让耳朵暂时失去听觉；

⑦ 120 dB：可以瞬间刺穿耳膜；

⑧ 160 dB：碎玻璃；

⑨ 200 dB：人类死亡。

2. 音色

又称音品，波形决定了声音的音色。声音因不同物体材料的特性而具有不同特性，音色本身是一种抽象的东西，但波形是这个抽象直观的表现。音色不同，波形则不同。比如每一个人的音色就不同，每一个物体（像小提琴、钢琴、手风琴等）的音色也不同。

3. 音调

声音的高低（高音、低音），由频率（frequency）决定，频率越高音调越高。频率单位赫兹（Hz）。人耳听觉范围为20～20 000 Hz。20 Hz以下称为次声波，20 000 Hz以上称为超声波。

二、获取音频的途径

(1) 从网上下载。
(2) 从 VCD、DVD 影视光盘、百科全书光盘中获取。
(3) 通过录音设备和录音软件程序直接录制,如图 6-1-8 所示。
(4) 从其他多媒体软件中获取。

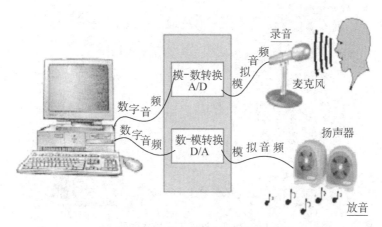

图 6-1-8　声音的录制和播放示意图

三、数字音频的优势

1. 易存储

传统的磁带需要保存在干燥、阴凉、洁净的环境中,需要专门的柜子来分类存放,保存不好很容易霉变和损坏。而音频数字文件可以保存在硬盘、光盘和移动存储设备中,这些介质对保存环境的要求大大降低,而且具有高容量的特点。

2. 易编辑

用音频编辑软件打开一个音频文件,音频波形图就会显示在窗口中,可以根据需要切割、粘连、混合和缩放。

3. 易转移

音像资源数字化以后,复制或拷贝等工作几乎不再需要花费精力和时间。

4. 易管理

以前,老师在上课前需要借用音像资料,用后归还。而现在只需要在电脑上打开保存在本地的音频素材或从网络访问音频资源,可以直接用电脑播放。这就相当于把幼儿园的音像资源放到了每个老师的口袋里,随时使用。

任务二　音频的格式转换

任务说明

播放音乐时,有时会遇到播放器无法播放或者打不开音频文件,这时就需要用格式转换软件将音乐源文件转换成播放器支持的格式。这里推荐"格式工厂"软件。

具体任务　将下载好的"我想我只是一只羊.mp3"用格式工厂软件转换成"我想我只是一只羊.wma"。

一、下载并安装"格式工厂"软件

二、运行"格式工厂"软件

运行格式工厂,界面非常清爽,如图6-2-1所示,左侧栏的各种选项表明格式工厂不但能够转换音频直接的格式,还能转换视频、图片、光驱设备等,甚至还有音频合并、视频合并,可谓是麻雀虽小,五脏俱全。

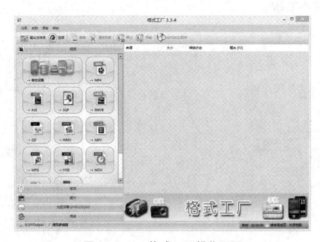

图6-2-1 格式工厂操作界面

三、音频格式转换

(1) 选择"音频",选择想转换成的格式WMA,会弹出转换格式对话框。
(2) 选择"添加文件",选择"我想我只是一只羊.mp3",然后在"输出文件夹"一栏选择转换后的文件所存放的文件夹,如图6-2-2所示。

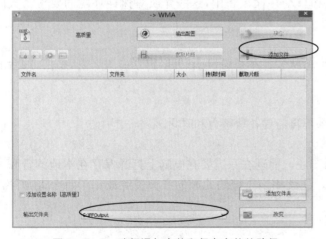 

图6-2-2 选择添加文件和保存文件的路径　　　图6-2-3 输出配置选项

(3) "输出配置"选项可自行调整音频质量,如图6-2-3所示。
(4) 点击[确定]选项,就来到了转换界面,如图6-2-4所示。

图6-2-4 转换界面

(5) 点击"点击开始"按钮,便可以开始进行文件格式的转换了。

(6) 格式转换的时候下面有一个转换完成后关闭电脑选项，如果有大批的音频需要进行转换，可以勾选此选项，完成转换工作后它会自动关机。

(7) 格式转换完毕，如图 6-2-5 所示。

图 6-2-5　格式转换完成

一、音频的常用格式

(1) CD 是音质比较高的音频格式。在大多数播放软件的"打开文件类型"中，都可以看到 *.cda 格式，这就是 CD 音轨。标准 CD 格式是 44.1K 的采样频率，速率 88 K/s，16 位量化位数，CD 音轨可以说是近似无损的，因此它的声音基本上是忠于原声的。

(2) MPEG 是动态图像专家组的英文缩写。这个专家组始建于 1988 年，专门负责为 CD 建立视频和音频压缩标准，MPEG 格式包括 MPEG-1、MPEG-2、MPEG-Layer3、MPEG-4。

(3) 所谓的 MP3 指的是 MPEG 标准中的音频部分，也就是 MPEG 音频层。MP3 问世不久，就凭这较高的压缩比 12∶1 和较好的音质创造了全新的音乐领域。MP3 和 MP4 之间其实并没有必然的联系，首先 MP3 是一种音频压缩的国际技术标准，而 MP4 却是一个商标的名称。

(4) APE 是流行的数字音乐文件格式之一。与 MP3 这类有损压缩方式不同，APE 是一种无损压缩音频技术，也就是说从音频 CD 上读取的音频数据文件压缩成 APE 格式后，再将 APE 格式的文件还原，而还原后的音频文件与压缩前的一模一样，没有任何损失。APE 的文件大小大概为 CD 的一半，APE 可以节约大量的资源。

(5) RealAudio 主要适用于在网络上的在线音乐欣赏。real 的文件格式主要有这么几种：RA(RealAudio)、RM(RealMedia，RealAudio G2)、RMX(RealAudio Secured)。这些格式的特点是，可以随网络带宽的不同而改变声音的质量，在保证大多数人听到流畅声音的前提下，令带宽较富裕的听众获得较好的音质。

(6) WAVE 是微软公司开发的一种声音文件格式，WAV 格式的声音文件质量和 CD 相差无几，也是目前 PC 机上广为流行的声音格式，是直接由音频输入转换成的文件，它可以是各种声音的素材所采用。WAV 文件的数据比较庞大，如果不经过压缩处理的话，一分钟的录音所形成的文件就有 8 MB 多。

(7) WMA(Windows Media Audio)格式是来自于微软的重量级选手，音质要强于 MP3 格式，更远胜于 RA 格式。WMA 还在压缩比上进行了深化，在相同音质条件下文件体积更小，是以减少数据流量但保持音质的方法来达到比 MP3 压缩率更高的目的。WMA 还支持音频流(Stream)技术，适合在网络上在线播放。

(8) OggVorbis 是一种新的音频压缩格式，类似于 MP3 等现有的音乐格式。但有一点不同的是，它是完全免费、开放和没有专利限制的。Vorbis 是这种音频压缩机制的名字，而 Ogg 则是一个计划的名字，该计划意图设计一个完全开放性的多媒体系统。创建的 OGG 文件可以在未来的任何播放器上播放，因此，这种文件格式可以不断地进行大小和音质的改良，而不影响旧有的编码器或播放器。

(9) MIDI(Musical Instrument Digital Interface)格式被经常玩音乐的人使用，MIDI 允许数字合成器和其他设备交换数据。MID 文件格式由 MIDI 继承而来。MID 文件并不是一段录制好的声音，而是记录声音的信息。像乐谱，记录音色、节奏、音符等，需要硬件配合，特点是体积小。MIDI 只能模拟乐器的发声，只能用来播放音乐，不能用来播放语音或带人声的歌曲。但 MIDI 文件非常小，一首乐曲只有十几 KB 的大小，如用 WAV 文件则要 20～30 MB。所以 MIDI 文件常用作多媒体课件的背景音乐，常见格式有 *.midi、*.mid。

(10) AAC(Advanced Audio Coding)一种专为声音数据设计的文件压缩格式，与 MP3 不同，它采用了全新的算法进行编码，更加高效，具有更高的性价比。利用 AAC 格式，可使声音质量没有明显降低的前提下,更加小巧。AAC 属于有损压缩的格式,与时下流行的 APE、FLAC 等无损格式相比音质存在本质上的差距。

(11) AMR(Adaptive Multi-Rate)由欧洲通信标准化委员会提出,是在移动通信系统中使用最广泛的语音标准。由于 AMR 文件的容量很小——每秒钟的 AMR 音频大小可控制在 1 K 左右,因此即便是长达 1 分钟的音频文件,也能符合中国移动现行的彩信不超过 50 K 的技术规范,所以 AMR 也是实现在彩信中加载人声的唯一格式。然而同样是因为"个头"小,AMR 格式的歌曲音质相比 WAV 铃声,AMR 铃声的音量、清晰度、层次感完全不在一个档次。相对其他的压缩格式质量比较差,由于多用于人声,通话效果还是很不错的。

二、音频格式的相互转换

音频压缩是指降低信号动态以滤除噪声和避免动态过大的失真。通过不同的计算方式,忽略人耳不易察觉的频段,或制造听觉上的错觉,大幅度降低音频数据的数量,却令音质基本不变甚至更好。

1. 无损压缩

所谓无损压缩格式,是利用数据的统计冗余进行压缩,可完全恢复原始数据而不引起任何失真,但压缩率受到数据统计冗余度的理论限制,一般为 2∶1 到 5∶1。这类方法广泛用于文本数据、程序和特殊应用场合的图像数据(如指纹图像,医学图像等)的压缩。比较出名的无损压缩格式有 APE、FLAC、TAK、WavPack、TTA 等。

2. 有损压缩

所谓有损压缩是利用人类对图像或声波中的某些频率成分不敏感的特性,允许压缩过程中损失一定的信息;虽然不能完全恢复原始数据,但是所损失的部分对理解原始图像的影响很小,却换来了大得多的压缩比。有损压缩广泛应用于语音、图像和视频数据的压缩。在多媒体应用中,常见的压缩方法有 PCM(脉冲编码调制)、预测编码、变换编码、插值和外推法、统计编码、矢量量化和子带编码等。混合编码是近年来广泛采用的方法。mp3、divX、jpeg、rm、rmvb、wma、wmv 等都是有损压缩。

任务三　音频素材的处理

任务说明

幼儿创编操比赛马上就要开始了,比赛要求每班必须自制创编操音乐,并配以带背景音乐的独白。

具体任务　完成创编操音乐以及带背景音乐的独白。

方法步骤

一、设定制作方案

将"加油歌.mp3"的开头片段和"爱你.mp3"的高潮部分组成为创编操音乐,再将任务一中制作好的独白配上背景音乐。

二、运行 Adobe Audition CS6 软件

运行 Adobe Audition CS6 软件,欢迎界面如图 6-3-1 所示。

三、导入音频文件

(1) 在菜单栏里的"文件"下拉菜单中选择"打开"选项,可导入音频文件。

(2) 将"加油歌.mp3"、"爱你.mp3"导入后,双击"加油歌.

图 6-3-1　Adobe Audition CS6 欢迎界面

mp3",在"编辑器"窗口面板上会呈现出两条声音的波形,上面一条是声音的左声道,下面一条是声音的右声道,如图6-3-2所示。

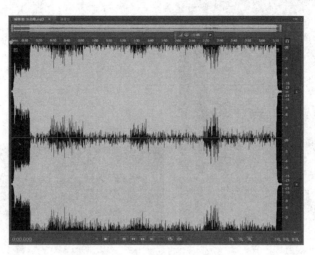

图6-3-2 导入音频后的操作视图

(3) 在编辑面板的右下角看到其时间长度为3分14秒。通过播放键可以试听。

四、裁剪所需音频

(1) 有"加油"声出现时,选择暂停键,此时左侧显示的时间为"0:12.000",如图6-3-3所示。继续选择播放键,直到加油声结束选择暂停键,此时时间停止在0:25.000,修改右下角选区的开始和结束位置的时间长度。修改后,波形图会出现一个白色高亮的选区,如图6-3-4所示。

图6-3-3 设置选区开始点

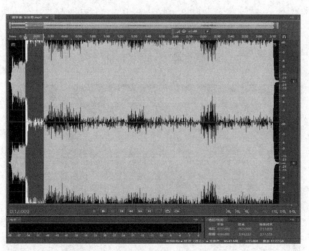

图6-3-4 设置选区结束点

(2) 把鼠标移动到亮白色区域,单击鼠标右键,选择"裁剪":直接将原文件"加油歌.mp3"裁剪只剩下高亮白色区域的音频文件(此方式会直接对原文件进行修改),如图6-3-5所示。

(3) 通过文件面板选择打开"爱你.mp3"。从0:37.00开始截取,一直截取到最后即3:23.000,此处操作参考对"加油歌.mp3"截取时的方法,如图6-3-6所示。

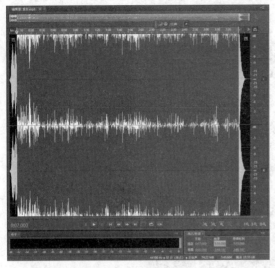

图 6-3-5 裁剪源文件　　　　　　　　　　　图 6-3-6 截取"爱你.mp3"

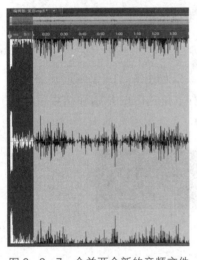

图 6-3-7 合并两个新的音频文件

五、合并两个音频文件

（1）再次将新的"加油歌.mp3"打开，在声道任意位置点击鼠标右键选择"复制"。

（2）打开"爱你.mp3"，在起始位置右键选择"粘贴"后，高亮区域为"加油歌.mp3"，后面的绿色区域为"爱你.mp3"，如图 6-3-7 所示。

（3）试听后保存。在菜单栏中选择"文件"→"另存为"，重命名为"幼儿创编操.mp3"。

六、音频变速处理

（1）创编操舞曲制作好后，在排练的时候发现有后半部分的音乐所跳舞的动作幅度有点大，跟不上节奏，想调整一下这部分的音频速度。通过 Adobe Audition CS6 打开"幼儿创编操.mp3"。

（2）试听音频，找出需要调整的音频选区，如图 6-3-8 所示。像上述步骤一样，在右下角输入要处理的选区开始节点和结束节点。

（3）在菜单栏里我们选择"效果"→"时间与变调"→"伸缩与变调（破坏性处理）"，如图 6-3-9 所示。

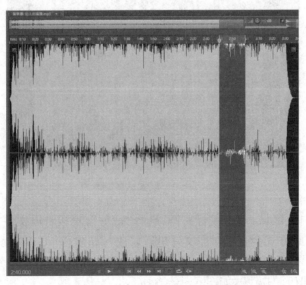

图 6-3-8 选择要修改的选区

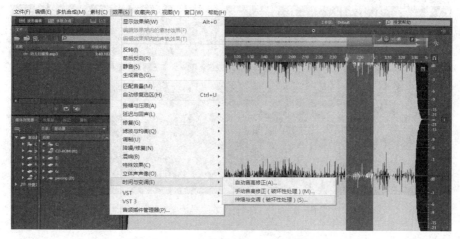

图 6-3-9　在菜单栏中调用"效果"选项

（4）微调"伸缩"选项的数值，可以通过左下角的播放键视听，如图 6-3-10 所示，如果效果满意选择"应用"。

图 6-3-10　伸缩效果

（5）回到音频文件，进行衔接部分的视听，看有没有太明显的突兀。如果没有，说明修改的音频非常成功，再次保存修改好的音频文件。

七、制作带背景音乐的独白

（1）从文件面板中打开一首钢琴曲"River Flows In You.mp3"作为背景音乐。

（2）在软件的左上角选择"多轨合成"按钮，如图 6-3-11、6-3-12 所示。

图 6-3-11　选择多轨合成

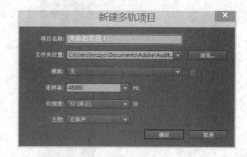

图 6-3-12　新建多轨合成项目

（3）将"River Flows In You.mp3"拖拽到轨道 1，将"独白.mp3"拖拽到轨道 2，如图 6-3-13 所示。

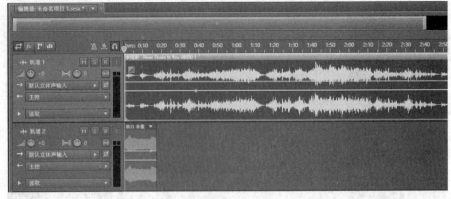

图 6-3-13 将音频文件导入到多轨上

（4）此时，两个轨道的音频时间长度不一样，先将光标拖拽到轨道 2 的结束位置，选择切割工具，如图 6-3-14 所示，对准轨道 1 的同一位置切割，如图 6-3-15 所示。

图 6-3-14　选择切割工具　　　　图 6-3-15　轨道 1 的音频文件进行切割

（5）删除轨道 1 后半部分：选择后半部分，鼠标右键选择"删除"，让轨道 1 和轨道 2 的时间长度相等，如图 6-3-16 所示。

图 6-3-16　删除轨道 1 多余的音频部分

(6)试听后效果满意,在菜单栏的"文件"下拉菜单中选择"导出"→"多轨缩混"→"整个项目",如图6-3-17所示。

图6-3-17　删除轨道1多余的音频部分

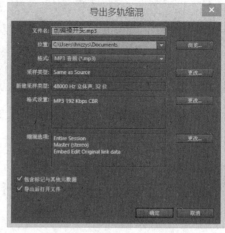

图6-3-18　导出混合音频文件

(7)重命名音频文件"创编操开头",在格式里选择"mp3",选择存储路径后选择【确定】,如图6-3-18所示。

一、处理音频常用软件

(1) Gold Wave 是功能强大的数字音乐编辑器,是集声音编辑、播放、录制和转换的音频工具,可以对音频内容进行转换格式等处理。它体积小巧,功能强,可以打开的音频文件包括 WAV、OGG、VOC、IFF、AIFF、AIFC、AU、MP3、DWD、SMP、VOX、SDS、AVI、MOV、APE 等格式,也可以从 CD 或 VCD 或 DVD 或其他视频文件中提取声音。内含丰富的音频处理特效,从一般特效如多普勒、回声、混响、降噪到高级的公式计算(利用公式在理论上可以产生任何想要的声音)。

(2) Movie Maker Live 是 windows vista 及以上版本附带的一个音视频剪辑小软件(Windows XP 带有 Movie Maker),功能比较简单,可以组合镜头、声音,加入镜头切换的特效,只要将镜头片段拖入就行。适合家用摄像后的一些小规模的处理。

(3) Cool Edit Pro 是非常出色的数字音乐编辑器和 MP3 制作软件。不少人把 Cool Edit 形容为音频"绘画"程序。

(4) Adobe Audition(前身是 Cool Edit Pro)是美国 Adobe Systems 公司开发的一款功能强大、效果出色的多轨录音和音频处理软件。可以用声音来"绘"制音调、歌曲的一部分,声音,弦乐,颤音,噪音或是调整静音。而且它还提供有多种特效为作品增色:放大、降低噪音、压缩、扩展、回声、失真、延迟等。可以同时处理多个文件,轻松地在几个文件中进行剪切、粘贴、合并、重叠声音操作。使用它可以生成的声音有噪音、低音、静音、电话信号等。该软件还包含有 CD 播放器。其他功能包括支持可选的插件、崩溃恢复、支持多文件、自动静音检测和删除、自动节拍查找、录制等。另外,还可以在 AIF、AU、MP3、Raw PCM、SAM、VOC、VOX、WAV 等文件格式之间进行转换,并且能够保存为 RealAudio 格式。

二、Adobe Audition 的一些基本操作(以任务三为例)

(1) Adobe Audition 的操作界面如图 6-3-19 所示。界面根据功能不同分成了几个窗口,这些窗口可以随意移动、关闭和调用。

(2)导入音频文件,有以下3种导入方式:

图6-3-19　Adobe Audition CS6 操作界面

① 双击"文件"窗口的空白区域,导入音频文件;
② 单击"文件"窗口下的 图标,导入音频文件;
③ 在菜单栏里的"文件"下拉菜单中选择"打开"选项,可导入音频文件。

(3) 选择所需选区的方式有两种:
① 像任务三中的步骤一样,在右下角输入要处理的选区开始节点和结束节点。
② 用鼠标左键在声道线上单击一个位置不松手,向后拖拽形成一个选区,此时需要多次试听,从而确定选区的精确位置。

(4) 对于已选择好所需要截取音频的选区,单击鼠标右键,有以下4种方式可以截取,还以任务三为例:

① 选择"复制为新文件",会自动生成一个新的音频文件"未命名1.mp3"。此时可以在菜单栏的"文件"菜单下选择"另存为",如图6-3-20所示,将新的音频文件修改名字为"片段1",在"格式"菜单栏下拉菜单中选择所需的音频格式,最后选择【确定】。操作台会直接跳转到"未命名1.mp3",如图6-3-21所示。这种方式不会破坏原音频文件。

图6-3-20　复制为新文件(1)

图6-3-21　复制为新文件(2)

② 直接将原文件"加油歌.mp3"裁剪只剩下高亮白色区域的音频文件,此方式会直接对原文件进行修改,如图6-3-22所示。

③ 选择"保存选区为":将会生成一个新的音频文件,并保存在所选择的路径下,可以再次从菜单栏中将其导入进来,如图6-3-23所示。

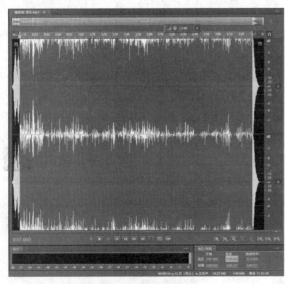

图6-3-22　裁剪源文件

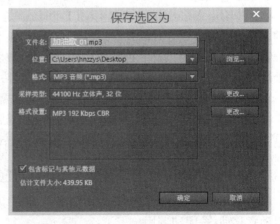

图6-3-23　保存选区

④ 选择"复制",在任务三中有详细讲解,不再冗赘。

本章小结

本章主要介绍了音频的三要素,音频的常见格式,音频采集、处理方法,通过3个任务训练,使幼儿教师能认识到学习数字音频处理的的作用和意义,可以灵活运用数字音频处理技术更好地开展幼儿园活动。

思考与练习

任务一:

1. 声音的三要素是什么?
2. 音频的常见格式有哪些?
3. 处理音频文件的常用软件有哪些?

任务二:

1. 将"我想我就是一只羊.mp3"截取成1分钟,并设置淡入和淡出的效果。
2. 合并两首幼儿歌曲"爱我你就抱抱我.mp3"和"亲亲我.mp3"。

任务三:

将下列儿童诗歌《太阳公公起得早》录制成为WAV格式的声音文件,并下载一首适合的音乐,为录制好的声音文件配上背景音乐。

太阳公公起得早

太阳公公起得早,
他说:
"宝宝在睡觉,
我去叫一叫。"
他爬上窗口瞧一瞧,
"咦,宝宝不见了。"
宝宝到哪里去了?
宝宝到哪里去了?
宝宝在院子里,
一二三四做早操。
太阳公公瞧见了,
太阳公公眯眯笑。
他说:
"宝宝是个好宝宝!"

第七章
数字视频处理

项目 数字视频处理

情景描述 幼儿期是人一生的重要阶段,能够通过照片和录像的方式,把幼儿园的学习生活保存记录下来,显得非常重要。幼儿教师要掌握数字视频的处理,制作电子相册、视频短片等。

任务一 使用"影片向导"快速制作影片

任务说明

制作一段视频需要有多方面的知识,对于初学者来说,影片向导是一个很好的选择。

具体任务 利用影片向导制作一个电子相册作品,包含图片、音乐以及字幕等。

方法步骤

一、启动会声会影软件

(1) 进入系统桌面后,双击建立在桌面上的会声会影 11,启动图标,弹出"会声会影 11"启动窗口,如图 7-1-1 所示。

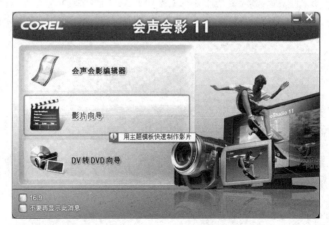

图 7-1-1 会声会影主界面

（2）单击【影片向导】按钮，进入会声会影 11 程序的"影片向导"操作界面，如图 7-1-2 所示，该界中各区域的作用见表 7-1-1。

图 7-1-2 "影片向导"界面

表 7-1-1 "影片向导"各区域作用

名称	功能及说明
① 视频获取列表	用于获取编辑影片时使用的素材文件
② 预览区	用于显示所使用素材的播放画面
③ 导览面板	提供用于回放和精确修整素材的按钮
④ 编辑按钮	用于简单编辑所插入的素材
⑤ 素材库折叠按钮	用于打开程序的"素材库"，需要打开"素材库"时，单击该按钮即可
⑥ 媒体素材列表	用于放置编辑影片时所使用的素材文件

二、导入影片所需素材

（1）进入"影片向导"界面后，单击【插入视频】按钮。

（2）弹出"打开视频文件"对话框，再进入到要使用的素材文件所在位置，然后按住［Ctrl］键不放，依次选中要使用的素材，最后单击【打开】按钮，如图 7-1-3 所示。

图 7-1-3 打开视频文件

(3) 单击【打开】按钮后,弹出"改变素材序列"对话框,如图 7-1-4 所示。用户可使用鼠标拖动素材文件名来改变素材的序列。

图 7-1-4 改变素材序列

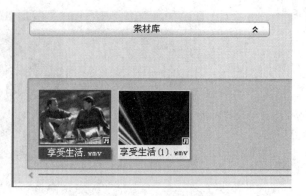

图 7-1-5 媒体素材列表

(4) 更换完毕后,单击【确定】按钮返回到影片向导,如图 7-1-5 所示,就可以完成插入电脑中素材的操作。此时在"媒体素材列表"中可看到所选择的素材。

三、选择与编辑模板

(1) 插入影片所需要的素材文件,对其进行简单的编辑操作,如图 7-1-6 所示。

图 7-1-6 插入素材

图 7-1-7 "家庭影片"模板素材库

(2) 单击【下一步】按钮,转到影片向导的"主题模板"编辑界面。单击"主题模板"右侧下三角按钮,选择"家庭影片"选项。在"家庭影片"模板的素材库,单击选择要使用的模板"生日",如图 7-1-7 所示。

经过以上操作后,就可以完成应用主题模板的操作,单击界面右侧预览窗口下方的"播放"按钮,即可看到应用了主题模板后的效果。

四、设置影片区间

(1) 单击主题模板界面中的"设置影片区间"按钮,如图 7-1-8 所示。

(2) 弹出"区间"对话框,单击"适合背景音乐"单选按钮,然后单击【确定】按钮,如图 7-1-9 所示。"区间"对话框各选项作用见表 7-1-2。

图 7-1-8　主题模板界面

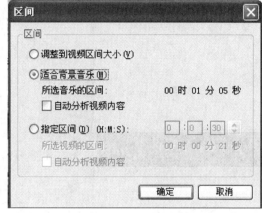

图 7-1-9　"区间"对话框

表 7-1-2　"区间"选项的功能和作用

名称	功能及作用
调整到视频区间大小	指根据所使用的素材长度来确定影片的长度
适合背景音乐	指根据所使用的背景音乐的长度来确定影片的长度
指定区间	指用户手动设置影片的长度

经过以上操作后,返回到主题模板界面,就完成了影片区间的设置操作,通过"区间"右侧的时间数据可以看到更改后的效果,如图 7-1-10 所示。

图 7-1-10　主题模板界面

五、设置影片标题

（1）选择了主题模板后,单击"标题"右侧下三角按钮,弹出下拉列表框,单击选中模板中开始处的标题,如图 7-1-11 所示。

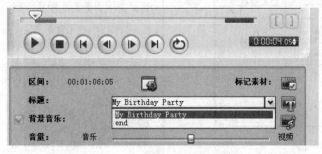

图 7-1-11　主题模板界面

（2）在预览窗口中可以看到标题内容,双击标题框中任意位置,将光标定位在内,然后拖动鼠标选中标题的文本内容,如图 7-1-12 所示。

（3）选中标题框中的文本内容后,直接输入需要的标题内容,然后单击预览窗口中任意位置,选中标题框,如图 7-1-13 所示。

图 7-1-12 预览窗口　　　　　　　　　图 7-1-13 预览窗口

（4）选中标题框后，单击"标题"右侧的"文字属性"按钮，如图 7-1-14 所示。

图 7-1-14 主题模板界面

（5）弹出"文字属性"对话框，单击"字体"右侧下三角按钮，弹出下拉列表框，单击"华文行楷"选项。

（6）单击"色彩"图标，弹出色彩列表框，单击"黄色"图标。

（7）选中"垂直文字"复选框，然后单击"阴影"区域内色彩图标，弹出颜色列表框，单击"友立色彩选取器"选项，如图 7-1-15 所示。

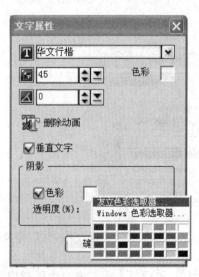
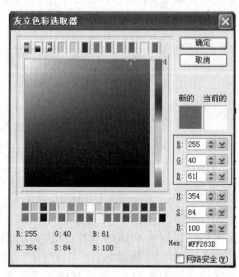

图 7-1-15 文字属性　　　　　　　　图 7-1-16 友立色彩选取器

(8) 弹出"友立色彩选取器"对话框,将颜色的 RGB 值分别设置为 255、40、61,然后单击【确定】按钮,如图 7-1-16 所示。

(9) 经过以上操作后,返回"文字属性"对话框,单击【确定】按钮。

(10) 返回主题模板界面,将鼠标指向设置好的标题框,拖动鼠标,将其移动到合适位置,即可完成影片标题的设置操作,如图 7-1-17 所示。

图 7-1-17　预览窗口

六、编辑背景音乐

(1) 单击"背景音乐"文本框右侧的"加载背景音乐"按钮,弹出"音频选项"对话框,如图 7-1-18 所示。

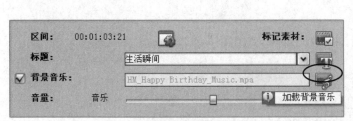

图 7-1-18

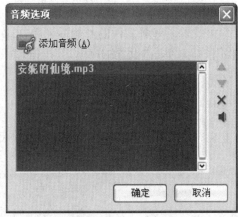

图 7-1-19　音频选项

(2) 选中列表框中原有音频,然后单击"删除所选的音频文件"按钮,将原音乐文件删除。单击"添加音频"按钮,弹出"打开音频文件"对话框,进入要使用的音频文件所在位置,单击要使用的素材文件。

(3) 单击【打开】按钮,返回"音频选项"对话框,如图 7-1-19 所示。

(4) 单击【确定】按钮,返回到主题模板界面,如图 7-1-20 所示,即可完成背景音乐的更换操作。

(5) 在"音频选项"对话框中插入了需要的音频文件后,选中要修整的音频文件选项,然后单击对话框右侧的"预览并修整音频"按钮,如图 7-1-21 所示。

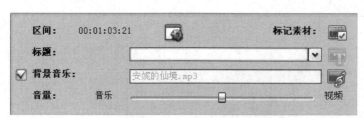

图 7-1-20 主题模板界面

图 7-1-21 音频选项

(6) 弹出"预览并修整音频"对话框,在对话框中可以看到音频文件所在的路径等信息,单击"播放"按钮,播放音频文件至需要开始的位置时,单击"暂停"按钮,停止音乐播放,然后单击"设置开始标记"按钮,如图 7-1-22 所示。

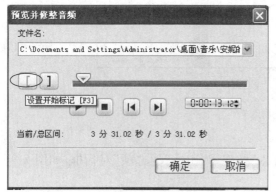

图 7-1-22 预览并修复音频

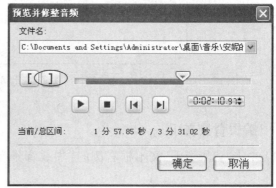

图 7-1-23 预览并修复音频

(7) 设置了音频文件的开始标记后,再次单击"播放"按钮,播放音频文件至文件要结束的位置处,单击"暂停"按钮。单击"设置结束标记"按钮,然后单击【确定】按钮,即可完成音频文件的修整操作,如图 7-1-23 所示。

七、完成影片制作

(1) 将影片的主题模板编辑完成后,单击【下一步】按钮,如图 7-1-24 所示。

图 7-1-24 主题模板界面

(2) 进入输出影片界面后,单击【创建视频文件】按钮,弹出菜单,将鼠标指向 DVD/VCD/SVCD/MPEG 选项,弹出子菜单后,执行 PAL DVD(4:3)命令,如图 7-2-25 所示。

(3) 弹出"创建视频文件"对话框,进入影片要保存的路径,然后在"文件名"文本框中输入名称,最后单

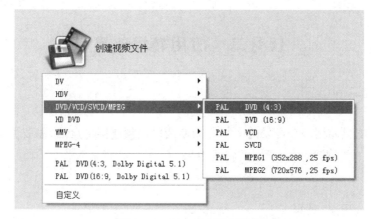

图 7-1-25 创建视频文件

击【保存】按钮。程序开始执行渲染操作,并返回到影片向导的输出界面,界面中显示出渲染的进度,如图 7-1-26 所示。

图 7-1-26 渲染过程

(4) 影片渲染完毕后,弹出"会声会影影片向导"提示框,提示用户影片向导已完成视频文件的创建。通过"我的电脑"窗口,进入文件保存的位置,就可以看到创建完毕的视频文件,双击该文件图标即可播放该文件。

学习支持

在编辑视频时,有些视频文件的格式由于其本身的特点,被广泛应用于网络传播、数码文件设备的保存等方面。几种常见的视频格式有:

1. MPEG 格式

MPEG 是 Motion Picture Experts Group 的缩写,包括 MPEG-1、MPEG-2 和 MPEG-4 等格式,这3 种 MPEG 格式是日常工作中最常见的 MPEG 格式。

MPEG-1 被广泛运用在 VCD 的制作以及网络中一些视频片段的下载。大部分的 VCD 都是 MPEG-1 格式压缩的。

MPEG-2 的图像质量比 MPEG-1 要优秀很多,主要应用在 DVD 的制作方面,在一些高清晰的电视广播和一些要求较高的视频编辑处理中也有广泛的应用。

MPEG-4 格式的视频文件压缩比率高,占用体积小,一般适合在网上或手机中。

2. AVI 格式

AVI 全称为 Audio Video Interleaved,即音频视频交错格式。它是将语音和影像同步组合在一起的文件格式,主要应用在多媒体光盘上,用于保存电视、电影等各种影像信息。这种视频格式的优点是图像质量好,其缺点是体积过于庞大。

3. MOV 格式

MOV 即 Quick Time 影片格式,用于存储常用数字媒体类型,如音频和视频。多数数码相机拍摄视频时都采用 MOV 格式进行保存。

任务二 应用转场效果

任务说明

制作影片时,不可能只使用一个场景的素材。为使两段视频连接更自然,需要添加转场效果。

具体任务 制作一段视频,加上不同的转场效果。

方法步骤

一、为素材应用需要的转场

(1)打开素材文件,切换到"效果"编辑界面,单击"画廊"右侧下三角按钮,弹出下拉列表框,单击要使用的转场类别"取代"选项,如图7-2-1所示。

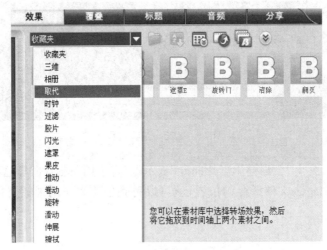

图7-2-1 转场效果界面

(2)打开"取代"转场素材库后,选中要使用的转场图标,向时间轴方向拖动,至时间轴中两个素材之间的灰色方块上,如图7-2-2所示。

图7-2-2 时间轴上的素材

(3)再次打开转场素材库,将选中的转场效果向时间轴方向拖动,至时间轴中要应用转场效果的两个素材之间的灰色方块上,添加完毕后,释放鼠标,即可完成为项目文件添加转场效果的操作。

二、为所有素材应用同一种转场

(1)打开素材文件,切换到"效果"编辑界面,单击"画廊"右侧下拉三角按钮,弹出下拉列表框,单击要使用的转场类别"过滤"选项。打开"过滤"转场素材库后,单击要使用的转场效果"交叉淡化"转场。

（2）单击"将转场应用于所有素材"按钮，弹出菜单，执行"将当前效果应用于整个项目"命令，如图7-2-3所示。

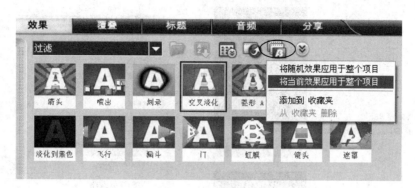

图7-2-3 转场效果选项

经过以上操作后，就完成了为项目文件中的所有素材文件应用同一转场效果的操作，在时间轴就可以看到设置后的效果。

学习支持

在会声会影11提供了16类转场，100余种转场效果，用户可根据影片的需要选择合适的转场效果。

所有的编辑工作完成后，便可将该视频文件输出，切换到"分享"编辑界面中进行创建。在"分享"选项卡中，选择不同的选项用户可以为影片选择不同的输出方式。

① 创建视频文件：将编辑的影片输出为可以在计算机上播放的视频文件。
② 创建音频文件：将视频中的音频文件单独渲染为音频文件。
③ 创建光盘：使用光盘向导将影片刻录为VCD、SVCD或DVD形式的光盘。
④ 导出到移动设备：将视频文件导出到移动设备。
⑤ 项目回放：将影片在显示器或电视机等视频设备上进行回放。
⑥ DV、HDV录制：将编辑完成的影片重新录制到DV中去。

任务三　覆叠轨的使用

任务说明

覆盖轨是视频轨上的视频或图片。例如，画中画效果就是一个画面在视频轨，一个画面在覆盖轨。

具体任务　利用视频轨和覆叠轨功能，为图片添加相框效果。

方法步骤

一、为图片添加相框

为图片加上丰富多彩的边框，一定会提升图片的视觉效果，接下来就利用"覆叠轨"来为相片加入一个漂亮的边框。

（1）进入会声会影编辑器后，点击"文件"菜单，选择"将媒体文件插入素材库"中的"插入图像"菜单，如图7-3-1所示。

（2）弹出"打开图像文件"对话框，进入素材文件所在路径，单击要使用的素材，然后单击"打开"按钮，将图像插入到素材库当中。

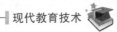

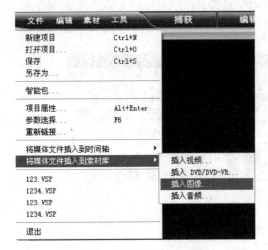

图 7-3-1 "插入图像"菜单

图 7-3-2 素材库

(3) 选择素材库中的图像素材,直接拖动到视频轨上。
(4) 单击"素材库"下拉列表按钮,在下拉列表中选择"装饰"→"边框"选项,如图 7-3-2 所示。
(5) 在"素材库"中选择作为相框的边框素材,将其拖动到"覆叠轨"中,如图 7-3-3 所示。

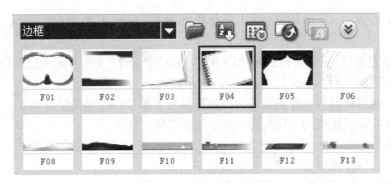

图 7-3-3 边框素材库

(6) 图片加上覆叠效果以后的前后对比,如图 7-3-4 所示。

图 7-3-4 对比图

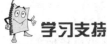 学习支持

在会声会影 11 程序中,只有一个视频轨,当用户需要在一个画面中显示两个以上素材时,可以通过覆叠轨完成操作。覆叠轨可以将两个画面巧妙地结合在一起形成一个影片,在电视中经常看到的画中画效果就可以通过覆叠轨完成制作。为覆叠轨添加文件时,必须先将文件添加到程序的素材库中,然后将文件插入到覆叠轨中。

任务四　为影片编辑标题

任务说明

为影片添加标题可得到更出色的视频编辑效果,更准确地表达心中的想法,让观众获得更直观的感受。

具体任务　给视频加上标题,包括预设标题和自定义标题。

方法步骤

一、为影片添加预设标题样式

(1) 打开素材文件后,切换到"标题"编辑面板,右击要使用的标题样式"To my love,"弹出快捷菜单,选择"插入到"→"标题轨",如图7-4-1所示。

图7-4-1　"标题"编辑面板

图7-4-2　预览窗口

(2) 单击时间轴中插入标题的标题轨,选中标题。双击预览窗口中的标题框,选中标题框中的内容,最后输入影片需要的文本内容,如图7-4-2所示。

经过以上操作后,就完成了使用预设标题的操作,单击预览窗口下方的"播放"按钮,即可看到应用预设标题后的效果。

二、添加标题

(1) 打开素材文件,单击"标题"标签,切换到该编辑面板下,在"标题"编辑界面下可以看到标题库、编辑面板等内容,如图7-4-3所示。

(2) 进入"标题"编辑界面,在预览窗口中可以看到"双击这里可以添加标题"字样,双击要添加标题的位置,将光标定位在内,然后输入需要的标题文本,即可完成添加单个标题的操作,如图7-4-4所示。

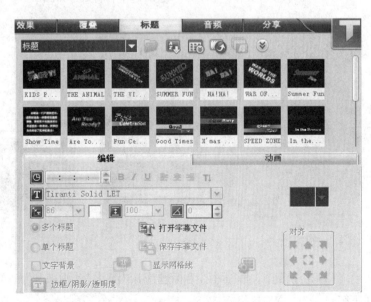

图7-4-3　"标题"编辑面板

图7-4-4 对比图

 学习支持

　　将影片的效果编辑完成后,为突出显示影片的主题,可以为影片添加标题内容。在会声会影程序中,用户可以使用预设的标题,也可以手动编辑需要的标题。添加了标题,编辑标题格式、动画等内容后,即完成了影片视频部分的编辑。

　　在会声会影11程序的"标题"库中预设了21种标题样式。应用预设的标题样式后,只要更改标题的文本内容即可,无需对标题的格式、动画进行设置。

任务五　　设置动画效果

 任务说明

　　给视频中的标题和文字加上动画效果会使制作的视频效果更加丰富。

　　具体任务　制作一段加上标题的视频,并设置不同的动画效果。

 方法步骤

一、制作标题文字逐个淡出效果

（1）打开素材文件,设计好标题并选中标题框,如图7-5-1所示。

图7-5-1　预览窗口

图7-5-2　动画界面

（2）切换到"动画"面板,为标题应用"淡化"动画效果后,单击"自定义动画属性"按钮,如图7-5-2所示。

（3）弹出"淡化动画"对话框,单击"单位"右侧下三角按钮,弹出下拉列表框,单击"字符"选项。

(4) 单击"淡化样式"区域内"淡出"单选按钮。

(5) 单击"淡出"单选按钮后,"暂停"即某处于可编辑状态,单击"暂停"右侧下三角按钮,弹出下拉列表框,单击"中等"选项。

(6) 对动画效果的单位、样式、暂停时间设置完成后,单击【确定】按钮,如图 7-5-3 所示。

(7) 经过以上操作后,就完成了动画效果的设置操作,返回会声会影编辑器中,单击预览窗口下方的"播放"按钮,即可看到设置后的效果。

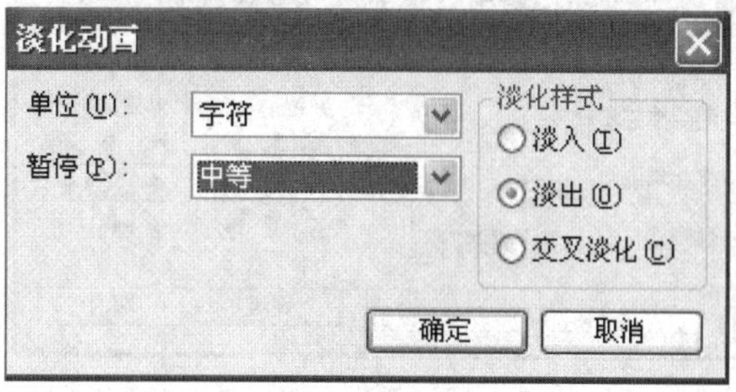

图 7-5-3　淡化动画

二、制作滚动字幕

(1) 打开素材文件,制作字幕标题,如图 7-5-4 所示。

图 7-5-4　预览窗口

(2) 切换到"动画"面板,勾选"应用动画"复选框,单击"类型"右侧下三角按钮,弹出下拉列表框,单击"飞行"选项,如图 7-5-5 所示。

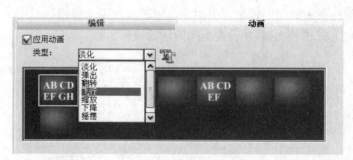

图 7-5-5　动画面板

(3) 为标题选择了应用的动画类型后,单击"类型"右侧的"自定义动画属性"按钮,如图 7-5-6 所示。

图 7-5-6　自定义动画属性

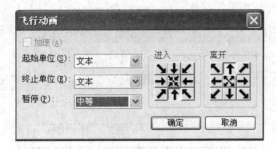

图 7-5-7 飞行动画

(4) 弹出"飞行动画"对话框,单击"起始单位"右侧下三角按钮,弹出下拉列表框,单击"文本"选项。

(5) 单击"终止单位"右侧下三角按钮,弹出下拉列表框,单击"文本"选项。

(6) 单击"暂停"右侧下三角按钮,弹出下拉列表框,单击"中等"选项。

(7) 单击"进入"区域内"从下方进入"按钮,以及"离开"区域内的"从上方离开"按钮,最后单击【确定】按钮,如图7-5-7所示。

经过以上操作后,就完成了动画效果的设置操作,返回会声会影编辑器中,单击预览窗口下方的"播放"按钮,即可看到设置后的效果。

学习支持

会声会影11软件为用户提供了8个大类的标题动画,即移动路径、淡化、飞行、下降、摇摆、弹出、翻转、缩放。在视频编辑中,用户还可以应用多达76种生动活泼、动感十足的标题动画预设效果,创建出亮眼非凡的创意效果。

本 章 小 结

会声会影软件功能强大,简单好用。本章主要从影片向导、转场效果、覆叠轨、标题、动画几个方面讲解,并结合实例进行实践。

思考与练习

任务一: 利用影片向导制作一个电子相册作品,包含图片、音乐以及字幕等。

任务二: 制作一段视频,加上不同的转场效果。

任务三: 制作一段视频,包括视频轨和覆叠轨的使用。

任务四: 给制作好的一段视频加上标题。包括预设标题和自定义标题。

任务五: 制作一段加上标题的视频,并设置不同的动画效果。

第八章
Flash 教学动画

项目　Flash 教学动画

情景描述　Flash 动画就是形、声、色、意、情景融合相统一的产物,如果能把 Flash 动画制作运用到幼儿园教学活动中,就可以改变传统的教学手段。Flash 动画通过巧妙的构思、生动的画面、形象的演示,带幼儿进入一个全新的境界,不但能激发幼儿的兴趣,而且还能实现传统教学手段无法达到的教学效果。

利用 Flash 软件的动画特性,可以使对象动起来,展示事物发展或推理的全过程,将抽象、理论的东西形象化;将空间的、难以表达的内容具体化,弥补幼儿直接经验的不足,使幼儿积极地参与教学活动。

任务一　初识 Flash 动画

任务说明

在幼儿园中,Flash 动画被应用到各个方面,比如课件制作、绘本动画、将孩子的平面画变为会动的画,激发幼儿的学习兴趣。Flash 动画的制作要从绘制开始,学习 Flash 基础知识、动画的相关概念、动画的制作流程等。

具体任务　利用 Flash 软件中的线条工具和颜料桶工具绘制出一条蓝色的卡通鱼。

一、新建文件

运行 Flash CS6,在"开始"界面选择"新建"→"Action Script 3.0 或 2.0"选项,即可创建一个新文档,并进入 Flash CS6 的工作界面,如图 8-1-1 所示。

二、设置文档属性

创建新文档后,首先要设置文档属性,具体步骤如下,如图 8-1-2 所示。
(1) 打开"属性"面板,然后在面板中单击"大小"按钮,编辑文档属性。
(2) 在两个文本框中输入数值,宽度输入 500px,高度输入 300px,舞台尺寸设置完毕。

图 8-1-1　Flash CS6 开始界面　　　　　图 8-1-2　属性面板

（3）设置舞台颜色，单击"背景颜色"框，弹出"拾色器"，在色块上单击所选颜色即可。

（4）改变帧频，默认每秒 24 帧，可根据实际情况做设置。

三、绘制图形

（1）选择工具箱的线条工具 ╲ 绘制基本图形。首先绘制几条直线，确定鱼的基本外形，如图 8-1-3 所示。

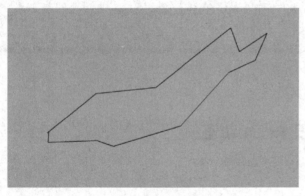

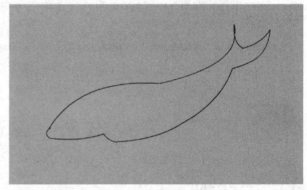

图 8-1-3　绘制直线　　　　　　　　　图 8-1-4　绘制弧线

（2）然后把鼠标放置到直线上，旁边会出现一条弧线，拖动直线，将直线变为弧线，如图 8-1-4 所示。

（3）最后依照上面的方法，绘制鱼的鳍、嘴和眼部，如图 8-1-5 所示。

图 8-1-5　绘制卡通鱼

(4) 选择颜料桶工具、墨水瓶工具填充颜色。单击填充颜色框，弹出"拾色器"面板，单击选取颜色，如图 8-1-6 所示。

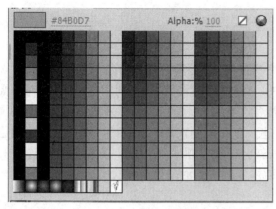

图 8-1-6 "拾色器"面板

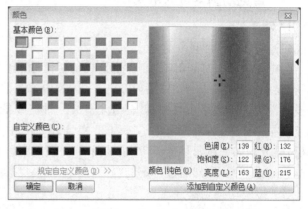

图 8-1-7 自定义颜色

(5) 若要设置"拾色器"以外的颜色，可单击"拾色器"面板右上角的按钮，配置颜色即可，如图 8-1-7 所示。

(6) 选取颜色后鼠标变成颜料桶图标，在所需位置上单击，填充颜色。

(7) 完成绘制后，选择"文件"→"导入"→"导入到舞台"，导入"海藻"图片素材，选择任意变形工具调整大小，放到合适位置，如图 8-1-8 所示。

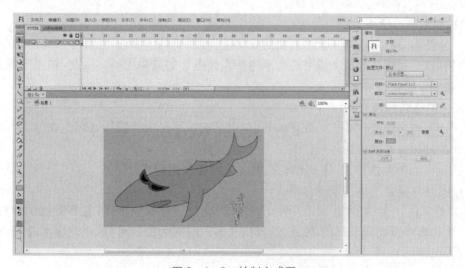

图 8-1-8 绘制完成图

四、保存

选择"文件"→"保存"命令，弹出"另存为"对话框。在对话框中选择保存文件的文件夹，并为文件命名。单击【确定】，即可将文件保存为扩展名为.fla 的源文件，如图 8-1-9 所示。

五、测试文件

在动画制作过程中或完成动画制作后，要对动画进行效果测试。最简单的方法是按［Ctrl］＋［Enter］组合键，测试并浏览动画效果。

图 8-1-9 保存文件

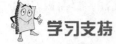

学习支持

一、常见动画素材的格式

1. 动画简介

（1）动画制作原理

与电影电视一样，动画的制作也是视觉暂留原理。医学证明，人类具有视觉暂留的特性，就是说人的眼睛看到一幅画或一个物体后，在 0.1～0.4 s 内不会消失（具体时间因人而异）。利用这一原理，在一幅画还没有消失前播放下一幅画，就会给人造成一种流畅的视觉变化效果。因此，电影采用了每秒 24 幅画面的速度拍摄和播放，电视采用了每秒 25 幅（PAL 制，中国电视就用此制式）或 30 幅（NTSC 制）画面的速度拍摄、播放。如果以每秒低于 10 幅画面的速度拍摄播放，就会出现停顿现象。所以，只要将一段连续的动作画成一系列画面，然后按一定的幅率（动画中称帧频）播放，人眼看到的就是连续的场景，这就是动画。

（2）传统动画制作方式

传统动画制作是把人、物的表情、动作、变化等分段画成许多幅画，再用摄影机连续拍摄成一系列画面，给视觉造成连续变化的场景。

（3）现代动画制作方式

随着科学技术的发展，人们开发了许多动画制作软件。对一段连续的动作，人们无须画出那么多幅画面，只要画出一些关键画面（动画中称关键帧），中间的画面软件会根据物体运动的规律自动生成；不一定非要用摄像机进行拍摄，动画软件可以生成一定格式的文件，通过特定播放器就可以在电脑、电视中进行播放。

动画发展到今天，产生了二维动画和三维动画两种形式，用 Flash 等软件制作成的就是二维动画，而三维动画则主要是用 MAYA 或 3D MAX 制作的。

（4）动画在教学中的作用

在教学中，往往需要利用动画来模拟事物的变化过程，说明科学原理，尤其是二维动画，在教学中应用较多。在许多领域中，利用计算机动画来表现事物甚至比电影的效果更好。因此，较完善的多媒体教学软件一般都配以动画以加强教学效果。

2. 动画文件的格式和特点

① FLA：Flash 源文件存放格式。在 Flash 中，大量的图形是矢量图形，因此，在放大与缩小的操作中没有失真，制作的动画文件所占的体积较小。

② SWF：Flash 动画文件格式，是 Flash 在 Web 上发布使用的文件格式。

③ GIF：GIF 格式是常见的二维动画格式。

④ AVI：严格来说，AVI 格式并不是一种动画格式，而是一种视频格式，它不但包含画面信息，亦包含声音效果。因为包含声音的同步问题，因此，这种格式多以时间为播放单位，因此在播放时，不能控制其播放速度。

二、动画素材的获取

动画素材获取的途径一般有：

① 从已有的动画素材库中获取。如资源库、电子书籍、课件、录像片、VCD 和 DVD、网络等。

② 利用专用动画制作软件来制作。如二维动画软件 Animator、Flash、三维动画制作软件 3D Max、MAYA 等。

③ 利用多媒体创作软件中的动画制作功能模块。如 Authorware 中的"移动图标"提供了 5 种方式的运动路径设定；PowerPoint 中的"自定义动画"可设定屏幕中对象（文字块、图形等）的呈现方式，如飞入、渐出、展开等几十种动画效果。

三、动画素材的处理技术

1. Flash 简介

Flash 是美国著名的多媒体软件公司 Macromedia 公司出品的矢量图形编辑和动画制作专业软件，后由 Adobe 公司收购,主要用于二维动画制作。先后经历的历史版本有 Flash 1～5、Flash Mx 2004、Flash 8、Flash CS3、Flash CS4、Flash CS5 等,当前 Flash 的最新版本为 Adobe Flash CS6。

Flash 不仅提供了众多固定程式的功能模块,还具有构建应用程序的功能,用户通过添加图片、声音、视频和特殊效果,就可构建包含丰富媒体的 Flash 应用程序。Flash 拥有强大的动画制作和交互开发功能,广泛应用于制作动画、游戏、MTV、演示文稿、教学课件、多媒体交互网页等。尤其是 Flash 非常适合制作网络化的、交互性强的动画小片和小游戏,其输出的 SWF 格式文件精致小巧,非常适合在互联网上发布。Flash 与 Dreamweaver、Firework 并称网页设计三剑客,是网页设计师的必备工具之一。

Flash 动画主要具有以下特点:

(1) 用 Flash 制作的动画是矢量图形,矢量图形放大或缩小不会失真,也不会增加文件大小。而一般的图像动画原则上是不能放大的,若放大须采用特殊的算法对像素点进行复制,因此,放大后的图像很容易失真。

(2) Flash 动画分源代码和目标代码,发布的文件是目标代码,不能修改,文件可以得到较好的保护。

(3) Flash 比较容易学习,很容易制作出优秀的 Flash 动画,这也是 Flash 迅速普及的一大原因。

(4) Flash 动画主要针对 Web 应用。用户只需在电脑上安装 Flash Player 的插件,即可在浏览器中浏览精美的 Flash 动画。

2. Flash CS6 的工作界面

Flash CS6 的工作窗口主要包括菜单栏、工具栏、编辑区、层控制区、时间轴、属性面板和功能面板等,如图 8-1-10 所示。

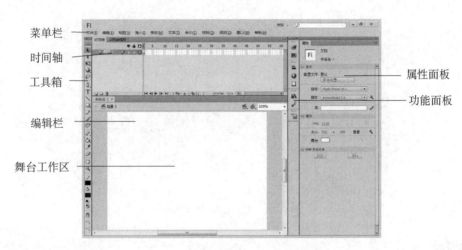

图 8-1-10　Flash CS6 工作界面

(1) 菜单栏

(2) 编辑栏

(3) 舞台工作区

舞台是编辑 Flash 画面内容的区域。舞台中央是一个白色或其他颜色的矩形区域,它是舞台的工作区。在 Flash 作品输出后,只有在舞台工作区内的对象,才能被用户观看到。

(4) 工具箱

工具箱主要提供图形绘制和图形编辑等各种工具,鼠标停留在工具箱某个按钮上,软件会提示该按钮的名称和快捷键。有的工具按钮右下角有一个小三角,在鼠标单击不放开时,能够弹出更多的工具供选择,如图 8-1-11 所示。

① Flash 绘图工具。Flash 工具箱中的绘图工具用于绘制矢量图形,包括线条工具、椭圆工具、矩形工具、钢笔工具、铅笔工具以及画笔工具。

② 文本工具。使用文本工具 T 可以在舞台中输入文本并编辑。用文本工具在舞台上单击,即可在显示的输入框中输入文字,然后在输入框以外单击鼠标,即可退出输入状态。通过文本工具的属性检查器可以设置文本

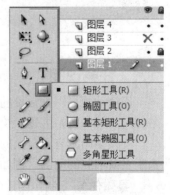

图 8-1-11　工具箱

的属性。

③ 填充工具。Flash工具箱中填充工具用于修改矢量图的笔触和填充效果,包括墨水瓶工具、颜料桶工具、滴管工具以及填充变形工具。

④ 图形编辑工具。Flash工具箱中的图形编辑工具用于选取和修改对象,包括箭头工具、部分选取工具、套索工具、任意变形工具以及橡皮擦工具。

⑤ 查看工具。Flash工具箱中的查看工具用于查看电影内容,包括手形工具和缩放工具。

⑥ 颜色工具。Flash工具箱中的颜色工具用于设置笔触或填充的颜色。只要单击笔触颜色按钮或填充色按钮,从弹出的颜色表中选择一种颜色,即可将其设置为当前笔触颜色或填充色。

在颜色选区中单击黑白按钮,可以从当前颜色返回到默认颜色,即笔触颜色为黑色,填充颜色为白色;选中笔触颜色或填充色后,单击无色按钮可以将笔触颜色或填充色设置为没有颜色;单击交换颜色,可以将当前设置的笔触颜色和填充色进行互换。

(5) 属性面板

属性面板用于设置文件中当前选中对象的属性。要设置某个对象的属性,一般都需要先使用工具箱中的选择工具选中对象。例如,如果"选择工具"单击舞台空白区域,将呈现文档属性面板;如果单击选中某个关键帧,则呈现帧属性面板;如果单击选中舞台中的文字,则呈现文字属性面板,如图8-1-12所示。

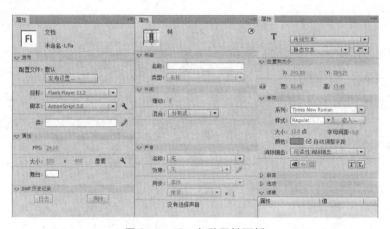

图8-1-12 各种属性面板

(6) 功能面板

Flash是一个非常强大的软件,包含一系列的功能面板,每个功能面板都提供某一方面的功能。默认界面上只呈现了少量的面板,其他功能面板可以通过"窗口"菜单来显示或隐藏,常用的有"库"、"公用库"、"动作"、"对齐"、"颜色"、"变形"、"其他面板"、"场景"等。Flash中的工具箱、属性面板和功能面板等都可以浮动在界面上,如果要恢复为默认的界面,单击菜单"窗口"→"工作区"→"重置"。

任务二 逐帧动画

任务说明

逐帧动画是一种常见的动画形式(Frame By Frame),其原理是在连续的关键帧中分解动画动作,也就是在时间轴的每帧上逐帧绘制不同的内容,使其连续播放而成动画。

逐帧动画具有非常大的灵活性,几乎可以表现任何想表现的内容,而它类似于电影的播放模式,很适合于表演细腻的动画。例如人物或动物急剧转身、头发及衣服的飘动、走路、说话以及精致的3D效果等。

具体任务 制作倒计时动画。

方法步骤

一、绘制图形

（1）创建新文档，修改舞台尺寸为 400px×300px，修改帧频为 1 帧/秒，其他选项默认。

（2）选择"视图"→"标尺"，将标尺打开，然后将鼠标放在顶部的标尺上，将其拖动到舞台中央，此时出现一条横向辅助线。用同样的方法，在左侧标尺上拖动，添加纵向辅助线。舞台出现一个交叉的辅助线，如图 8-2-1 所示。

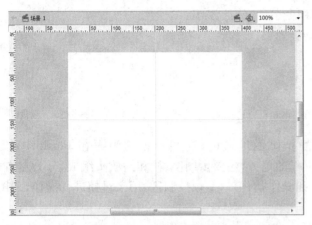

图 8-2-1　添加辅助线

图 8-2-2　填充和笔触

（3）选择"椭圆工具"，在"属性"面板中，设置"笔触颜色"为深灰色，"填充颜色"为浅灰色，边框粗细为 2px，如图 8-2-2 所示。

（4）将鼠标指针移到辅助线交叉点，同时按住键盘上的[Shift]+[Alt]键并拖动鼠标，这时将从中心向外绘制出一个正圆，如图 8-2-3 所示。

（5）再次选中"椭圆工具"，在"属性"将填充颜色修改为更浅的灰色，然后再在中心绘制一个小一点的正圆，如图 8-2-3 所示。

（6）再在圆内绘制一个更小的圆。

（7）选择"线条工具"，在"属性"面板中，设置"笔触颜色"为黑色，笔触高度为 2px，然后沿辅助线绘制两条相交的直线，如图 8-2-3 所示。

（8）选择"视图"→"辅助线"→"显示辅助线"命令，隐藏辅助线，选中所有对象，选择"修改"→"组合"命令，可将对象组合成为一个整体。

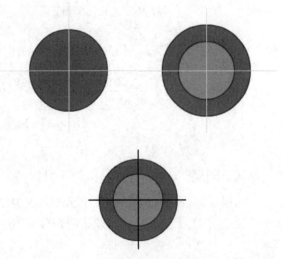

图 8-2-3　正圆、绘制的小圆和绘制
两条相交的直线

二、创建动画

（1）双击"图层 1"的名称处，将其重新命名为"背景"，选中第 15 帧。单击鼠标右键"插入帧"命令（或单击 F5），插入延长帧，将产生一系列普通帧。

（2）单击"插入图层"，插入新图层，并将其命名为"数值"。

（3）选择"文本工具"，在文本框中输入数字 9，在"属性面板"设置文本的字体和大小，颜色为黑色，然后选择"分离"命令，将文字打散。同时，"时间轴"会自动将帧延长到第 15 帧。

（4）选中"数值"图层的第 2 帧，单击右键"插入空白关键帧"（或单击[F7]），选择"文本工具"，将数字输入为 8，选择"分离"，将文字打散，如图 8-2-4 所示。

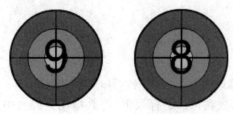

图 8-2-4　输入文字

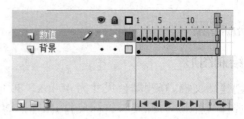

图 8-2-5　"时间轴"面板

（5）重复以上的步骤，以此类推，直到第 10 帧的文本修改为 0 为止，如图 8-2-5 所示。
（6）选择"文件"→"保存"，保存文件，并为文档命名为"倒计数.fla"。
（7）按[Ctrl]+[Enter]组合键，输出并测试动画效果。

 学习支持

一、时间轴

动画（Animation）是由一系列连续播放的静止画面组成的，这些静止的画面在 Flash 中称为帧（Frame）。时间轴（Timeline）是对帧和图层进行操作的地方，主要由图层、帧和播放头组成，分为左右两个窗口；左窗口是图层控制区，用来对图层进行管理和操作；右窗口是帧控制区，用来对帧进行操作，如图 8-2-6 所示。

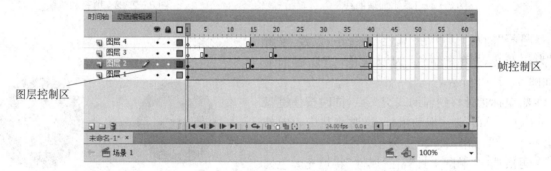

图 8-2-6　时间轴窗口—图层控制区和帧控制区

二、图层

图层（Layer）类似于 Adobe Photoshop 中图层的概念，各个图层上的帧是相互独立的。因此，在有多个图层之后，关于帧的操作必须指明是哪个图层的哪个帧，如图 8-2-7 所示。

图 8-2-7　图层控制区

三、帧

帧是构成 Flash 动画的基本单位。一个帧就是 Flash 中的一个画面。在帧控制区中,每个小方格就是一个帧。Flash 动画就是按照一定速度连续地播放这些帧产生的,如图 8-2-8 所示。

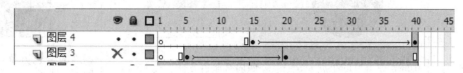

图 8-2-8　帧控制区及帧的类型

根据帧的制作方法和性质来分,帧包括以下类型:

(1) 关键帧 (Key Frame):关键帧是动画制作时的关键画面,有且只有关键帧才可以保存制作者对画面内容的编辑。时间轴上的关键帧可以包含 Flash 动画中的各种内容,例如文字、图形、图片、声音、元件等各种对象。

(2) 空白关键帧:如果一个关键帧在舞台上没有任何内容,则称为空白关键帧,在时间轴上显示为 。

(3) 过渡帧:由计算机自动生成的画面称为过渡帧。过渡帧无须制作者手工编辑,它总是位于两个关键帧之间,在时间轴上的底色为浅绿色或浅蓝色 ,并且包含一根带有箭头的直线。

(4) 普通帧:普通帧的作用是简单地延续前一个关键帧的内容,在时间轴上, 和 都是普通帧,其中, 延续的是空白关键帧。与关键帧不同,普通帧只能延续显示前一个关键帧的内容,不能保存制作者对内容的修改。

帧频表示帧播放的速度,等于每秒钟播放的帧的数目,Flash 默认的帧频是 24fps(frame per second)。帧频的大小会直接影响到动画播放的效果和播放的时长。帧频过低,动画无法连贯,而帧频过高,则耗费更多的 CPU 资源。

帧的常用快捷键:F5,插入普通帧;F6,插入关键帧;F7,插入空白关键帧。

四、Flash 对象的分类

Flash 中能够创建多种对象,用户在创建它们时,必须能够正确区分,这些对象决定了用户能否正确设置 Flash 动画方式,包括:

(1) 形状:即使用工具箱手工绘制出的、没有进行任何类型转换的原始图形。选取形状时,属性检查器中显示"形状"类型。另外输入的静态文本被两次打散(按[Ctrl]+[B]键或选择"修改"菜单中的"分离"命令)后,可以转换成"形状",而导入的位图被打散后也可以转换为"形状"。

(2) 组合体:所谓组合体是指将两个以上的对象选取后选择"修改"菜单中的"组合"命令(或按[Ctrl]+[G]快捷键)后产生的对象。用户使用工具箱绘制出的矩形、圆形等图形都是由两个独立的部分组成,即轮廓(绘制出的线条,也叫笔触)和填充区域,当使用箭头工具移动它时,移动的只是填充部分,而轮廓不能一起移动(同时选取了轮廓和填充除外)。如果将这个对象转换为组合体,则不但能够避免由于不慎修改了该对象的完整性,还可以使同一类对象更容易处理。

(3) 文本块:使用工具箱中的文本工具可以方便地输入文本。在文本属性检查器中可以设置文本的各种属性,例如字体、字号、颜色、对齐方式、字间距、样式等。

(4) 元件和实例:元件是用户创建的可以重复利用的电影元素,包括图形、按钮和电影剪辑 3 种类型,元件创建好后都将保存到库面板中,如果将元件拖到舞台中,则元件就转换为实例。

这些对象在 Flash 中可以转化为不同的状态,且有不同的标示。一般从外观上无法辨认对象的当前状态时,可以单击选中对象,观察其当前状态。表 8-2-1 展示了单击选中舞台上的一个圆时,圆图形在不同状态下呈现的外观。

在 Flash 中,绘制的图形、文字、图片等各种对象都存在以上 3 种状态,不同状态之间的转换的方法是:选中对象后,执行对应的快捷键或菜单命令。应当注意到,Flash 对变形动画的对象必须是打散的,而运动过渡动画的对象必须是集合体或者元件。特别说明的,文字和图片的默认状态可以看成是集合体。

表 8-2-1　Flash 对象的各种状态

名称	打散状态	集合体	元件
选中时的外观	(图)	(图)	(图)
外观描述	中间密密麻麻的小点	四周有蓝色方框	四周为蓝色方框，中间有一个圆点
转化的菜单命令	[Ctrl]+[B]或"修改"→"分离"	[Ctrl]+[G]或"修改"→"组合"	[F8]或"修改"→"转化为元件"
适合的过渡动画	仅限变形过渡动画	仅限运动过渡动画	仅限运动过渡动画

任务三　补间动画

任务说明

在做 Flash 动画时，如果都用逐帧动画的方法做，工作量太大。一般使用补间动画来制作。就是在两个关键帧中间需要做"补间动画"实现图画的运动；插入补间动画后两个关键帧之间的插补帧是由计算机自动运算而得到的。

具体任务　利用补间形状、运动补间制作"郑州幼专"4 个字的动画效果。

方法步骤

一、创建形状补间动画

（1）创建一个新文档，在"属性"面板中，设置舞台尺寸为 500px×200px，默认其他属性选项。

（2）选择"插入"→"新建元件"，修改名称为"文字"，类型为"图形"，单击【确定】即可由场景工作区到元件编辑区，如图 8-3-1 所示。

（3）选择"文本工具"，调整合适的字体、大小和文字颜色，输入文字"郑"，然后选择"分离"命令，将文字打散，如图 8-3-2 所示。

图 8-3-1　创建新元件

（4）在第 30 帧插入空白关键帧，输入文字"州"，然后选择"分离"，重复以上的步骤，分别在第 60 帧，输入文字"幼"；在第 90 帧，输入"专"，每个文字选择不同文字颜色，如图 8-3-3 所示。

图 8-3-2　输入并分离文字　　　　　　　　图 8-3-3　其他文字

（5）在时间轴的第 0～30 帧之间区域，单击鼠标右键，选择"创建补间形状"，创建形状补间动画。分别在第 30～60 帧、第 60～90 帧，创建补间动画，如图 8-3-4 所示。

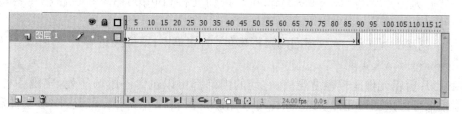

图 8-3-4 "时间轴"面板

二、创建运动补间动画

（1）单击编辑栏"场景 1"，返回场景工作区，如图 8-3-5 所示。

图 8-3-5 编辑栏

（2）打开"库"面板，把"文字"元件拖入到舞台，如图 8-3-6 所示。

图 8-3-6 "库"面板

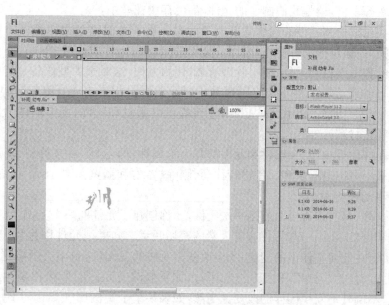

图 8-3-7 创建运动补间动画

（3）在第 1 帧处，把元件放到舞台左侧，在第 90 帧插入关键帧，再次调整元件到舞台右侧。
（4）在第 1～90 帧之间区域内，单击鼠标右键，"创建传统补间"，创建运动补间动画。如图 8-3-7 所示。
（5）选择"文件"→"保存"，保存文件，命名为"郑州幼专.fla"。
（6）按[Ctrl]+[Enter]组合键，输出并测试动画效果。

一、元件

元件（Symbol）在 Flash 中是一个非常重要的概念，可以从两个方面理解。首先，元件是一种可以不断重复使用的特殊对象，它包含矢量图形、位图、声音、一段独立的 Flash 动画，甚至其他的元件；其次，元件一次性制作后可以多次使用，而在输出的影片中，多次使用的元件只保存一份，这样能够减小 SWF 文件的尺寸，降低Flash动画网络传输的时间。此外，Flash对相当多的动画作了很多限制，很大一部分动画，只有制作成元件才能实现。

Flash中元件分为图形元件(Graphic Symbol)、按钮元件(Button Symbol)和影片剪辑元件(Movie Clip Symbol)3种。

按钮元件用于创建交互按钮，响应标准的鼠标事件(例如单击、鼠标经过等)。按钮的交互响应需要借助动作脚本(ActionScript)来实现。

图形元件和影片剪辑元件比较容易混淆，它们的内部都可以包含一段帧序列，实现各种复杂的动画。有时，一个动画效果可以用图形元件实现，同样可以用影片剪辑元件实现。但是，图形元件和影片剪辑元件也存在极大的特性差异。

图形元件不能制作具有交互性和声音的动画，不能附加动作脚本，而影片剪辑可以。影片剪辑元件就像是主电影中的小电影片断，它可以包括交互性控制、声音以及其他影片剪辑的实例，也可以把影片剪辑的实例放在按钮的时间线中，从而实现动态按钮。有时为了实现交互性，单独的图像也要做成影片剪辑。

如果把场景上的时间轴称为主时间轴，那么，图形元件的播放时依赖于主时间轴。如果主时间轴上的帧结束，图形元件就无法继续播放。但是，影片剪辑元件独立于主时间轴的，即使主时间轴结束，影片剪辑元件仍然可以按照其内部的时间轴继续播放。

二、库

库是Flash用来存放、管理作品中所有元件和素材的容器。无论是从外部导入到Flash的图片、声音和视频等素材，还是我们制作的元件，都会存放在库中。

在对素材和元件的组织管理上，Flash引用了类似磁盘文件管理的目录树结构，可以在库中建立多级文件夹，并通过拖动等操作，将同一类别的素材和元件放入统一的文件夹中。而且，文件夹可以有效组织库中的各类素材和元件，使得管理清晰，使用方便，这对于大型作品尤其重要。

每一个动画作品可以使用两种库，即公用库("窗口→公用库"菜单)和专用库("窗口～库"菜单或[Ctrl]+[L]键)。公用库是Flash系统提供的素材和元件，而专用库为当前作品专有，内含作品中使用到的所有素材和元件。

在库面板中，每个素材和元件都有5个属性，即名称、对象类型、使用次数、链接和最后修改日期。在库面板上可以对素材和元件进行移动、删除、备份和预览。对于元件，右键快捷菜单中的"属性"命令还可以更改元件类型。

此外，每当在舞台上使用一次元件，就称创建了元件的一个实例。

实例(Instance)与元件有着天然的密切联系。如果把元件称为"父"，则它的实例可以称为"子"。一方面，实例在任何整体上的变化，不会改变其对应的父元件，也不会影响到由父元件创建的其他子实例，即子实例之间作为"兄弟"，相互独立。不过，如果修改父元件的形状和属性，则该父元件的所有子实例都会统一地、不例外地发生同样的改变。当然，如果某个子实例用[Ctrl]+[B]打散一次，则该子实例与父元件脱离"父子"关系，此后就不会因父元件的改变而改变。

三、组件

组件是一些复杂的拥有预先定义参数的影片剪辑元件，这些参数是由组件创作者在组建创作时定制的。Flash CS6内置了数据、媒体、用户界面和视频4类组件，组件的使用减少了开发者的开发时间，提高了工作效率，而且给Flash作品带来了更加统一的标准化界面。

四、Flash动画的分类

Flash动画目前一般分为以下几种类型：

1. 逐帧动画(Frame-by-frame Animation)

逐帧动画是由连续的关键帧序列组成的，是最基本的动画方式。与传统的动画制作原理相同，逐帧动画的每个帧都需要单独编辑，制作工作量大，但它对动画效果有很强的控制能力，适合较为复杂的动画。

2. 补间动画(Tweened Animation)

Flash所擅长的不是逐帧动画，而是补间动画(又称过渡动画)。由两个关键帧定义动画序列的起始状态和结束状态,动画的中间效果由计算机自动产生。补间动画提高了制作效率,在整个制作过程中,制作者只需要编辑好两个首尾关键帧,中间的过渡帧由 Flash 自动生成。

Flash 可以创建两种类型的补间动画:动作补间和形状补间

> 注　在 CS6 中,补间动画的类型包括补间动画、补间形状和传统补间。

动作补间动画是指在 Flash 的时间轴面板上,在一个关键帧上放置一个元件,然后在另一个关键帧改变这个元件的大小、颜色、位置、透明度等。Flash 将自动根据两者之间的值创建动画。动作补间动画建立后,时间轴面板的背景色变为浅蓝色,在起始帧和结束帧之间有一个长长的箭头。构成动作补间动画的元素是元件,包括影片剪辑、图形元件、按钮、文字、位图、组合等。但不能是形状,只有把形状组合([Ctrl]+[G])或者转换成元件后才可以做动作补间动画。

形状补间动画是在 Flash 的时间帧面板上,在一个关键帧上绘制一个形状,然后在另一个关键帧上更改该形状或绘制另一个形状等。Flash 将自动根据两者之间的帧的值或形状来创建动画。它可以实现两个图形之间颜色、形状、大小、位置的相互变化。形状补间动画建立后,时间帧面板的背景色变为淡绿色。在起始帧和结束帧之间也有一个长长的箭头。构成形状补间动画的元素多为用鼠标或压感笔绘制出的形状,而不能是图形元件、按钮、文字等。要使用图形元件、按钮、文字,则必先打散([Ctrl]+[B])后才可以做形状补间动画。

不管是变形补间还是运动补间,制作补间动画的一般步骤为"三部曲",即开始帧、结束帧、中间帧,方法为:在舞台上制作开始帧的内容;单击结束帧,按[F6]键插入结束关键帧,在舞台上编辑结束关键帧的内容;右键单击中间的某个帧,选择"创建补间动画(或形状)"。在 3 个环节中,任何一个环节出现错误都可能导致补间动画错误。

3. 引导动画

在 Flash 中,引导动画属于补间动画的一种,它又叫沿着路径补间动画,由引导层和被引导层组成。运动引导层使用户可以绘制路径。补间实例、组或文本块可以沿着这些路径运动。可以将多个层链接到一个运动引导层,使多个对象沿同一条路径运动。链接到运动引导层的常规层成为被引导层。

引导层是 Flash 中具有特殊功能的一个图层,"被引导层"中的图形对象会沿着引导层中的路径运动,常用来制作物体沿着特定路径运动的动画。

4. 遮罩动画

使用遮罩层创建的动画叫做遮罩动画。要获得聚光灯效果以及转变,可以使用遮罩层创建一个区域,通过这个区域可以看到下面的图层。遮罩项目可以是填充的形状、文字对象、图形元件的实例或影片剪辑。可以将多个图层组织在一个遮罩层之下来创建复杂的效果。

5. 骨骼动画

这是在 Flash CS4 之后中创建的动画。骨骼动画也称为反向运动(IK)动画,是一种使用骨骼的关节结构对一个对象或彼此相关的一组对象进行动画处理的方法。骨骼动画对象分为两种:一种是元件的实例对象;另一种是图形形状。

本 章 小 结

本章介绍了 Flash CS6 的工作界面、基本应用、基础概念等,并重点介绍了 Flash 在实际应用上的操作,包括图层的操作、帧的操作、工具箱的操作、逐帧动画、补间动画等知识,学完本章的内容应该对 Flash CS6 有一个基本的理解,并能利用它来制作课件。

思 考 与 练 习

任务一:

1. 什么是矢量图和位图,各有什么特点?

2. 图形、图像都有哪些获取方法？运用这些方法分别搜集几种格式的图片，并分类保存。

3. 动画文件都有哪些格式？常用的动画制作软件有哪几种？

任务二：

1. 利用5张JPG图片（任意），制作一个简单的逐帧动画。

2. 利用逐帧动画，模拟在计算机中打字的效果。

任务三：

1. 利用补间动画制作一个跳动的小球的复合动画。动画中的小球沿水平移动的同时，也在垂直方向移动。

2. 某个动画场景如下：蓝蓝的天上白云飘，鸟儿欢声唱，路边小草正茁壮成长，太阳正冉冉升起，小朋友们在草地上嬉戏玩耍。请利用Flash CS6制作一段帧速不低于12 f/s，时间大于30 s的动画。

3. 结合幼儿园艺术活动"三只蝴蝶"中的故事制作成小动画。

第九章 多媒体 CAI 课件制作

项目　多媒体 CAI 课件制作

情景描述　在多媒体计算机已较为普及的今天,以多媒体、网络化、智能化为主要特征的现代信息技术,正在对传统的课程理念、课程内容、课程实施以及课程资源,产生深刻的影响。使用多媒体计算机辅助课堂教学以及让学生使用多媒体 CAI 课件自主学习,已成为时代的要求和必然的发展趋势,特别在幼儿教育中有着独特的需要和发展前景。

幼儿园根据幼儿学习的特点,有针对性地开展多媒体教学,在教学手段上既可以突破传统的教学模式,又可以提高教学效果,从而激起幼儿浓厚的学习兴趣,促进早期智力的开发,进一步提高教育的实效性。

任务一　PowerPoint 课堂演示型多媒体课件制作

任务说明

在幼儿园教学活动中,运用多媒体教学课件,可以将知识以生动、形象逼真、声音动听的形式传递给幼儿,把枯燥的知识趣味化,抽象的语言形象化,打破了时间、空间的限制,调动幼儿学习的兴趣。

PowerPoint 是 Microsoft 公司 Office 系列办公组件中的幻灯片制作软件,功能强大、简单易用。用它制作的课件直观、明了,设计者不需要掌握高深的编程技巧,只需将要展示的内容插入到一张幻灯片,然后设置画面的显示、播放控制、切换效果、动画效果等属性,就可以制作出包括文字、图形图像、音频、视频等多媒体课件,因此在设计制作多媒体 CAI 课件中,应用最为广泛。

具体任务　以本教程第一章幼儿园活动案例二幼儿园中班科学活动"分类"为例,利用 PowerPoint 2010 制作演示型多媒体课件。

一、学习者分析

制作多媒体课件基本情况表,见表 9-1-1。

表9-1-1 课件基本情况表

课件名称	分类
活动类型	科学活动
课件适用对象(年龄、认知水平)	中班(4～5岁,认知从实物到点卡,循序渐进)
课件制作者及单位	小李某某幼儿园
课件类型	演示型课件适合在上课的过程中使用
运行环境	Win2000\XP\Win7操作系统,显示模式为8004×600
课件内容	
课件主要从实物到点卡,通过形象、生动的画面,让幼儿循序渐进认知按事物不同特征进行分类,培养幼儿多维分类计数的能力并初步学习记录分类结果,从而训练幼儿观察能力及归类能力分类。变抽象为形象生动是本课件的最大的特点	

二、活动方案设计

活动方案设计参本教程第一章节幼儿园活动案例二幼儿园中班科学活动"分类"。

三、系统设计与稿本编写

使用PowerPoint 2010制作幻灯片,逐张展示:封面→活动目标→重点→分蝴蝶(大小、颜色)→分点卡(点数、数字)→游戏(帽子颜色、帽子点数)

填写稿本制作表,见表9-1-2。

表9-1-2 稿本制作表

幻灯片内容	说 明
幻灯片01:封面	文字"中班科学活动分类",摆放与活动相关的素材
幻灯片02:活动目标	1. 学习按事物不同特征进行分类,培养幼儿多维分类计数的能力并初步学习记录分类结果。 2. 训练幼儿观察能力及归类能力
幻灯片03:重点	素材图片,本节重点
幻灯片04:蝴蝶的分类	提出问题:这些蝴蝶有什么不一样?
幻灯片05:蝴蝶的分类	按照大小进行分类
幻灯片06:蝴蝶的分类	按照颜色进行分类
幻灯片07:点卡的分类 幻灯片08: ……	…… …… ……

幻灯片屏幕设计见表9-1-3。

表9-1-3 屏幕画面设计

中班科学活动 ——youer shuxue jiaoyu huodong 分类 图片	屏幕设计说明 1. 文字素材: 2. 图片素材:小孩、推车、苹果(红色和绿色)、蝴蝶(黄色和蓝色)、各种图形(圆形、三角形和长方形)、点卡(1—6) 3. 背景颜色:蓝白渐进色 4. 窗口大小:800×600 5. 动画效果:题目直接进入,小孩推车移入,苹果、蝴蝶、各种图形以及点卡依次从各个方向飞入 6. 背景音乐

四、素材准备

收集并编辑合成各类素材：
（1）图形图像素材：小孩推车、苹果、蝴蝶、背景图、点卡。
（2）声音素材：背景音乐。
（3）动画素材：制作小朋友分类游戏"跳圈"动画。

五、系统集成

（1）启动 PowerPoint 2010，创建一个新的演示文稿。
（2）设置幻灯片背景："设计"→"背景样式"→"设置背景格式"→"填充"，如图 9-1-1 和 9-1-2 所示。

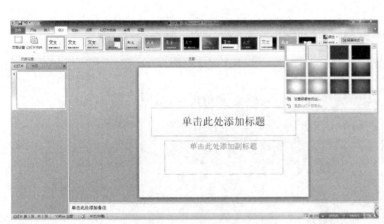

图 9-1-1 设置幻灯片背景

图 9-1-2 颜色填充

（3）插入艺术字："插入"→"艺术字"，输入"中班科学活动"、"—YOUER SHUXUE JIAOYU HUODONG"、"分类"，如图 9-1-3 所示。

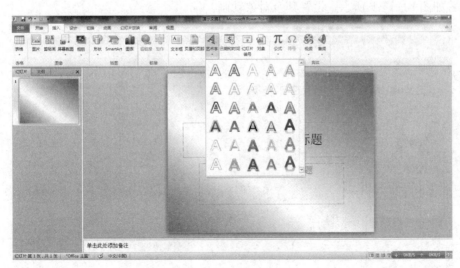

图 9-1-3 插入艺术字

（4）插入图片："插入"→"图片"→选择素材文件→"插入"，同样方式插入小推车、蝴蝶、苹果，并放在合适位置，如图 9-1-4 所示。
（5）插入新幻灯片："开始"→"新建幻灯片"→"空白"，如图 9-1-5 所示。
（6）设置自定义动画：选中小推车，选择"动画"→"缓慢进入"，效果选项：自右侧；单击开始；持续时间：

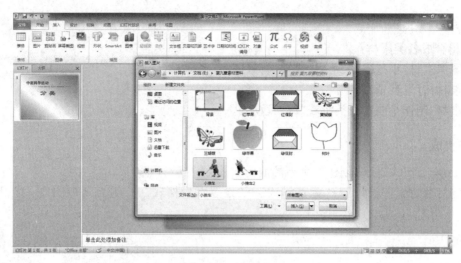

图 9-1-4　插入图片

图 9-1-5　添加新幻灯片

05.00,具体设置如图 9-1-6 所示。设置其余对象动画。

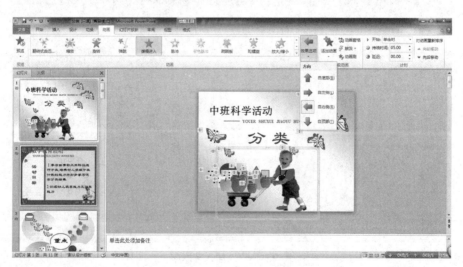

图 9-1-6　设置自定义动画

在制作蝴蝶按大小、颜色分类时,使用多个蝴蝶,利用自定义动画"在上一动画之后开始","持续时间 00.08","闪烁一次"消失,做出蝴蝶飞动的效果,如图 9-1-7 所示;幻灯片 7 中,将数字卡重叠放在点卡上,利用自定义动画中"基本旋转"出现在点卡上。

图 9-1-7 蝴蝶飞动按大小分类

（7）插入背景音乐："插入"→"音频"→文件中的音频，选择"背景音乐"，如图 9-1-8 所示，并在"音频工具"→"播放"中进行设置，如图 9-1-9 所示。

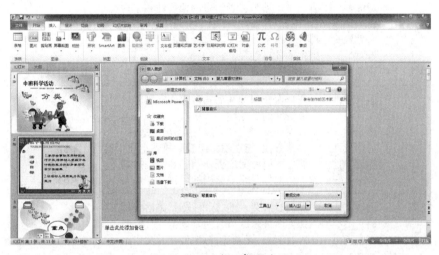

图 9-1-8 插入背景音乐

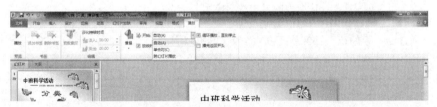

图 9-1-9 音乐设置

（8）插入视频："插入"→"视频"→文件中的视频，选择"分类"，进行播放设置，如图 9-1-10 所示。

图 9-1-10 插入视频"分类"

六、评价、修改及应用

将制作的多媒体课件应用到实际活动中,进行计算机辅助教学活动来检验多媒体课件。要注意多媒体课件在活动中的使用时机和使用方法。根据评价理论及有关的数据进行统计分析,对教学效果进行评价,填写表9-1-4。

表 9-1-4 多媒体课件评价指标体系

一级指标	二级指标	得分
科学性(35)	描述概念的科学性——课件取材适宜,内容科学、正确、规范 问题表述的准确性——课件中所有表述的内容准确无误 应用资料的正确性——课件中引用的资料正确 认知逻辑的合理性——课件的演示符合现代教育理念	
教育性(35)	直观性——课件的制作直观、形象,利于学习者理解知识 趣味性——有利于调动学习者学习的积极性和主动性 新颖性——课件的设计新颖,可进一步调动学习者的学习热情 启发性——课件在课堂教学中具有较大的启发性 针对性——课件的针对性强、内容完整 创新性——支持合作学习、自主学习或者探究式学习等新型学习模式	
技术性(10)	多媒体性——充分而合理地利用各种媒体元素 交互性——具有较好的交互性 稳定性——课件在调试、运行的过程中不出现故障 可移植性——移植方便,能在不同配置的机器上正常运行 易维护性——课件可以方便地更新,利于交流、提高 合理性——课件的制作采用了恰当的软件	
艺术性(10)	画面艺术——画面具有艺术性,标准统一,风格一致 语言文字——课件所展示的语言文字规范、简洁、明了 声音效果——声音清晰、无杂音,对课件有充实作用	
实用性(10)	可操作性——操作简便、快捷,操作方式前后统一 实用性——适合教师日常教学应用 容错性——容错能力强 完整性——文档资料完备,操作说明完整	
总分		

一、多媒体 CAI 课件的基本概念

多媒体 CAI 课件是根据教学大纲的要求,通过教学目标确定教学内容、教学活动结构及界面设计,以计算机处理和控制的多媒体的表现方式和超文本结构制作的课程软件,可以用来存储、传递和处理教学信息,能让学生进行交互操作,并对学生的学习作出评价的现代教学媒体。

多媒体 CAI 课件具有以下特点:形象生动、效率高、交互性强、强大的集成性、实现资源共享。

二、多媒体 CAI 课件的分类

多媒体 CAI 课件的分类方式很多,但是无论何种类型的多媒体 CAI 课件,都是教学内容与教学处理策略两大类信息的有机结合。

1. 演示型

在教学中使用比较多的是演示型课件,这种模式的课件应用于课堂教学中,在多媒体教室或多媒体网络环境下,由教师向全体学生播放多媒体教学软件,演示教学过程,创设教学情境或进行示范操作等,将抽象的教学内容用形象具体的形式表现出来。

2. 练习型

练习型课件主要通过练习的形式来训练、强化学生某方面的知识或能力，这种模式的课件一般在多媒体网络教室的环境下使用，由学生自己操作答题，计算机会判断并给出题目答案。

3. 娱乐型

娱乐型课件与一般游戏软件有很大不同，它主要基于学科的知识内容，寓教于乐，通过游戏形式，教会学生掌握学科的知识和能力，并激发学生对学习的兴趣，这种课件要求趣味性较强。

4. 模拟型

模拟型课件也称仿真型课件，使用计算机来模拟真实的自然现象或科学现象，课件主要提供学生与模型间某些参数的交互，从而模拟出事件的发展结果。

三、多媒体课件的制作流程

1. 确定选题

多媒体CAI课件的选题应围绕教学的重点和难点，对于那些传统教学难以奏效的教学内容，可以通过计算机动画模拟或局部放大、过程演示等方法予以解决，能得到极好的效果；其次，多媒体CAI课件运行速度快、信息存储量大，在需要大量练习时也可采用多媒体CAI课件；再次，在需要创设情景的教学（学习）中，也可采用多媒体CAI课件来教学（学习）。

2. 学习者分析

学习者分析是多媒体课件设计的关键，课件的内容设计应当围绕学习者进行，这也是一种用户至上的设计思想。分析学习者的目的是了解学习者的学习准备（学习准备是指学习者从事新的学习时，原有的知识水平或原有的心理发展水平对新的学习的适应性）情况及其学习风格，这样，教育者可以因材施教，学生成为一个有准备的学习者。学习者分析主要包括3方面的内容：起始能力分析、一般特征分析和认知风格分析。可以根据课件开发说明中定义的课件服务对象，对学习者的需求有一个总体范围的估计。可以调查和预测学习者的学习动机、操作风格、注意度等，只有认真分析学习者特征，才能设计出符合学习者需求的多媒体课件。

3. 活动方案设计

搞好活动方案设计是制作多媒体CAI课件的前提，多媒体CAI课件的活动方案设计，就是要应用系统观点和方法，按照教学目标和教学对象的特点，合理地选择和设计教学媒体信息，并在系统中有机地组合，形成优化的教学系统结构。它包括如下基本工作：教学目标与教学内容的确定、学习者特征的分析、媒体信息的选择、知识结构的设计、诊断评价的设计等。

4. 系统设计

进行系统设计实际就是对多媒体CAI课件的总体设计，多媒体CAI课件的系统设计包括软件结构与功能的设计、屏幕界面的设计、导航策略的设计、交互界面的设计以及教学策略的设计等内容。

在进行系统设计时，要注意：

（1）要最大限度地满足学习者在获取学习资源上的要求。制作多媒体课件的目的不是为了迎合设计者的口味，而是为了满足学习者对学科知识的需求，要利用充分为学习者提供丰富的学习资源，这才是制作多媒体课件的首要目标。

（2）要保证课件结构清晰、界面连贯、运行高效。设计制作的多媒体课件应当结构良好，给用户文档结构统一、显示风格一致的使用界面。页面设计应该美观大方，不但让学习者能够方便快速地得到需要的信息，还能得到美的享受。

5. 稿本编写

多媒体CAI课件设计工作完成后，应在此基础上编写出相应的稿本。稿本设计是根据教学内容特点与系统设计的要求，在一定的学习理论的指导下，对每个教学单元的内容和安排以及各单元之间的逻辑关系进行设计，设计出具体的表现形式，写出讲解的文稿，要显示的文体，所使用的图形表格、图片、动画视频等，还要写出页与页之间相连接的交互方式等具体内容。稿本描述了学生将要在计算机上看到的细节，它是设计阶段的总结，也是多媒体CAI课件制作的依据。

多媒体CAI课件的设计主要包括教学设计和软件的系统设计，分别用文字稿本和制作稿本两种形式进行描述。文字稿本是按照教学过程的先后顺序描述每一个环节的教学内容及其呈现方式，其主要目的是规划教学软件中知识内容的组织结构,并对软件的总体框架有一个明确的认识;制作稿本包含学习者将要在计算机的屏幕看到的细节,例如,用各种媒体展示的教学信息,计算机提出的问题,计算机对学习者各种回答(正确的或错误的)的反馈等。

稿本编写类似影视剧的"编剧",包括课件内容如何安排,声音如何表现和搭配,是否需要加入动画或视频,加在什么地方,课件如何与学生交互(包括按钮设计、热区响应、下拉菜单响应、条件响应、文本输入响应、时间限制响应、事件响应)等。可以说,稿本制作是整个课件制作的核心。

6. 多媒体信息编辑加工

(1) 素材的准备

开发人员根据稿本的安排,收集、创作完成教学内容多媒体呈现所需要的各种媒体素材,如编辑文本、录音、创作乐曲、扫描图像、制作动画、采集影像等,并以一定的格式存储文件。

(2) 多媒体素材编辑合成

按照稿本要求,根据多媒体CAI课件表现的内容和形式,选择适当的多媒体创作工具或运用编程的方法,进行多媒体素材编辑,对各种媒体素材进行剪辑、加工、合成。

素材的准备是课件制作中工作量最大、最繁琐的环节,课件制作人员在时间安排上要充分考虑到这一点。

7. 系统集成

前面的工作做好后,就可以使用多媒体课件开发工具进行制作了。多媒体课件制作工具很多,如简单的有 PowerPoint,常用的有 AuthorWare、ToolBook、方正奥思、蒙泰瑶光、多媒体大师等。网络版有 Microsoft Frontpage、Macromidea DreamWeaver 、Macromidea Flash 等。还有一些专用的课件开发工具,如几何画板等。

素材准备好后,用多媒体制作软件把各种素材按照稿本的要求组合起来,形成一个有机的整体。如果发现稿本的某些设计不太理想,还可以相应地修改稿本,反复地修改、调试,以使课件符合教学的要求。

8. 评价、修改、发布和应用

在课件制作过程中,要不断地对课件进行评价和修改工作,它是课件制作过程中的重要组成部分,也是课件质量的保证。评价包括形成性评价和总结性评价,并且是属于面向学习资源的评价。形成性评价是在课件开发的过程中实施的评价,为提高课件质量提供依据,它的目的在于改进课件的设计,使之更加符合教学的需要,便于提高质量和性能;总结性评价是在课件开发结束以后进行的评价,其目的是对课件的性能、效果等做出定性、定量的描述,确认课件的有效性和价值,为课件更新提供改进意见,并总结课件制作经验。在课件制作过程,要根据评价结果合理地进行修改,以进一步提高课件质量和效果。

课件制作完成后,用户可以用磁盘、光盘和网络方式发布作品。

多媒体课件经过多次修改完善后,就可以投入使用,除在教学中使用外,还可以交流、推广或发行。教师在实际教学中使用课件后,可能会发现这样或那样的不足,因此,课件投入使用后,还需要不断地收集课件在教学应用中的反馈信息,不断地对课件进行修改、完善与升级,使之更加适合教学的要求,达到实用、好用之目的。

四、多媒体CAI课件制作的基本原则

CAI课件的制作基本原则包括:

(1) 科学性与教育性

(2) 交互性与多样性

(3) 结构化与整体性

(4) 美观性与实用性

(5) 稳定性与扩充性

(6) 网络化与共享性

任务二 AuthorWare 交互型多媒体课件制作

任务说明

在教学活动中,有时需要制作交互性和集成性强的多媒体课件作品。PowerPoint 虽然也能集成各种媒体,但由于实现交互不易,任意调用比较困难,比较适合制作无需多少交互的文本图像的演示。

AuthorWare 是一款交互式多媒体编程工具,能够方便地把文本、图形图像、动画、声音、视频集合起来,借助各种交互方式,任意调用,因此非常适合教师制作交互性和集成性强的多媒体课件。

具体任务 以认识电脑组成为例,了解 AuthorWare 7.0 交互功能。

方法步骤

(1) 新建一个文件并保存为"认识电脑.a7p"
(2) 拖入一个显示图标至流程线,取名为"背景";在显示图标中导入电脑图片,调整图片大小。
(3) 添加交互图标在"背景"下方,取名为"认识电脑"。
(4) 拖动两个群组图标至交互图标右边,分别命名为"键盘"、"显示器"。
(5) 单击"显示器"群组图标上方的响应标记,更改类型为"热区域",匹配"指针处于指定区域内",调整选中显示器为热区范围,如图 9-2-1 所示。

图 9-2-1 热区域响应设置

(6) 同样设置"键盘"群组响应属性。
(7) 分别打开两个群组图标,在群组图标里各拖动一个显示图标,分别命名为"文字 1"、"文字 2",并各加入"显示器"、"键盘"字样,如图 9-2-2 所示。

图 9-2-2 "键盘"群组图标中的显示图标

（8）再拖动一个计算图标到群组图标的右边，命名"退出"，单击上方响应标记，更改"类型"为"按钮"选项，调整按钮位置、大小，如图9-2-3所示。

图9-2-3　计算图标设置

（9）双击计算图标"退出"，输入"quit()"，如图9-2-4所示。

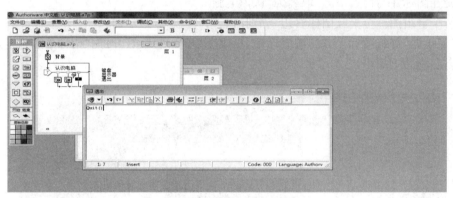

图9-2-4　"退出"函数设置

学习支持

一、AuthorWare软件的主要特点

1. 提供积木式的图标创作方法和面向对象的创作环境

AuthorWare为多媒体应用系统开发者提供了一种堆积木式的创作方法和一个面向对象的创作环境，使用14个功能图标，不同的图标看作不同的对象，可以随意穿插或叠合。开发人员不需要程序设计语言的编程经验，只需将多媒体应用系统划分为相对独立的媒体素材片断和逻辑分支，使之能用图标表示，然后将这些图标用流程图的方式有机地结合在一起，即可完成丰富多彩、画面生动的多媒体应用系统。

2. 提供高效的多媒体集成环境

通过AuthorWare自身的多媒体管理机制和多种外部接口，开发者可以充分地利用包括声音、文字、图像、动画和数字视频等在内的多种内容，将它们有效地集成在一起，形成具有充分表现力的多媒体应用系统。

AuthorWare的主要媒体处理功能有：对文本对象具有丰富的控制功能，允许用户自由选择字体、文本、大小和颜色，支持超文本功能；支持多种格式的图形及图像，可利用其内部的绘图工具或图形函数绘画界面，而且其内部就具有移动图标控制功能，利用这些功能可使一系列图片产生电影效果；支持多种格式的视频文件，可以方便地加载视频信息，设置播放区幅面，选择播放视频信息中的一个片段，还可对视频信息的播放进行其他控制；支持多种格式的声音文件，可以方便地加载声音，并控制其播放速度、回放次数及播放条件等。

3. 提供强大的逻辑结构管理功能

AuthorWare 提供了直观的图标（Icons）控制多媒体演示界面，无需编程，只使用流程线及一些工具图标，就可以达到某些编程软件经过复杂的编程才能达到的效果。AuthorWare 利用对各种图标的逻辑结构布局，来实现整个应用系统的制作。逻辑结构管理是 AuthorWare 的核心部分。Authorware 程序运行的逻辑结构主要是通过所有图标在流程线上的相应位置来反映整个体系。对于分支流程，可以设定选择分支的方法，如随机选择、变量选择和顺序选择等；对于循环流程，可以设定循环的次数、循环的终止条件等。通过这种方法可以把整个系统划分为若干子系统，并逐级细化，直至每一个最底层模块。AuthorWare 引进了页的概念，提供了框架图标和导航图标，可以实现超文本与超媒体链接。

4. 提供丰富、灵活的交互方式

AuthorWare 提供了 10 余种交互方式供选择，以适应不同的需要。除了一般常见的交互方式，如按钮、菜单、键盘和鼠标等之外，AuthorWare 还提供了热区响应、热对象响应及目标区响应等多种交互控制方式。

5. 具有丰富的变量和函数

AuthorWare 提供了 10 余类、200 余种变量和函数，这些函数与变量提供了对数据进行采集、存储与分析的各种手段。巧妙地运用这些函数和变量，可以对多媒体应用系统的演示效果进行细致入微的控制。

6. 提供模块与库功能

模块和库这两种功能是为优化软件开发与运行而提供的制作技术。通过模块功能，可以最大限度地重复利用已有的 AuthorWare 代码，避免不必要的重复性开发。通过对库的管理，使庞大的多媒体数据信息独立于应用程序之外，避免了数据多次重复调入，减小了应用程序所占的空间，从而优化应用程序，提高主控程序的执行效率和减少程序所占空间。

7. 具有广泛的外部接口

AuthorWare 除了具备各种创作功能外，还为开发者提供了多种形式的外部接口，常用的数据接口有 Director、C 语言等。而且 AuthorWare 支持 OLE 技术，可以方便地利用其他开发工具制作多媒体数据文件。AuthorWare 为扩展功能提供了相应的标准，接在 Windows 操作系统中支持 DLL 格式的外部动态链接库，使具备专业编程知识的开发人员及有特殊要求的用户可以方便地扩充 AuthorWare 的功能。

8. 提供网络支持

AuthorWare 应用了多媒体的 Internet 传输技术 Shockwave，制作出的应用程序支持网络操作。通过 Shockwave，可将 AuthorWare 制成的多媒体应用系统快速地发布到 Internet 上，在网上提供各种在 AuthorWare 中创建的交互信息。另一方面，通过 ActiveX 控件的浏览器，AuthorWare 也可以让用户在其应用程序中浏览因特网上的内容。

9. 跨平台体系结构

AuthorWare 是一套跨平台的多媒体开发工具，无论是在 Windows 还是 Macintosh 平台上，均提供了几乎完全相同的工作环境，这使之成为目前少有的可以方便地进行这两种平台移植的多媒体创作工具。它提供存储 For Windows 及 For Macintosh 的文件格式，可以方便地在这两个平台间调用及存储 AuthorWare 应用程序。

10. 独立的应用系统

AuthorWare 可以把制作的多媒体产品进行打包，生成 EXE 文件。该文件能够脱离开发环境，作为 Windows 的应用程序运行。也可以制作成播放文件，带上 AuthorWare 提供的播放器而独立于 AuthorWare 环境运行。

二、创作 AuthorWare 7 作品的准备工作

1. 准备工作

通常要考虑以下问题：

（1）规范各种外部文件的位置

如果嵌入大量的文件，文件体积过大，影响播放速度。常常将这些文件作为外部文件发布。一般这些文件按类型放在不同的目录下，如图片放在 image，声音放在 sound 文件夹等。

(2) 显示器的分辨率

一般显示器的分辨率设置为 1024×768。这项工作在开始之前就要作好，否则，原来调好的图片、文字、按钮的位置都将发生变化。

如果显示器的分辨率不能使作品得到最佳的视觉效果，可以使用扩展函数 alTools.u32 调整。

(3) 是否需要标题栏和菜单栏

在设计作品之前就要考虑是否需要标题栏和菜单栏。AuthorWare 7 默认显示标题栏和菜单栏，如果作品完成后又想去掉，也要对所有的图片、文字、按钮等进行位置的调整。

(4) 外部扩展函数

使用外部扩展函数库之前，要考虑好这个外部文件的位置。在主程序文件下建一个目录，将这些外部扩展函数库都放在这个目录里，设置好搜索路径。

(5) 关于字体

如果作品中含有系统提供的 4 种基本中文字库之外的字体，确认用户机器上有这种字库时，可以用字符方式显示。否则，就要将这些文字转化为图片，才能保证用户看到的效果。

2. 设计程序流程图

在制作程序之前，最好将课件内容用一个线框流程图表示出来。

在开始制作之前，理好课件各层次的关系，画出流程图。什么时候跳转，跳到什么地方、如何返回等，哪怕非常简单的流程图，都会大大提高工作效率。

利用 AuthorWare 7 设计多媒体程序主要步骤包括：

(1) 对用户需求的调查；

(2) 程序设计，包括程序的内容、程序运行显示的效果、设计草稿方案、搜集素材等；各部分内容的具体设计；

(3) 程序调试；

(4) 程序发布。

二、AuthorWare 7.0 的界面

AuthorWare 是一种基于图标(Icon)和流线(Line)的多媒体开发工具。它把众多的多媒体素材交给其他软件处理，本身则主要承担多媒体素材的集成和组织工作。

进入 AuthorWare 后，程序界面如图 9-2-5 所示。

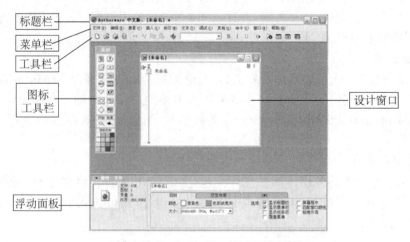

图 9-2-5　AuthorWare 7.0 程序界面

1. 菜单栏

菜单栏位于 AuthorWare 工作视窗顶端，包括"文件"、"编辑"、"查看"、"插入"、"修改"、"文本"、"调试"、"其他"、"命令"、"窗口"和"帮助"共 11 个菜单，如图 9-2-6 所示。

① 文件：主要包括对文件的操作、媒体素材的导入导出、发布、打包、打印设置和发送邮件等操作命令。

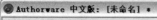

图 9-2-6　AuthorWare 菜单栏

② 编辑：其主要功能就是提供流程线上图标和画面的功能，如复制、粘贴等。
③ 查看：包含查看当前图标、改变窗口的设置以及界面外观等功能。
④ 插入：引入模板、图像、文字和其他 OLE 对象。
⑤ 修改：主要用于修改图标、图像和文件的属性，并对图标及其内容、位置进行编辑修改，还可以改变背景和前景的设置。
⑥ 文本：提供丰富的文字处理功能，用于设置文字的字体、大小、颜色、风格等。
⑦ 调试：主要用于调试程序，具有单步运行、分段运行等功能。
⑧ 其他：用于库的链接、查找显示图标中文本的拼写错误和音频格式转换等。
⑨ 命令：该菜单提供 AuthorWare 7.0 的在线资源，还有 RTF 编辑器和查找 Xtras 等内容，用户还可以将自己的指令加入到该菜单中。
⑩ 窗口：用于打开或关闭演示窗口、属性面板、变量面板、函数面板及知识对象面板等。
⑪ 帮助：从中可获得更多关于 AuthorWare 的信息。

2. 工具栏

工具栏是窗口的重要组成部分，如图 9-2-7 所示，其中每个按钮实质上是菜单栏中的某一个命令，由于使用频率较高，放在常用工具栏中，其中包含 17 个工具按钮和一个文本风格的下拉列表框。

图 9-2-7　AuthorWare 工具栏

3. 图标工具栏

图标工具栏位于 AuthorWare 窗口中的左侧，如图 9-2-8 所示，包括 14 个工具图标、1 个开始图标、1 个停止图标和图标调色板等，是 AuthorWare 最特殊也是最核心的部分。

① 显示图标：用于显示文本、图形和外部图片等内容。
② 移动图标：用于使显示对象产生路径动画效果，共提供了 5 种动画制作方式。
③ 擦除图标：用于在程序执行时，擦除选定的显示内容，并可指定各种擦除效果。
④ 等待图标：用于完成在程序中的等待功能，可使程序暂停。
⑤ 导航图标：用于设计与框架图标的任何一个附属图标的定向链接，建立跳转到某一指定页的超级链接，实现超媒体导航。
⑥ 框架图标：用于建立和管理超文本、超媒体程序内的页。

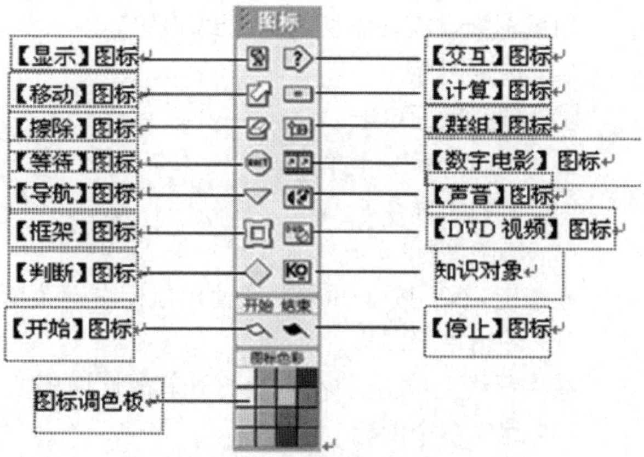

图 9-2-8　AuthorWare 图标工具栏

⑦ 判断图标：用于完成自动判断分支路径的执行次序以及分支路径被执行的次数。
⑧ 交互图标：用于设计交互作用的分支结构，提供用户响应，实现人机交互方式。
⑨ 计算图标：存放程序的地方，在程序中执行编写的程序代码、辅助程序的运行。
⑩ 群组图标：用于包装一组图标，用于程序的结构化设计。
⑪ 数字电影图标：用于装载和播放由其他软件制作的数字视频或动画文件。
⑫ 声音图标：用于载入和播放声音文件。
⑬ DVD 图标：用于在作品中引入并播放 DVD 影片。
⑭ 知识对象：用于在程序中插入已经设计好的知识对象

⑮ 开始标志:调试程序时,设置运行程序的起点。
⑯ 结束标志:调试程序时,设置运行程序的终点。
⑰ 图标颜色板:用于为流程线上的图标赋予不同的颜色,以利于图标的识别。

4. 程序设计窗口

程序设计窗口是 AuthorWare 的设计中心。AuthorWare 具有流程可视化编程功能,主要体现在程序设计窗口的风格上。程序设计窗口如图9-2-9所示,其组成如下:

① 标题栏:显示被编辑的程序文件名。
② 主流程线:一条被两个小矩形框封闭的直线,用来放置设计图标,程序执行时,沿主流程线依次执行各个设计图标。
③ 两个小矩形:分别表示程序的开始和结束。
④ 粘贴指针:一只小手,指示下一步设计图标在流程线上的位置。单击程序设计窗口的任意空白处,粘贴指针就会跳至相应的位置。

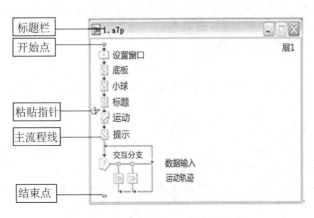

图9-2-9 AuthorWare程序设计窗口

AuthorWare 的这种流程图式的程序结构,能直观形象地体现教学思想,反映程序执行的过程,使得不懂程序设计的人也能很轻松地开发出漂亮的多媒体程序。

三、AuthorWare 7.0 基本操作

1. 新建 AuthorWare 文件

(1) AuthorWare 7.0 启动后,会弹出一个多媒体"新建"对话框,如图 9-2-10 所示。
(2) 选择菜单"文件"→"新建"。
(3) 单击工具栏上"新建"按钮。

2. 图标的基本操作

(1) 添加图标
用鼠标拖动需要添加的图标到流程线上
(2) 选定图标
① 单选:鼠标单击。
② 多选:[Shift]+单击;
(3) 命名图标
(4) 删除图标
先选定,然后按[Delete],或使用鼠标右键菜单→"删除"。
(5) 编辑单个图标
在流程线上单击图标,就会打开其属性面板。
(6) 编辑多个图标
先选定多个图标,选择菜单"编辑"→"改变属性"。
(7) 图标分组
菜单命令:"修改"→"群组"。

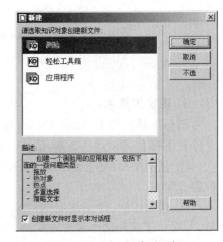

图9-2-10 新建对话框

3. 文件属性设置

应用于整个文件,主要包括文件标题的设置、等待按钮的设置、演示窗口大小的设置和重新启动与继续选项的设置等。新建文件后,首先要设置文件的属性。
设置:选择菜单"修改"→"文件"→"属性…"。

4. 导入对象

在多媒体程序的开发过程中,会用到大量的素材,利用"导入"可以将各种媒体素材文件导入到AuthorWare程序中。

选择菜单:"文件"→"导入和导出"→"导入媒体…"。
批量导入,如图 9-2-11 所示。

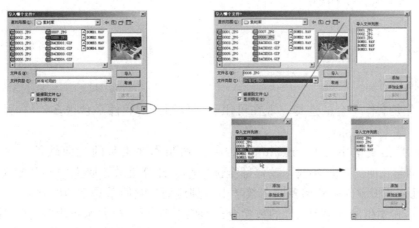

图 9-2-11 批量导入素材

5. 保存 AuthorWare 文件

选择菜单"文件"→"保存"。

任务三　几何画板专业型多媒体课件制作

几何画板操作简单,只要用鼠标选取工具栏和菜单栏就可以开发课件。它无须编制任何程序,一切都借助几何关系来表现,为老师和学生提供了一个探索几何图形内在关系的环境,因此十分适宜于那些能够用数学模型来描述的问题。

具体任务　正方形的画法。利用几何画板变换菜单下的旋转功能(按固定的角度来旋转对象)来画正方形,在画出的正方形中,拖动任一顶点改变边长或改变位置,都能动态地保持图形是一个正方形。

(1) 打开几何画板,建立新绘图,画线段 AB。
(2) 用选择工具双击点 A,点 A 标记为中心。
(3) 用选择工具选取点 B 和线段 AB,单击"变换"菜单下的"旋转"功能,在弹出的"旋转"对话框中设置(90°时是逆时针方向),如图 9-3-1 所示。
(4) 完成上述操作后,再双击点 B,标记新的中心。

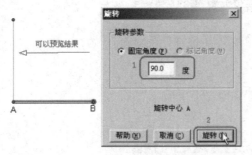

图 9-3-1　"旋转"设置

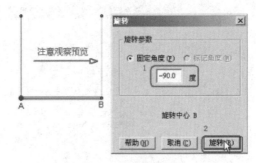

图 9-3-2　"旋转"设置

(5) 用选择工具选取点 A 和线段 AB,单击"变换"菜单下的"旋转"功能,在弹出的"旋转"对话框中进行设置(-90°是顺时针方向),如图 9-3-2 所示。

(6) 连结上方两个顶点得第四边。

学习支持

一、几何画板简介

课件制作,首先是制作平台的选择。现在可用于课件制作的软件平台很多,几何画板是数学教师的首选。

几何画板软件是由美国 Key Curriculum Press 公司制作并出版的几何软件。它的全名是几何画板——21 世纪的动态几何。1996 年我国教育部全国中小学计算机教育研究中心开始大力推广几何画板软件,十几年来,几何画板软件越来越多地在教学中得到应用。它简单易学,功能强大。几何画板动态探究数学问题的功能,使学生原本感到枯燥的数学变得形象生动,可以极大地调动学生学习的积极性。

几何画板为老师和学生提供了一个探索几何图形内在关系的环境。它以点、线、圆为基本元素,通过对这些基本元素的变换、构造、测算、计算、动画、跟踪轨迹等,能显示或构造出其他较为复杂的图形。能把较为抽象的几何图形形象化,但是它最大的特色是动态性,即可以用鼠标拖动图形上的任一元素(点、线、圆),而事先给定的所有几何关系(即图形的基本性质)都保持不变,这样更有利于在图形的变化中把握不变,深入几何的精髓,突破了传统教学的难点。

几何画板操作简单,只要用鼠标点取工具栏和菜单就可以开发课件,无需编制任何程序,一切都要借助几何关系表现,因此它只适用于能够用数学模型来描述的内容,例如部分物理、天文问题等。因此,它非常适合几何老师使用,用它进行开发最关键的是把握几何关系——这正是老师所擅长的。几何画板开发速度非常快。一般来说,如果有设计思路的话,操作较为熟练的老师开发一个难度适中的软件只需 5~10 分钟。因此,老师们才能真正把精力用于课程的设计而不是程序的编制上,才能使技术真正地促进和帮助教学工作,并进一步推动教育改革的发展。

学习数学需要数学逻辑经验的支撑,而数学经验是从操作活动中获得。几何画板可以给学生创造实际"操作"几何图形的环境。学生可以任意拖动图形、观察图形、猜测并验证,在观察、探索、发现的过程中增加对各种图形的感性认识,形成丰厚的几何经验背景,更有助于学生理解和证明。

二、几何画板的安装

安装步骤:

(1) 网上下载几何画板 4.07 演示版,或用光盘安装。

(2) 双击 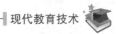(有时图标为 )安装,出现对话框,点击【下一步】。

(3) 如图 9-3-3 所示,出现安装路径选择,一般不必改动,单击【下一步】,继续安装。

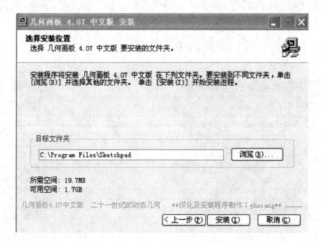

图 9-3-3 几何画板安装

(4) 单击[安装]即可完成几何画板的安装。

三、几何画板的基本操作

1. 几何画板的启动及窗口

几何画板的启动：单击桌面左下角的"开始"按钮→"程序"→"几何画板4.07(或GSP4.07)"，启动几何画板。

启动几何画板后，进入几何画板的使用界面。窗口各部分名称如图9-3-4所示：

（1）控制菜单图标

单击最左上角控制菜单框图标，出现对几何画板控制的选择；单击"未命名1"窗口的控制菜单图标，出现对文件"未命名1"控制的选择。双击控制菜单图标将关闭几何画板软件或者关闭当前文件（可能出现询问是否保存的对话框）。

（2）标题栏

显示打开软件与打开文件的文件名。

（3）最小化按钮

单击窗口的最小化按钮，可将该窗口缩小为一个图标，单击打开的几何画板文件"未命名1"最小化按钮使该窗口最小化，缩小为图标位于屏幕的底部（如果打开几个文件窗口，则其他文件窗口不会最小化），单击该图标又可使窗口最大化。单击右上角的最小化按钮可使几何画板软件窗口缩小为一个位于屏幕底部的图标。

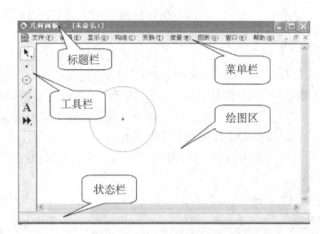

图9-3-4 几何画板界面

（4）最大化按钮

单击窗口的最大化按钮，可将该窗口扩展为最大窗口。

（5）关闭按钮

单击窗口右上方的关闭按钮可以关闭相应的窗口。若打开后未编辑过而关闭该文件，系统不作提示；若曾经编辑过而未曾存盘，将出现是否存盘的提示。

（6）状态栏

提示操作状态。提示选择了"工具箱"中的哪个工具，将进行什么操作，选择了"画圆"工具，处于"构造一圆"状态）或者当前操作将产生什么结果（如图9-3-5所示，"在圆上构造一点"提示此刻若画点则一定画在圆上，圆高亮显示）。操作时应该经常注意状态栏所提示的内容。

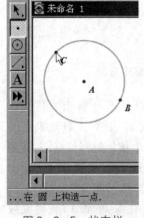

图9-3-5 状态栏

2. 撤销、重复和删除

（1）使用"撤销"功能

单击"编辑"菜单中的"撤销"取消刚刚画出的内容，复原到前次工作状态。如果已经进行了许多操作，则可以一步一步复原到初始状态(空白画板，或者本次所打开文档的状态)。这个功能的快捷键是[Ctrl]+[Z]。如果又不想撤销了，可以使用重复功能，快捷键是[Ctrl]+[R]。

如果在单击"撤销"命令之前，按下了[Shift]键，则"撤销"命令就变成了"撤销所有动作"，快捷键是[Shift]+[Ctrl]+[Z]。这样可以获得一个空白画板。

（2）使用"删除"功能

按键盘上的[Del](删除)键或者单击"编辑"菜单的"清除"选项可以清除所选中的对象。但是，在几何画板中删除对象必须十分小心，因为，如果删除一个对象，那么这个对象的子对象就同时被删除。

如果有一个对象要删除但又不希望影响其他对象，可以采用隐藏该对象的方法，先用"选择"工具选中要隐藏的对象，然后单击"显示"菜单中的"隐藏"选项，或者按快捷键[Ctrl]+[H]。

3. 工具箱

如图9-3-6所示，画板窗口的左侧是画板工具箱，把光标移动到工具的上面，过一会儿就会显示工具

图9-3-6 工具箱

的名称,它们分别是"选择箭头工具"、"点工具"、"圆规工具"、"直尺工具"、"文本工具"、"自定义画图工具"。单击"显示"菜单中的"隐藏工具箱"可以隐藏这个画板工具箱。这是个"开关"选项,要显示画板工具箱,可以单击"显示"菜单中的"显示工具箱"。

(1)"选择"工具详解

选中对象的目的是为了对这个对象进行操作。在 Windows 中,所有的操作都只能作用于被选中的对象上,也就是说,必须先选中该对象,然后才能对该对象进行有关操作。在几何画板中,对选中的对象可以进行的操作有删除、拖动、构造、度量、变换、显示/隐藏标签等。

在进行所有选择(或不选择)之前,应该先单击画板"工具箱"中的"选择"工具使鼠标处于(向左上的)箭头状态。

① 用"选择"工具指向对象,当鼠标成为向左的黑色箭头(A⬅)时单击,该对象被选中。对象被选中的标志是有虚框框住,其颜色可以设置。如图 9-3-7 所示,图中的点 C、线段 DE 和圆这 3 个对象被选中。点 D、E、A、B 都没有被选中。

② 在画板中作出的图形、图像、文字,粘贴的图片,插入的各种图标,产生的控制按钮等,都称为"对象"。

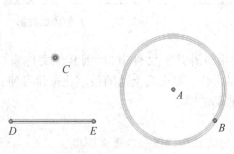

图9-3-7 选中对象

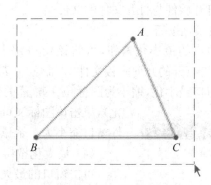

图9-3-8 矩形框选中对象

③ 要选中两个或两个以上的对象可以有多种方法。比如在选中第一个对象以后再分别选中其他对象;也可以把要选中的对象用"选择"工具画一个矩形框框住,如图 9-3-8 所示,即用"选择"工具在矩形的一个顶点处按下,拖动鼠标到另一个成对角线的顶点处松开,△ABC 的 3 条边与 3 个顶点这 6 个对象将都被选中。如果要选中屏幕上的所有对象,则可以单击"编辑"菜单中的"选择所有"或者按快捷键[Ctrl]+[A]。如果要选中屏幕上的绝大多数对象,仅少数不选,则可以先按[Ctrl]+[A]键,然后再用"选择"工具单击不选择的那些对象。用"选择"工具选择对象是一个开关操作,用"选择"工具单击某对象时,该对象被选中,再单击该对象时,该对象又被释放。

④ 如果屏幕上的对象较多,比如有几个圆、几个点还有几条线,现需要选中点而不选中其他对象,可先使工具箱中的"画点"工具处于选中状态,然后按[Ctrl]+[A]键,则所有的点被选中,而其他对象没有被选中。类似地,可以仅选中圆或者仅选中线。假定已经选中了所有的点,还要再选中所有的圆(不要用鼠标单击绘图区,否则会释放已经选中的所有点),只要使"画圆"工具处于被选中状态,再按[Ctrl]+[A]键,则所有的圆又被选中,前面选中的所有点未释放,即已经选中了所有的点和所有的圆。

⑤ 都不选中。在画板的空白处单击一下,所有选中的标记都消失,此刻没有对象被选中。

⑥ 修改几何对象的标签也可以用"选择"工具。如图 9-3-9 所示,当用"选择"工具指向点 D 的标签字母"D"时,"选择"工具呈手状(中间有一个字母 A)时,双击鼠标将弹出标签修改的对话框,可以修改该点的标签。

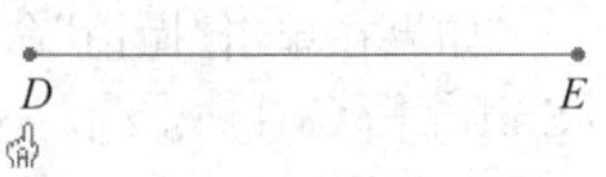

图9-3-9 修改点的标签

⑦ 用"选择"工具还可以直接作出一些几何(由"构造"菜单画图 9-3-9)对象间的交点,只要单击这两个对象的相交处即可。但是,不能直接作出轨迹(或图像)之间或者它们与线、圆之间的交点。

(2)点、线段、圆的画法

① 画点:单击"点工具",然后将鼠标移动到画板窗口中单击一下,就会出现一个点。

② 画线：单击"直尺工具"，然后拖动鼠标，将光标移动到画板窗口中单击一下，再拖动鼠标到另一位置松开鼠标，就会出现一条线段。

③ 画圆：单击"圆规工具"，然后拖动鼠标，将光标移动到画板窗口中单击一下（确定圆心），并按住鼠标拖动到另一位置（起点和终点间的距离就是半径）松开鼠标，就会出现一个圆，如图9-3-10所示。

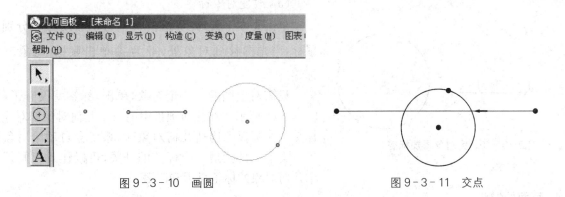

图9-3-10　画圆　　　　　　　　　图9-3-11　交点

④ 画交点：单击"选择箭头工具"，然后拖动鼠标将光标移动到线段和圆相交处（光标由 变成横向 ，状态栏显示的是"点击构造交点"）单击一下，就会出现交点，如图9-3-11所示。

交点只能由线段（包括直线、射线）间、圆间、线段（（包括直线、射线））与圆之间点击构造。

（3）旋转、缩放、移动

选择箭头工具 的右下角有一个小三角，用鼠标按住它约一秒，如图9-3-12所示。

"选择箭头工具"展开，有3个工具，分别是"移动"、"旋转"、"缩放"。

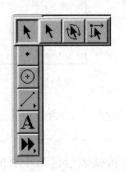　　　　　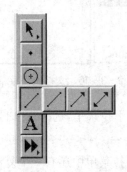

图9-3-12　展开箭头工具　　　　　图9-3-13 展开直尺工具

（4）射线、直线的画法

直尺工具 的右下角有一个小三角，用鼠标按住它约一秒，如图9-3-13所示，"直尺工具"展开，也有3个工具，分别是"线段"、"射线"、和"直线"。

① 画射线：移动光标到"直尺工具"上，按住鼠标不放，待"直尺工具"展开后，不要松开鼠标，继续移动光标到射线工具上 ，松开鼠标，直尺工具变为 。然后在画板绘图区单击鼠标并按住鼠标拖动，到适当位置松开，就画出一条射线，如图9-3-14所示。（在几何画板里是看不见射线上的箭头，它向一端是无限延伸的）

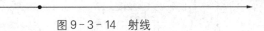

图9-3-14　射线

② 画直线：同理画一条直线（在几何画板里同样也是看不见直线上的箭头，它向两端是无限延伸的）。

用几何画板画出的线段、直线、射线和画圆，分别多了两点。一方面构造它们只要两点就够了，另一方面，它们可以改变。如，单击"选择箭头工具"，移动光标到线段的端点处（注意光标会变水平）拖动鼠标，线段的长短和方向就会改变；正因为多出了"点"，才使它们有被改变的可能。

移动光标到线段的端点之间任何地方（光标成水平状）拖动鼠标，就可以移动线段。分别拖动一下直线、射线的点和线,尝试改变它们一下。

③ 画圆:圆是由两个点来决定的,鼠标按下去的点即为圆心,松开鼠标的点即为圆上的一点。改变这两个点中的任意一点都可以改变圆。分别拖动圆心和圆周上的点,可改变圆的大小,拖动圆周,可移动圆。

几何画板所画图形是动态的图形,几何画板绘制的图形也非常容易加上标签。

(5) 改变对象标签

单击文本工具,光标由前头变为手形,然后分别移动鼠标,当光标移到对象处,变为 单击鼠标,对象就有了标签。

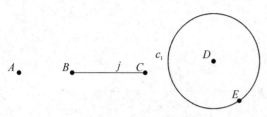

图 9-3-15 为对象添加标签

只需对上图的每一个对象,单击,标签就没有了,如图 9-3-15 所示。在几何画板中的每个几何对象都对应一个标签。在画板中构造几何对象时,系统会自动给对象配标签。文本工具就是一个标签的开关,可以让几何画板中每个几何对象的标签显示和隐藏。

4. 页面的增删

(1) 单击"文件"菜单下的"文档选项"命令,打开"文档选项"工具栏,如图 9-3-16 所示。

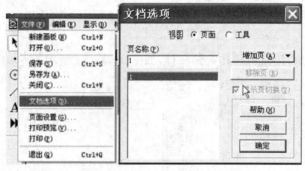

图 9-3-16 文档选项菜单命令

图 9-3-17 "增加页"操作

(2) 单击"增加页"下拉菜单,选择"空白页面",按"确定",如图 9-3-17 所示。

> **注** 在"增加页"下拉菜单中还有一个复制菜单,点其中的1,就表示将第1页的内容全部复制到新增加页中。

(3) 这样,现在课件就增加了一页,如图 9-3-18 所示。

图 9-3-18 课件增加页

> **注** 在下方有1和2的页码,单击页码可以进行页码的切换。

(4) 如果需要在课件中增加、移动或删除页面,都可以用这个方法。删除页面只需先选中要删除的页名称,再单击"移除页"即可。移动页面只需选中要移动的页面,拖动鼠标到目标位置即可,如图 9-3-19 所示。

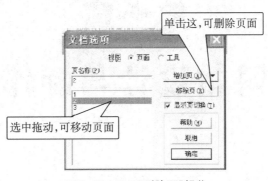

图 9-3-19 "删除页"操作

本 章 小 结

计算机多媒体技术的迅速普及,使计算机辅助教学(CAI)成为当前教学中必不可少的一部分。本章节通过 3 个具体任务的完成,阐述了多媒体 CAI 课件的基本概念、类型以及制作流程和基本原则,并介绍了制作多媒体 CAI 课件不同类型的 3 个常用软件:PowerPiont 2010 制作演示型多媒体课件,AuthorWare 7.0 制作交互式多媒体课件,几何画板制作专业性多媒体课件。

思考与练习

任务一:
1. 幻灯片切换和自定义动画有何区别?
2. 结合本教程第一章节幼儿园活动案例一,设计一个教学课件。

任务二:
1. AuthorWare 7.0 窗口左侧的图标工具栏包括哪些工具按钮? 各有何功能?
2. 选择一个教学片断,应用 AuthorWare 设计教学课件,要求包括图片、音频、视频信息。

任务三:
1. 用几何画板绘制一个椭圆。

第十章
网站设计与制作

项目 幼儿园网站的设计与制作

情景描述 随着教学改革的不断深入,幼儿园网站建设已经成为教育信息化的重要任务,大力开展幼儿园网站和教学资源库建设对于转变教师观念,提高教师的信息技术使用能力,促进教育信息化的发展,实现教学、管理、交流的现代化都具有重要的意义。

某幼儿园为了深化教学改革,顺应教育信息化的发展潮流,更好地提升幼儿园的教学、管理、办学的质量,计划创建自己幼儿园的网站。

幼儿园为了考察实习生,把该任务交给了实习生小李。要完成这个任务,小李必须充分掌握网站及其制作的相关概念、掌握网页创建工具软件 DreamWeaver CS6 的使用。

任务一 站点的建立

任务说明

小李为了完成幼儿园网站的设计与制作任务,首先从网站的基础知识开始学起,学习网站的相关概念,网站设计与制作流程,了解和掌握怎么建网站。

具体任务 通过 Dreammeaver CS6 建立"红太阳幼儿园"网站的站点。

**方法步骤**

(1) 运行 DreamWeaver CS6,如图 10-1-1 所示。

(2) 选择菜单栏的"站点"→"站点管理"命令,打开对话框,如图 10-1-2 所示。

(3) 单击"站点管理"对话框的新建,出现"站点"、"服务器"、"版本控制"和"高级设置",选择其中的"站点"出现对话框,如图 10-1-3 所示.

(4) 在"站点名称"文本框里输入"红太阳幼儿园",在"本地站点文件夹"文本框中选择站点要存放的路径"G:\红太阳幼儿园\",然后按[保存]按钮,如图 10-1-4 和 10-1-5 所示。

(5) 点击[完成]按钮,完成站点创建,如图 10-1-5 所示。

图 10-1-1 运行后的界面

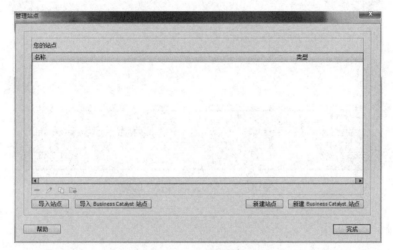

图 10-1-2 "站点管理"对话框

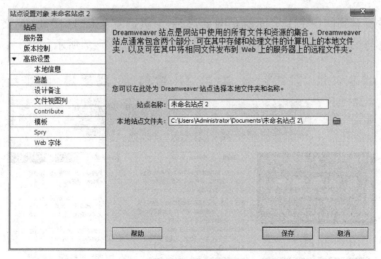

图 10-1-3 "站点定义 2"对话框

现代教育技术

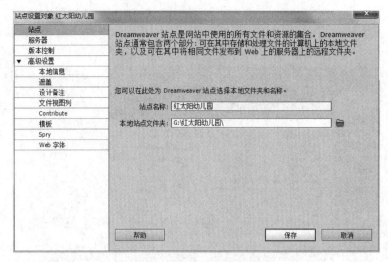

图 10-1-4　保存站点对话框

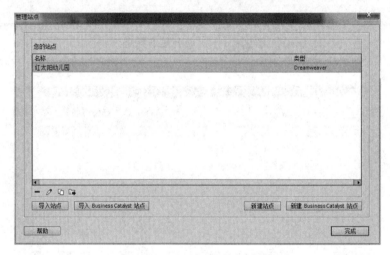

图 10-1-5　完成"站点"创建

 学习支持

一、网站的相关概念

1. 网站及网页

用户上网冲浪时所看到的一个个页面就是网页，每一个页面都是用 HTML（超文本标记语言）代码编写的文件。实例网页与编辑状态中的网页如图 10-1-6 和图 10-1-7 所示。

图 10-1-6　实例网页

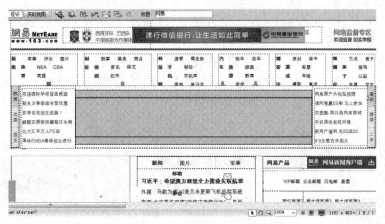

图 10-1-7　编辑状态中的网页

网站是由许多个信息类型相同的网页组成的一个整体,各个网页之间通过超链接连接在一起,它们之间可以相互访问。同时,网站之间又以不同的方式相互链接,构成一个庞大的网络体系,最终实现了更多信息的共享与交流。

2. 网页色彩搭配

色彩搭配是网页设计中的关键问题之一,也是让初学者感到头疼的问题。

(1) 红色:一种激奋的色彩,具有刺激效果,能使人产生冲动、愤怒、热情、活力、象征着人类最激烈的感情:爱、恨、情、仇,可以充分发挥情感。

(2) 绿色:介于冷暖两种色彩之间,能给人以和睦、宁静、健康、安全的感觉。

(3) 橙色:一种激奋的色彩,具有轻快、欢快、热烈、温馨、时尚的效果。

(4) 黄色:具有快乐、希望、智慧和轻快的个性,它的明度最高。

(5) 蓝色:最具凉爽、清新、专业的色彩,常常以纯色来描写游历与闲适的气氛。

(6) 紫色:能表现神秘、深沉的个性,也能展现怪诞、诡异的感觉。

(7) 白色:能使人产生洁白、明快、纯真、清洁的感受。

(8) 黑色:能使人产生深沉、寂静、悲哀、压抑的感觉。

(9) 灰色:能给人以中庸、平凡、温暖、谦让、中立的感觉。

以橙色为主题的网页如图 10-1-8 所示。

图 10-1-8　橙色主题的网页

3. 网页制作的意义

网络作为信息共享的平台和通信工具,已经引起了人们的广泛关注,被称为继广播、报纸、杂志、电视后的第五种媒体——数字媒体。

基于网络的网站宣传,费用低廉,速度快捷,并且回报也丝毫不逊色。同时,由于网络的无限性,使得网页的宣传更加广泛,因此企业的网站建设已经成为衡量其综合素质的重要标志。图 10-1-9 所示为某企业网站。

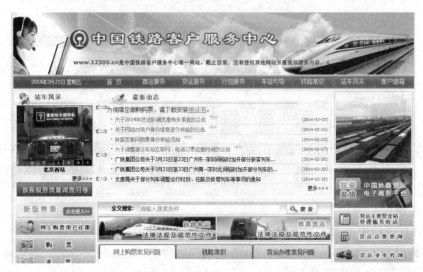

图 10-1-9　企业网站实例

网站已经成为商家与客户之间进行沟通的重要工具,并通过它建立了贸易关系,进而提高了商家的竞争力;对于个人来说,利用网页来交友、展示自我已成为一种时尚,同时还可以进行网上购物等。网上购物网站如图 10-1-10 所示。

图 10-1-10　网上购物网站实例

4. 分类

① 根据网站所用编程语言分类:例如 asp 网站、php 网站、jsp 网站、asp. net 网站等。

② 根据网站的用途分类:例如门户网站(综合网站)、行业网站、娱乐网站等。

③ 根据网站的功能分类:例如单一网站(企业网站)、多功能网站(网络商城)等等。

④ 根据网站的持有者分类:例如个人网站、商业网站、政府网站、教育网站等。

⑤ 根据网站的商业目的分类:营利型网站(行业网站、论坛)、非营利性型网站(企业网站、政府网站、教育网站)。

(1) 门户类

门户(portal)原意是指正门、入口,现多用于互联网的门户网站和企业应用系统的门户系统。

门户网站以 php 网站居多,php 相对其他语言比较节省资源。

(2) 个人类

个人网站是指个人或团体因某种兴趣，拥有某种专业技术，提供某种服务或把自己的作品、商品展示销售而制作的具有独立空间域名的网站，个人网站通常使用虚拟服务器，网站类型多以博客和小型论坛为主。

(3) WAP 类

WAP（无线通信协议）是在数字移动电话、因特网或其他个人数字助理机（PDA）、计算机应用之间进行通讯的开放全球标准。这一标准的诞生是 WAP 论坛成员努力的结果，WAP 论坛是在 1997 年 6 月，由诺基亚、爱立信、摩托罗拉和无线星球（Unwired Planet）共同组成的。

二、网站设计与制作流程

1. 网站结构规划

网站的建设结果与建站前的规划有着极为重要的关系，在规划时应明确网站的性质、目标，确定网站的功能、规模、投入费用等。如果是商业网站，则还应进行必要的市场分析。

因此，在建立站点前，首先要进行网站规划，只有详细的规划，才能减少网站建设中所遇到的问题，使网站建设顺利进行。其次，要确定网站的结构，如果是一个简单的个人网站，则可以把所有的网页都放在根目录下，而对于比较复杂的网站，如大型商业网站，其内部机构、信息内容繁多，在规划时要注意分类，且最好采用树形结构或者星形结构。

2. 素材收集

在制作网页之前，需要准备好各种素材，通过搜集大量的素材，选取自己需要的内容。此外，还要设计网站所特有的标志，包括网站的标志、图片、Flash 动画、各种按钮、声音文件、用于布局参考的图像等。

标志就像一个国家的国旗一样，可以自己制作或者请他人制作，但一定要根据网站的内容来设计，突出网站的特点，反应网站的主题与性质。其他素材可以到一些网站下载（如三联素材网 http://www.3lian.com、中国素材网 http://www.sucai.com 等），或者用一些工具软件（如 PhotoShop、Flash 等）制作。另外，还可以使用扫描仪、数码照相机等设备来获取外部素材。

3. 网站风格

独特、出色的风格会让浏览者愿意多停留些时间，细细品味网站的内容，甚至还会得到他们的鼓励与关注。

(1) 颜色搭配

颜色搭配是体现风格的关键。一般情况下，白色和黑色搭配做网页背景最方便；亮色与暗色搭配，最容易突出画面主题；而相似颜色的搭配则有柔和感。在具体制作时，最好能给主页确定一种主色调。另外，也可以参考一些优秀的网站的颜色搭配，如图 10-1-11 所示。

图 10-1-11 网站颜色搭配实例

(2) 页面布局

页面布局也是网站风格的一个重要标志。导航栏该如何放置，文字放在哪里，图片又该放在什么地方，这些都是设计者要考虑的。左侧导航与顶部导航结合使用的网页如图 10-1-12 所示。

图 10-1-12　左侧和顶部导航的网页

（3）内容结构

在设计网页的内容时，条理要清晰，分类条目要精练，有层次性，且页面间的链接层次不要太深，以免给浏览者查找资料时带来不便。

一般的网站可以采用树形或者星形结构，尽量做到在各个栏目之间可以方便地跳转，至少让浏览者可以随时返回主页。

任务二　网站页面布局

任务说明

通过任务一，小李学习了网站的一些基础知识，下一步小李需要学习如何通过相关的网站制作工具，创建幼儿园网站。

在制作网站之前，首先要完成网站页面的布局工作，主要通过 Adobe Dreamweaver CS6 的表格实现网站页面的整体布局。

具体任务　"红太阳幼儿园"网站的整体布局设计为上中下 3 个部分，上部位页面的头部，显示为"红太阳幼儿园"图片；中间为网站的导航菜单，主要包括 3 个菜单："学校概况"、"师资队伍"、"新闻动态"；下部为内容展示区域，主要显示 3 个菜单中的内容。

方法步骤

（1）运行 Adobe Dreamweaver CS6 软件，如图 10-2-1 所示。

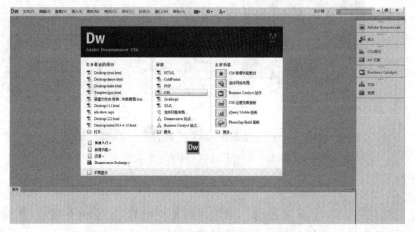

图 10-2-1　运行 Adobe Dreamweaver CS6 软件

(2)选择"0文件"→"新建"命令,打开"新建文档"对话框,单击【创建】按钮,创建一个空白 HTML 文档,如图 10-2-2 和 10-2-3 所示。

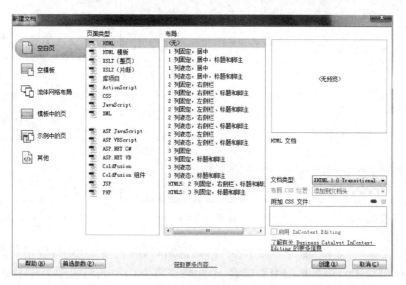

图 10-2-2 打开"新建对话框"

图 10-2-3 创建一个空白 HTML 文档

(3)选择菜单栏的"修改"→"页面属性命令",弹出页面属性对话框。在标题栏中输入文字"红太阳幼儿园",再按【确定】,返回主界面,如图 10-2-4 所示。

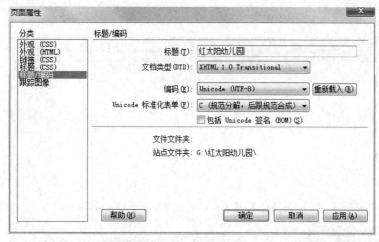

图 10-2-4 "页面属性"对话框

(4) 单击工具栏的"设计"按钮,切换到"设计视图"工作界面,如图 10-2-5 所示。

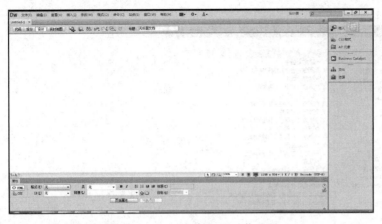

图 10-2-5 "设计视图"工作界面

图 10-2-6 "表格"属性设置

(5) 选择"插入"菜单→"表格"命令,弹出"表格"对话窗口,在表格大小中,表格行数和列数分别输入 3,表格宽度输入 1 000(像素),边框粗细为 0 像素,单元格边距为 0,单元格间距为 0,标题中选择"顶部",然后点击【确定】。如图 10-2-6 所示。

(6) 将表格插入到文档中,如图 10-2-7 所示。

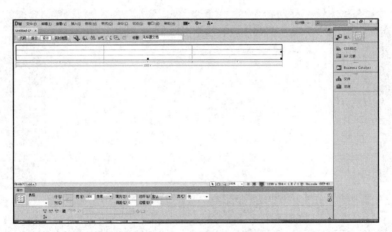

图 10-2-7 插入表格效果

(7) 首先选择第一行的三个单元格,鼠标右键→"表格"→"合并单元格",然后调整单元格的大小:"属性"面板→"高度"设置为 155。然后调整第二行的 3 个单元的高度:"属性"面板→"高度"设置为 50,宽度从左到右依次为 333、334、333;参照上一步的操作,合并第三行的 3 个单元格,调整第三行单元格的大小,高度设置为 250,如图 10-2-8 所示。

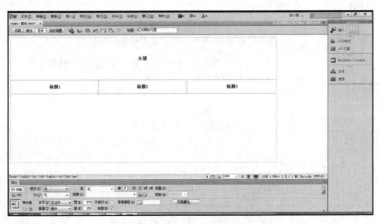

图 10-2-8 调整表格的大小

一、初识 DreamWeaver CS6

1. 文档窗口

运行 Adobe DreamWeaver CS6，单击"文件"→"新建"命令，打开"新建文档"对话框。
选择"页面类型"列表中的 HTML 选项，单击"创建"按钮，即可新建页并进入文档窗口，如图10-2-3所示。

2. 菜单栏

菜单栏中包含"文件"、"编辑"、"查看"、"插入"、"修改"、"格式"、"命令"、"站点"、"窗口"、"帮助"10个菜单，如图10-2-9所示。

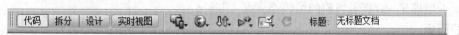

图 10-2-9 菜单栏

① 文件：用于文件操作的标准菜单选项，例如"新建"、"打开"和"保存"等命令。
② 编辑：用于基本编辑操作的标准菜单选项，例如"剪切"、"复制"和"粘贴"等命令。
③ 查看：用于查看文件的各种视图。
④ 插入：用于将各种对象插入到页面中的各种菜单选项，例如"表格"、"图像"、"表单"等网页元素。
⑤ 修改：用于编辑标签、表格、库和模板的标准菜单选项。
⑥ 文本：用于文本设置的各种标准菜单选项。
⑦ 命令：用于各种命令访问的标准菜单选项。
⑧ 站点：用于站点编辑和管理的各种标准菜单选项。
⑨ 窗口：用于打开或关闭各种面板、检查器的标准菜单选项。
⑩ 帮助：用于了解并使用 Adobe DreamWeaver CS6 的软件和相关网站链接菜单选项。

3. 辅助工具栏

文档辅助工具栏主要包括视图切换按钮、实时视图按钮、文档标题、文件管理、在浏览器中预览/调试、刷新设计视图、视图选项、检查浏览器兼容性按钮，如图10-2-10所示。

图 10-2-10 辅助工具栏

① 视图切换按钮 代码 拆分 设计 ：可以在不同的视图之间切换。
② 实时视图按钮 实时视图 ：可以将设计视图切换到实时视图。
③ 文档标题： 标题 无标题文档 ，是用户为文档输入的一个标题，它将显示在浏览器的标题中，如在其中输入"幼儿园网站首页"作为标题，则在浏览器中的显示状态如图10-2-11所示。

图 10-2-11 "幼儿园网站首页"标题

④ 文件管理 ：提供了对站点的文件操作。
⑤ 在浏览器中预览/调试 ：用于把用户做好的网页、站点放在 IE 中浏览。
⑥ 刷新按钮 ：当用户在"代码"视图中进行更改后，刷新文档的"设计"视图。

4. 状态栏

DreamWeaver CS6 的状态栏，如图10-2-12所示。
（1）标签选择器是指当前选定内容的标签，单击相应的标签即可选择该标签及其包含的全部内容。

图 10-2-12　状态栏

（2）单击"选取工具"、"手形工具"按钮，可在不同工具之间进行切换。"手形工具"可以在文档尺寸大于文档的显示窗后时，移动当前文档，以显示文档的全部内容。

（3）"缩放工具"和"设置缩放比率"均用于设置文档的大小。其中，缩放比率可以通过选择下拉列表框中的选项或者直接输入数值如图 10-2-13 所示。

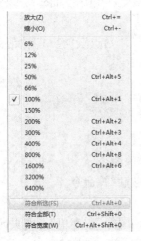
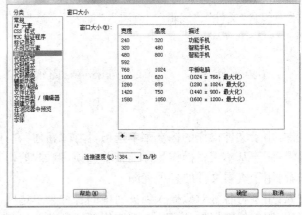

图 10-2-13　缩放比率下拉列表框　　　　图 10-2-14　"首选参数"对话框

（4）"窗口大小"显示了当前文档可显示部分的大小，单击"窗口大小"，在弹出的列表框中选择"编辑大小"选项，打开"首选参数"对话框，可以自定义显示区的大小，如图 10-2-14 所示。

> **注**　显示区的大小不能大于显示器分辨率的大小。

（5）文档大小和下载时间说明了当前文档的大小和估计的下载时间。图 10-2-12 所示的当前文档大小是 1 KB，下载时间大约为 1 s。

（6）Unicode(UTF-8)显示当前的编码格式是 UTF-8。

5. "属性"面板

整个文档窗口底部是"属性"面板，如图 10-2-15 所示。"属性"面板显示的是当前处于选中状态的对象的各种属性及参数，可以通过设置其中的数值完成对所选对象的更改。如果当前没有显示"属性"面板，可以单击"窗口"→"属性"命令或者按[Ctrl]+[F3]组合键，打开"属性"面板。

图 10-2-15　"属性"面板

二、DreamWeaver CS6 基本操作

1. 创建新文档

在 DreamWeaver CS6 中新建空白文档同样有多种方法，可以根据用户的爱好，选择以下任何一种方式来新建页面。

（1）起始页新建

在起始页中，单击"新建"栏中要新建的网页类型的超链接，即可新建一张空白文档。

（2）"文件"菜单新建

① 单击"文件"→"新建"命令，打开"新建文档"对话框。

② 选择"空白页"选项，在"页面类型"列表框中选择一种网页类型，如 HTML。

③ 其他选项为默认值,然后单击【创建】按钮。

2. 保存文件

(1) 单击"文件"→"保存"命令,打开"另存为"对话框,如图10-2-16和10-2-17所示。

图10-2-16 "保存"命令　　　　　　　　　图10-2-17 "另存为"对话框

(2) 在"保存在"列表框中选择要保存的位置,然后在"文件名"文本框中输入文件名称,最后单击[保存]按钮。如果是一个已保存过的网页,会按照原来的路径保存,并覆盖原有的文件,且不会弹出"另存为"对话框。

3. 打开文件

若要打开已有的文件,通过以下方法进行操作:

(1) 打开DreamWeaver CS6软件,单击"文件"→"打开"命令,弹出"打开"对话框,从"查找范围"下拉列表框中选择文件的位置。

(2) 按下[Ctrl]+[O]组合键打开"打开"对话框,依照上述步骤操作即可。

三、表格在网页中的使用

1. 插入表格

使用表格可以清楚地显示列表的数据,具体的操作步骤如下:

(1) 单击"插入"→"表格"命令,打开"表格"对话框,如图10-2-18所示。

(2) 在"表格"对话框中进行所需的设置。

(3) 设置好各项参数后,单击【确定】按钮。此时在文档中光标处插入表格,如图10-2-19所示。

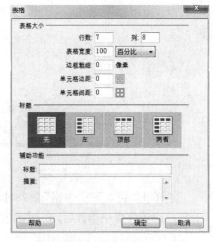

图10-2-18 "表格"对话框

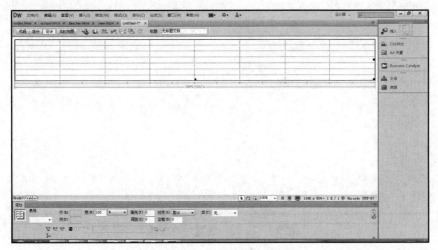

图10-2-19 插入表格实例

2. 编辑表格

（1）插入表格"行"或"列"

① 将光标移动到表格的第1行1列，右击。

② 在弹出的快捷菜单中选择"表格"→"插入行"或"插入列"命令，即可以在相应位置插入"行"或"列"。

（2）删除表格的"行"或"列"

① 将光标移动到表格的某一单元格内，右击。

② 在弹出的快捷菜单中选择"表格"→"删除行"或者"删除列"命令。

（3）设置表格"行"或者"列"的属性

① 选中需要调整表格的行或列。

② 在"属性"面板的"宽"与"高"文本框中输入实际需要的值，如图10-2-20所示。

图 10-2-20 设置表格的行或列的属性

（4）嵌套表格

① 将光标定位于要嵌套表格的单元格中，如图10-2-21所示。

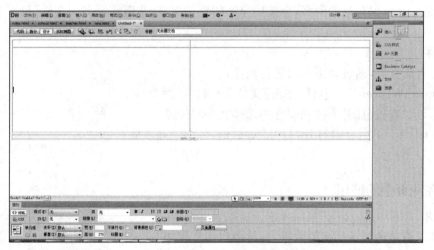

图 10-2-21 嵌套前的表格

② 单击"插入"→"表格"命令，打开"表格"对话框。

③ 设置好表格参数后，单击【确定】按钮，即可以将设置的表格插入到所在的单元格中，如图10-2-22所示。

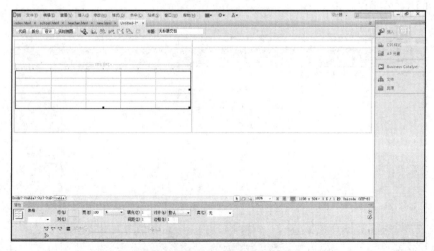

图 10-2-22 嵌套后的表格

任务三　插入图像

任务说明

网站的页面布局设置好以后,需要继续完善网站里面的内容。

具体任务　　向网站里面插入图像并设置背景及标题格式等。

方法步骤

(1) 在 DreamWeaver CS6 打开上节课完成的任务页面 index.html。

(2) 在第一行的"头部"单元格中插入图片:"插入"→"图像"→选择"红太阳.jpg"文件→点击【确定】按钮(删除"头部"两个字),如图 10-3-1 所示。

图 10-3-1　插入"红太阳.jpg"

(3) 选中第二行表格,在底部属性中设置表格的背景颜色为#669900,如图 10-3-2 所示。

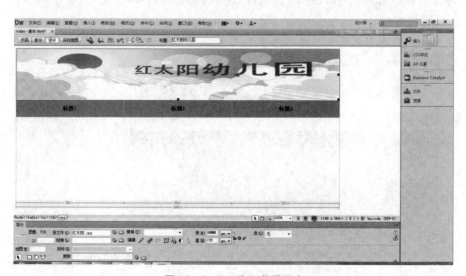

图 10-3-2　设置背景颜色

(4) 在底部面板中打开"页面属性"对话框→"分类"→"背景图像"→选择"背景.jpg",点击【确定】按钮,如图 10-3-3 和 10-3-4 所示。

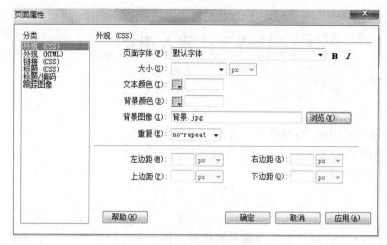

图 10-3-3 设置"背景图片"

图 10-3-4 设置背景图片后

(5) 设置标题格式：在第二行中将标题1、标题2、标题3，分别替换为"学校概况"、"师资队伍"、"新闻动态"，然后再分别在底部属性窗口中设置属性：格式：标题1，加粗；水平：居中对齐；垂直：居中；标题，如图10-3-5所示。

图 10-3-5 设置标题

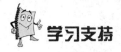

学习支持

一、插入图像

（1）单击"插入"→"图像"，打开"选择图像源文件"对话框，如图 10-3-6 所示。

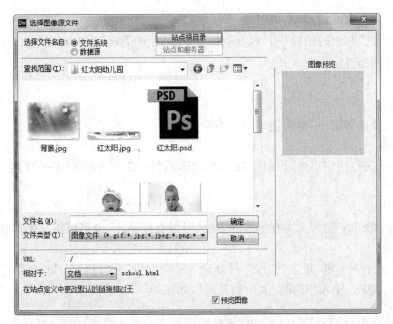

图 10-3-6 "选择图像源文件"对话框

（2）选择要插入的文件。

（3）单击【确定】按钮，弹出"图像标签辅助功能属性"对话框，如图 10-3-7 所示。

（4）在"替换文本"文本框中输入文字，以便在图片不能正常显示时，用所输入的文本代替。单击【确定】按钮，即可以插入图像。

二、插入背景图片

（1）打开"页面属性"对话框，如图 10-3-8 所示。

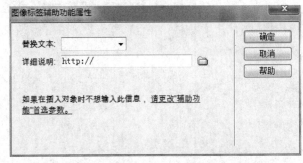

图 10-3-7 "图像标签辅助功能属性"对话框

图 10-3-8 "页面属性"对话框

(2) 点击"背景图像"右侧的【浏览】按钮,打开"选择图像源文件"对话框,如图 10-3-6 所示。

(3) 选择要插入的文件,单击【确定】。

(4) 选择"重复"方式,默认为"repeat"。

(5) 最后点击【确定】按钮。

三、背景颜色

(1) 打开"页面属性"对话框,如图 10-3-8 所示。

(2) 点击"背景颜色"右侧的图表 ▢ ,打开颜色拾取器,用吸管吸取相应的颜色。

(3) 最后点击[确定]按钮。

四、输入文本

文本是网页的主要内容之一,是传递信息的主要方式。

1. 输入各种文本

在 DreamWeaver 文档中窗口中,可以像在文本编辑软件(如 Word 等)中一样插入文本、编辑文本格式等。

(1) 输入文本

在 DreamWeaver CS6 中输入文本有很多种方法,可以直接输入,也可以将文本剪切或复制过来。具体操作步骤:

① 启动 DreamWeaver CS6,单击"文件"→"新建"→"空白页"→"HTML"命令创建文档。

② 在文档窗口中单击,输入"郑州金太阳幼儿园",如图 10-3-9 所示。

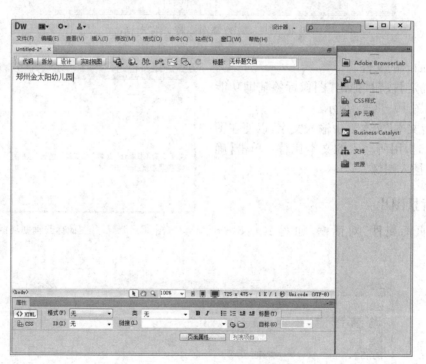

图 10-3-9 输入文字

也可以从其他文件或者程序中复制或剪切文字,然后再粘贴到 DreamWeaver CS6 的文档窗口中。

2. 编辑文本属性

当文档中的文字较多时,为了网页的整体美观,需要对文本进行编辑,具体的操作步骤如下:

(1) 设置文字字体的属性

当一个文档中加入文本后,为了让整个页面看起来有条理、生动美观,需要对它设置。

在文档窗口选中要更改属性的文字,单击"属性"面板中的 CSS 样式按钮 ▢ CSS ,设置字体的"字体"、"大小"、"颜色"、"加粗"、"倾斜"、"对齐方式"等,如图 10-3-10 所示。

图 10-3-10 文字格式的设置

（2）设置段落格式

① 将光标定位在文档的段落中，或者选择段落中要设置的文本。

② 单击"窗口"→"属性"命令，打开"属性"面板，如图 10-3-11 所示。

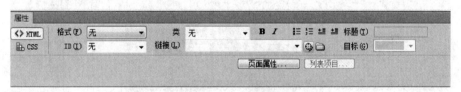

图 10-3-11 "属性"面板

③ 在"格式"下拉列表中选择所需要的选项，或单击"文本"→"段落格式"子菜单中的命令，在文档中分别使用标题1～标题6，显示效果如图 10-3-12 所示。

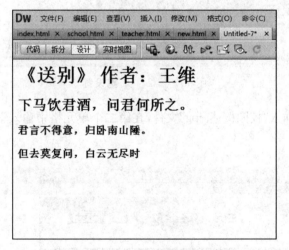

图 10-3-12 不同标题的显示效果

任务四 让网站动起来

小李完成了网站站点的创建、网站页面的布局、以及图片和文字的插入，然而一个个单独的网页也不

能称为网站,必须让每个网页之间关联起来,让网站动起来。

具体任务 为网站中的标题添加超级链接,即为"学校概况"、"师资队伍"、"新闻动态"添加二级页面。

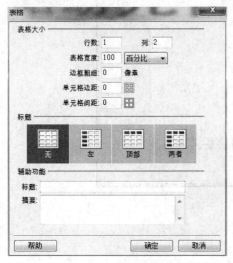

图 10-4-1 表格属性设置

一、为"学校概况"创建二级页面

（1）在 DreamWeaver CS6 中打开上节课完成的任务页面"index.html"。

（2）将"index.html"另存为"school.html"文件,然后打开"school.html"文件。

（3）在内容单元格中插入 1 行 2 列的单元格,属性设置如图 10-4-1 所示。

（4）点击[确定]按钮后,设置第一个单元格的宽为 333,高为 250,第二个单元格的宽为 667,高为 250,如图 10-4-2 所示。

图 10-4-2 长、宽设置

（5）在第一个单元格中插入"校园概述.jpg"文件,在第二个单元格中输入学校概述文字,如图 10-4-3 所示。

图 10-4-3 学校概述

二、为"师资队伍"创建二级页面

（1）创建"teacher.html"文件，步骤参照"学校概述"。

（2）在内容单元格中插入 2 行 4 列表格，具体设置如图 10-4-4 所示。

图 10-4-4　2 行 4 列表格

（3）调整第一行和第二行单元格的高分别为 220 和 15，如图 10-4-5 所示。

图 10-4-5　单元格的设置

（4）分别在第一行和第二行的单元格中插入图片和文字，具体的设置如图 10-4-6 所示。

图 10-4-6　图片和位置的插入设置

三、为"新闻动态"创建二级页面

（1）创建"new.html"文件，步骤参照"学校概述"。

（2）在内容单元格输入新闻内容，如图 10-4-7 所示。

图 10-4-7　输入新闻内容

四、添加超链接

（1）在 DreamWeaver CS6 中打开"school.html"文件。

（2）选中文字"学校概况"，然后在"属性"面板的"链接"下拉列表框中输入"school.html"文件，或者打开站点文件夹"红太阳幼儿园"，选中"school.html"文件。再选中文字"师资队伍"，然后在"属性"面板的"链接"下拉列表框中输入"teacher.html"文件，或者打开站点文件夹"红太阳幼儿园"，选中"teacher.html"文件。再选中文字"新闻动态"，然后在"属性"面板的"链接"下拉列表框中输入"new.html"文件，或者打开站点文件夹"红太阳幼儿园"，选中"new.html"文件，如图 10-4-8 所示。

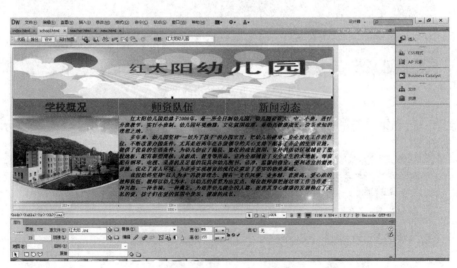

图 10-4-8　添加超链接

（3）依次打开"teacher.html"和"new.html"文件参照步骤 1~2 添加超链接。

一、创建超级链接

1. 普通链接

普通链接是指使一些文字成为超链接,具体设置步骤如下:

(1) 选中要设置成超链接的文字,然后在"属性"面板的"链接"下拉列表框中输入要跳转到的页面,如图 10-4-9 所示。

图 10-4-9　输入链接路径

(2) 也可以单击"属性"面板中的"浏览文件"按钮,如图 10-4-10 所示。

图 10-4-10　单击"浏览文件"按钮

(3) 打开的"选择文件"对话框,如图 10-4-11 所示。

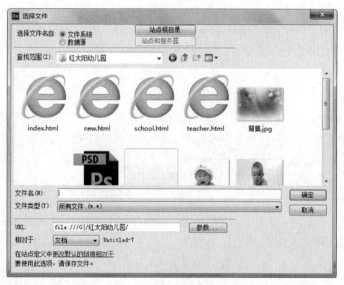

图 10-4-11　"选择文件"对话框

(4) 选择目标文件后单击【确定】按钮即可实现普通链接。

2. 特殊链接

特殊链接包含 3 个链接:

(1) 图像链接和"鼠标经过图像"。

(2) 图像热点链接。

(3) 空链接。

由于特殊链接在本书中属于非常用链接,因此不做详细介绍,可以参考比较专业的书籍资料。

本 章 小 结

本章主要学习了如何通过 DreamWeaver CS6 建立幼儿园网站的知识,包括建立网站的流程、DreamWeaver CS6 的基本操作、通过表格实现网页的布局、图像的插入以及超级链接的使用。

思考与练习

任务一:
1. 幼儿园的网站颜色如何搭配?
2. 网站都可以分为哪些种类?
3. 网站设计和制作的流程是什么?

任务二:
1. 表格的行与列如何添加?
2. 表格的行与列如何删除?

任务三:
1. 如何向表格中插入图片?
2. 如何修改文字的属性?

活动四:
1. 如何给文字添加超链接?
2. 超链接可以分为哪几种?

图书在版编目(CIP)数据

现代教育技术/张莉主编. —上海：复旦大学出版社，2014.9(2024.1重印)
ISBN 978-7-309-10957-3

Ⅰ. 现… Ⅱ. 张… Ⅲ. 教育技术学-幼儿师范学校-教材 Ⅳ. G40-057

中国版本图书馆 CIP 数据核字(2014)第 201084 号

现代教育技术
张　莉　主编
责任编辑/张志军

复旦大学出版社有限公司出版发行
上海市国权路 579 号　邮编：200433
网址：fupnet@fudanpress.com　http://www.fudanpress.com
门市零售：86-21-65102580　　团体订购：86-21-65104505
出版部电话：86-21-65642845
江苏句容市排印厂

开本 890 毫米×1240 毫米　1/16　印张 11.75　字数 377 千字
2024 年 1 月第 1 版第 8 次印刷
印数 24 601—25 700

ISBN 978-7-309-10957-3/G·1418
定价：27.00 元

如有印装质量问题，请向复旦大学出版社有限公司出版部调换。
版权所有　　侵权必究